KB025448

미래의 부

이 책은 2020년 6월부터 2021년 2월까지 이지성TV 멤버십 회원을 대상으로 한
'4차 산업혁명 미국 주식 특강'을 정리한 것입니다.

일러두기

· 통상적으로 사용하는 구어체 표기와 맞춤법 일부를 그대로 따랐습니다.
· 외래어 표기는 국립국어원 원칙을 따르되, 일반적으로 통용되어 굳어진 용어나 기업 명칭은 그대로 사용했습니다.
· 미국 주식시장에 상장한 기업은 주식에 부여되는 특정 코드인 티커ticker를 함께 표기했습니다.
· 문장 부호는 다음의 기준에 맞춰 사용했습니다.
《 》 단행본 · 신문 · 잡지 · 정기간행물
〈 〉 칼럼 · 논문 · 기사 또는 이 사항들의 하위 항목

인공지능 시대, 돈은 어떤 모습으로 다가오는가

미래의 부

이지성 지음

차이정원

차례

PART 2 30년을 버틸 각오가 돼 있는가
: 버핏에게 배우는 우량주식 장기투자법

PART 3 이제, 어디에 투자할 것인가

: '미래의 부'를 창출하는 10가지 방법

프롤로그

나는, 당신은,
우리는 무엇을 준비해야 하는가

2019년 《에이트》를 출간했을 때 많은 분들이 '다가올 미래를 내다보는 탁월한 책'이라는 감사한 평가를 해주셨다. 하지만 이는 사실 '미래에 관해서 좋은 제시를 하긴 했지만, 그렇다고 지금 당장 이런 시대가 오겠냐? 바로 오지는 않을 것이다'라는 뜻이기도 했다. 대부분이 말 그대로 먼 미래의 일로 받아들인 것이다. '이지성 작가가 너무 앞서가고 있다' '비현실적인 이야기다'라는 의견도 적지 않았다.

그런데 최근 들어 사람들의 생각이 달라졌다. 특히 내 주변의 전문직 종사자들과 기업가들의 의견이 굉장히 많이 변했다. 코로나바이러스감염증-19(COVID-19, 이하 '코로나19')로 전 세계가 서로 접촉하지 않는 비대면 문화의 시대로 접어들면서 인공지능 시대의 도래를 몸소 체험했기 때문이다.

이는 스티브 잡스의 아이폰이 만들어낸 변화와 유사하다. 잡스가 아이폰을 만들기 전에도 휴대폰은 존재했다. 하지만 과거의 휴대폰은 단순한 통신수단에 불과했을 뿐이다. 아이폰 등장 이후 아침에 일어나자마자 아이폰을 켠 뒤, 종일 아이폰을 들고 다니면서 각종 앱을 사용하고, 자기 전에도 아이폰으로 유튜브를 보거나 수면 음악을 듣는, 즉 아이폰으로 시작해 아이폰으로 끝나는 하루가 일상이 되었다. 만약 아이폰 이전에 누군가 이런 식으로 휴대폰을 사용했다면 그는 '휴대폰 중독자'라는 곱지 않은 시선을 받았을 것이다. 하지만 아이폰이 등장하면서 스마트폰은 우리 삶의 한 부분, 아니 우리 몸의 일부가 되어버렸다. 마찬가지다. 과거에는 인공지능과 접촉하는 행위가 삶의 아주 작은 부분이었다면, 코로나19 사태로 이것들이 우리 삶을 지배하게 되어버렸다.

최근에 《에이트》를 읽은 분들은 굉장히 놀라워한다. 어떻게 이런 책을 코로나19 이전에 쓸 수 있었냐는 것이다. 물론 코로나19로 인해 《에이트》에서 제시한 미래가 지금 당장 우리 앞에 펼쳐지는 것은 아니다. 내가 《에이트》에서 이야기한 미래는 2000년대 초반부터 2090년까지 약 100년의 시간을 두고 설명한 것이다. 코로나19 이전에는 '우리 인간이 인공지능에게 대체되고 만다, 전문직의 대체도 정말 급격하게 진행될 것이다' 같은 이야기들을 나와 관계없는, 추상적인 미래로 받아들였던 독자들이 이제는 바로 코앞에 닥친, 피부로 직접 느끼는 현실로 인식하기 시작한 것뿐이다.

《에이트》에서 소개한 인공지능 시대가 빠르게 진행될수록 3차 산업혁명으로 상징되던 전통 산업은 무너지기 시작할 것이다. 부의 개념도 완전히 달라질 것이다. 열심히 일해서 번 돈을 은행에 저축해 높은 이자를 받으며 윤택한 생활을 한다는 건 이미 옛날 얘기다. 또 그렇게 모은 돈을 부동산에 투자해 이득을 얻고 종국에는 꿈의 건물주가 되어 편안한 노후를 보장받는다는 기존 부의 공식 역시 깨졌다고 봐야 한다. 이제 우리에게는 새로운 시대의 흐름을 읽는 지식과 새로운 부의 흐름에 올라타는 지혜가 필요하다.

누구라도 이 새로운 부의 흐름에 올라탈 수 있다

서두에서는 암담하고 위태로운 우리의 미래에 대해 가감 없이 말할 것이다. 특히 지속적으로 인구가 감소하고 세계에서 가장 빨리 노령화의 길로 내달리는 대한민국의 어두운 미래를 보여줄 것이다. 또 힘든 생활 속에서도 착실하게 일하면 미래와 노후를 보장해줄 거라 믿었던 우리의 국민연금이 얼마나 허술한지, 인공지능 시대가 다가올수록 우리의 일자리가 얼마나 빠르게 줄어들지, 그렇게 맞이하게 되는 우리의 노후가 얼마나 비참할지도 냉정하게 짚어볼 것이다.

다가오는 변화의 흐름을 이해하고 인지하지 못한다면 우리의 미래는 결코 희망적이지 않으며, 그만큼 우리의 미래, 노후를 대비하고 준비하는 일은 정말 중요하기 때문이다.

4차 산업혁명, 인공지능으로 상징되는 현재 그리고 미래 시대에는 어느 기업, 어느 국가가 이 흐름을 주도적으로 가져가느냐에 따라 시대의 경쟁력이 재편된다. 지금은 4차 산업혁명이 막 시작된 단계다. 만약 4차 산업혁명의 시대를 100년으로 놓고 본다면 그 기간 중 초창기 5~10년도 채 되지 않은 시기다. 허허벌판에 은마아파트 하나가 들어선 1970년대 강남과 같은 상태랄까. 그때로부터 50년이 흐른 지금의 강남을 보라. 앞으로 일어날 변화의 폭은 강남의 변화와는 비교도 되지 않을 것이다.

다가오는 인공지능 시대는 우리에게 과거에는 상상도 못한 편리함을 안겨주겠지만, 동시에 우리의 존엄성 역시 심각하게 위협할 것이다. 또한 4차 산업혁명으로 시대의 경제력이 재편되면 우리의 의식주 문화는 물론, 가치관과 철학까지 모든 것이 바뀔 것이다. 우리 자녀 세대는 말할 것도 없다. 그렇다면 이 흐름 속에서 나는, 당신은, 우리는 과연 무엇을 준비해야 할 것인가?

나는 전작 《에이트》와 《에이트 : 씽크》를 통해 인공지능에 대체되지 않기 위한 인문학적 방법을 이야기했다. 《미래의 부》는 그에 이어 인공지능 시대 부의 흐름을 읽고 부를 창출하는 새로운 방법을 제시하고자 한다. 그리고 이를 통해 우리 삶의 존엄성을 지키고자 한다.

나는 미래의 부의 창출 방법을 미국 우량주식 장기투자에서 찾았다. 우량주식 장기투자는 단기간에 높은 수익을 얻고자 하는 최근의 주식 투자 열풍과는 결이 다르다. 앞으로 100년 이상 이어질 인공지능 시대에 세계 경제를 주도해갈 국가와 기업의 비전을 읽어내고, 그 가치에 장기적인 투자를 하기 위해서는 많은 공부와 인내심, 그리고 강력한 믿음이 필요하다. 결코 쉬운 길이 아니지만 의지만 있다면 누구라도 이 새로운 부의 흐름에 올라탈 수 있다.

당신은 어떠한가. 이 흐름에 올라탈 준비가 되었는가?

PART

1

새로운 부가 오고 있다

인공지능 시대, 돈은 어디로 흐르는가

겪어본 적도 없고,
떠올려본 적도 없는 미래

인공지능 시대는 추상적인 먼 미래가 아니라 바로 코앞에 다가온 구체적인 현실이다. 몇 년 전까지만 해도 조금은 먼 미래로 느껴졌지만 코로나19로 인해 이 새로운 미래는 최소 3년에서 5년 이상 앞당겨졌다. 그 근거가 되는 명확한 변화의 조짐을 살펴보자.

코로나19 시대를 겪으면서 우리는 목격했다. 무엇을 목격했는가? 바로 전통 산업의 위기와 이전까지는 안정적인 투자처라고 여겼던 것들의 폭락이다. 우리나라뿐 아니라 미국에서도 이 흐름은 본격화되고 있다. 먼저 우리나라를 보자. 인공지능 시대가 구체화되면서 강남 상가 부동산에 많은 공실이 생기기 시작했다. 지방 상가나 서울의 일반 지역이 아니다. 늘 사람들로 북새통을 이뤄 기존 가게가 나가는 즉시 새 가게가 들어선다는 강남역 일대, 가로수길, 청담동 등 대표적인 상가 부동산이 무너지기 시작했다. 그뿐이 아니다. 대기업에서 운영하는 대형 상점들도 줄줄이 문을 닫고 있다. 물론 코로나19 이전부터 이런 현상이 시작되긴 했다. 하지만 코로나19가 터지면서 상가 부동산 공실이 가히 폭발적으로 늘어났다.

미국 역시 상황은 마찬가지다. 세계 최고의 명품숍이 들어선 맨해튼 5번가는 미국 최고의 핵심 부동산이다. 코로나19 발생 전부터 이곳 역시 공실이 생기기 시작했고, 코로나19로 인해 본격적으로 상가 부동산이 몰락하고 있다. 코로나19가 끝나면 무너진 상가 부동산이 회복될 수 있을까? 이에 대해서는 누구도 긍정적인 대답을 내놓지 못하고 있다. 코로나19로 시작된 새로운 문화가 이미 우리 삶의 한 부분으로 깊숙이 들어왔기 때문이다.

사실 이 새로운 문화는 코로나19 전에도 존재했다. 그런데 이전에는 삶의 부수적인 행위였던 활동들이 코로나19 이후 다수의 생활에서 중요한 부분을 차지하게 되었다. 즉 인공지능, 4차 산업혁명, IT 등이 기술의 차원을 넘어서 우리 삶의 한 부분이 되었다. 그 결과 아마존AMZN, 마이크로소프트MSFT, 애플AAPL, 구글GOOG 등 IT 기업의 주가와 수익이 폭등했다. 반면 전통 산업은 급속도로 수익이 떨어지거나 파산하고 있다. 이것이 그저 기업의 문제라고 생각하는가? 전통 산업의 몰락은 미국에서 대량 해고로 이어져 결국 근로자의 삶에도 심각한 영향을 미치고 있다. 앞으로 우리나라에서도 해고와 파산이 점점 늘어날 것이다. 당신의 일자리가 위협받고 있는 것이다.

나는 《에이트》에서 인공지능으로 인해 사라지고 있는 일자리에 대해 경고한 바 있다.[1]

2013년 대니얼 내들러라는 청년이 만든 인공지능 스타트업 켄쇼 테크놀로지Kensho Technology에서 개발한 인공지능 '켄쇼'는 세계 최대 금융 투자회사 골드만삭스 본사에 입사했다. 켄쇼는 먹지도 마시지도 쉬지도 않고, 퇴근은커녕 휴가도 없이 매일 24시간 내내 천재 수준의 집중력을 발휘해 일했다. 또한 당시 월스트리트에서 가장 높은 연봉을 받던 600명의 트레이더가 한 달 가까이 처리해야 하는 일을 고작 3시간 20분 만에 끝냈다. 덕분에 할 일이 없어진 598명의 트레이더는 짐을 싸서 집으로 돌아가야만 했다. 이것은 비단 월스트리트에만 국한된 이야기가 아니다.

많은 직업군 가운데 우리 사회가 가장 좋은 직업으로 손꼽는 의사, 약사, 판사, 검사, 변호사, 교사가 인공지능으로 대체될 확률이 가장 높다는 사실을 아는가? 믿기 어렵겠지만 엄연한 사실이다. 고용 안정이 보장되는 공무원 역시 안심할 수 없다. 2017년 일본 지바시는 보육 관련 행정 업무에 인공지능 공무원을 투입하는 실험을 했는데, 인간 공무원 30명이 일주일 넘게 매달려야 하는 업무를 단 몇 초 만에 끝냈다고 한다. 그뿐이 아니다. 인공지능 '왓슨'은 세계 최고 수준의

IBM[IBM] 경영진을 대상으로 경영 지도를 해오고 있고, 선진국의 많은 기업들은 인사 관리 업무를 인공지능에게 맡기고 있다. 인간 CEO와 관리자를 대체할 수 있는 인공지능은 이미 개발 중에 있다.

인공지능은 처음부터 인간을 대체하고 뛰어넘고 지배하기 위해 탄생했다. 그런데 코로나19로 이 인공지능의 시대가 앞당겨지면서 우리의 일자리가 더욱 빠르고 강하게 위협받고 있다. 지금 이 순간에도 당신의 일자리가 사라지고 있는 것이다.

물론 코로나19는 언젠가 어떤 식으로든 끝이 날 것이고 우리는 경기 회복에 오랜 시간과 노력을 쏟게 될 것이다. 하지만 실물경제가 회복되는 데는 최소 3년에서 5년 정도의 시간이 걸린다. 이를 토대로 코로나19가 종식되고 실물경제가 회복되는 기간을 짧게는 3~5년, 길게는 7~8년이라고 생각해보자. 이 기간이 끝난 뒤에는 어떻게 될까? 우리는 전혀 다른 미래를 맞이하게 될 가능성이 높다. 지금까지 겪어본 적도 없고 차마 떠올려본 적도 없는 미래를 말이다.

새로운 시대의 리더는 누가 될 것인가

코로나19가 끝나고 7~8년이 지나면 이 시대의 생활양식, 이 시대의 가치관과 철학, 그리고 현재의 생활습관과 문화의 상당 부분이 사라지거나 변할 것이다. 대신 인공지능 시대, 4차 산업혁명 시대에 맞는 새로운 철학과 가치관, 문화가 형성될 것이다. 인간의 가치관과 사회구조는 경제와 밀접하게 연관돼 있기 때문이다.

2차 세계대전이 끝난 뒤 생긴 신생 독립국이 굉장히 많다. 무려 100여 개 정도다. 하지만 그중 지금까지 제대로 발전하고 성장한 나라는 우리나라가 유일하다. 그 이유는 무엇인가. 한강의 기적이라 불리는 폭발적인 경제 성장이 있었기 때문이다. 경제가 윤택해졌기에 정치·사회 부분에서 민주화가 가능했던 것이다. 100여 개에 달하는 신생 독립국 중 나머지 국가들이 자유민주주의 제도를 이식은 하되 제대로 시행하지 못하고 무너졌던 이유는 바로 경제력을 가지지 못했기 때문이다.

경제력은 한 국가의 미래를 결정한다. 우리가 잘 먹고 잘살게 되면서 국민의 가치관이 어떻게 바뀌었는지 떠올려보라. 그전에는 먹고살기에만 급급했던 사람들이 웰빙을 추구하면서 인생을 어떻게 풍요롭게 살 것인가를 고민하게 되었다. 내가 살 만하니 남을 도울 여유도 생겨 기부·봉사 문화도 발달했다. 그 결과, 우리는 '원조를 받던 국가'에서 '원조를 하는 국가'로 탈바꿈했다. 사람들의 가치관과 사회구조, 나아가 국가의 미래까지 이 모든 것에 결정적인 영향을 미치는 게 바로 경제력이다.

《논어》에 선부후교先富後敎라는 말이 있다. 선부, '먼저 백성을 부유하게 하고', 후교, '그다음 가르치라'고 한다. 쉽게 말해 부가 먼저 자리한 다음에야 우리의 정치적 가치, 정신적 가치, 철학적 가치가 형성된다는 것이다. 정약용, 박제가 등 조선시대 실학자들 역시 이용후생利用厚生을 이야기했다. '상공업을 발달시켜 우리 삶을 윤택하게 만든 후에 바른 덕의 길로 갈 수 있다'는 의미로, 《논어》의 선부후교와 같은 메시지를 전하고 있다. 유학의 기본 정신은 결코 부를 천대하지 않았다. 유학이라는 이데올로기로 통치했던 지배계급이 상인이 힘을 갖는 것을 막고자 했을 뿐이다. 상인이 활발하게 활동하면 나라에 돈이 돌고, 돈이 많아지면 국가가 부유해지고, 그러면 경제적으로 풍요로워진 백성들이 정신적 가치 등에 눈을 돌려 그들을 다스리기 힘들어지기 때문이다.

서양 역시 상공업이 발달하면서 시민혁명, 민주주의 등이 일어났다. 본래 서양은 로마 가톨릭이 지배하는 종교 제국으로, 로마 가톨릭에서 돈이란 천한 것이었다. 하지만 로마 가톨릭이 부를 죄악이라 한 것은 《성경》에 기반한 논리가 아니었다. 《성경》에서 돈과 하나님을 동시에 섬길 수 없다고 한 것은 돈을 버리고 가난해지라는 의미가 아니다. 하나님 앞에 물질을 두지 말고, 물질을 우상으로 섬기지 말라는 말씀이다. 다만 《성경》에서는 청지기steward를 가르친다. 하나님께서 인간에게 재산을 주시고, 인간은 이 재산을 관리하는 존재에 불과하다는 것이다.

로마 가톨릭이 상업을 천대했던 건 당시 왕족과 귀족, 사제계급에게 부가 집중되어 있었기 때문이다. 이 부를 거머쥔 계급이 정치를 장악했다. 이들은 생산과는 관련이 없었다. 단지 백성을 착취해 부를 쌓았다. 그런데 만약 상공업이 발달한다면? 부의 흐름이 상공업으로 이동하고 부를 잃게 된 계급은 정치적 영향력 역시 잃게 된다. 실제로 서구 사회에 상공업이 발달하고 이후 상공업자들을 중심으로 개신교가 광범위하게 전파되자 로마 가톨릭은 세력을 잃었다.

비슷한 일이 조선에서도 일어났다. 부를 직접 생산하지 못했던 조선의 왕족과 양반계급도 백성들을 착취했다. 그러다 실학자들이 나왔지만, 실학의 시대는 열리지 못했다. 조선은 상공업 중심 국가로 발전하지 못한 채 유교 국가로 멸망했다. 우리나라는 이승만 시대를 거치면서 상공업의 시대가 열렸다. 그리고 자유민주주의가 정착되었다. 지난 5천 년 동안 찾아볼 수 없었던 새로운 정치 체제가 자리 잡은 것이다. 이어서 어떤 일이 벌어졌는가? 이전에는 존재하지 않았던 '개인'이라는 의식이 생겼다. '나는 어떤 인생을 살 것인가?' '나는 어떤 사람인가?' 등 나에 대한 발견이 대한민국에서도 시작되었다. 현재의 한국은 과거와 비교할 때 개인이 존중받는 문화가 형성되었는데 이는 모두 상공업의 발달로 상징되는 경제력으로 인해 가능했다. 즉 경제의 주도권을 누가 가져가느냐에 따라 세상이 바뀌는 것이다.

지금 우리 앞에 새로운 시대가 놓여 있다. 바로 코로나19 이후의 시대다. 최근 시작된 새로운 문화가 정착되면 우리나라에는 새로운 경제 흐름이 생길 것이다. 사실 이미 미국에서 나타나고 있는 현상이다. 지금 세계 경제는 구글, 아마존, 마이크로소프트 등으로 대표되는 미국 빅테크 기업을 중심으로 그 흐름이 바뀌고 있다. 단적인 예로 애플의 시가총액이 우리나라 전체 주식시장을 합친 주가총액을 넘어섰다. 한 국가, 그것도 세계 10위권 경제대국인 대한민국의 전체 주식시장을 합친 주가총액보다 애플이라는 기업의 시가총액이 더 높은 것이다.

이런 시대의 흐름은 앞으로 더욱 강화될 것이다. 현재 인공지능 시장의 경제력은 명백히 미국이 주도하고 있고, 미국의 세계적인 테크 기업들은 글로벌 고객을 대상으로 엄청난 힘을 발휘하고 있다. 새로운 시대를 이끄는 리더가 누구인지 정확하게 파악하는 것은 앞으로 미래 가치에 투자하는 데 있어 매우 중요한 판단 기준이 된다. 한국 역시 이 4차 산업혁명의 흐름에 발맞춰나가야 한다. 흐름에 올라타지 못하고 뒤처지면 미래는 당연히 어두워진다.

기존 부의 공식은 완전히 깨졌다

우리가 지나온 과거의 흐름은 나름 긍정적이고 희망적이었다. 노력하기만 하면 누구나 부자가 될 수 있었고 새로운 꿈을 품을 수 있었다. 이런 맥락에 따라 대한민국 건국 이후 지금까지 70년간 우리나라를 지배한 부의 공식, 노후의 공식, 은퇴의 공식이 있다.

회사에 다니며 열심히 일한다. 그렇게 번 돈을 은행에 저축하고 높은 이자를 받는다.20% 이상의 이자가 나오던 시절이 있었다. 10~20년간 돈을 모으면 서울에 아파트 한 채를 살 만한 수준이 된다. 이후 갭투자로 아파트를 두세 채 더 장만한다. 다시 10년이 흐른다. 아파트 값이 폭등한다. 아파트들을 팔아서 꼬마 빌딩을 구입한다. 이후 월세를 받아서 노후를 나름 풍족하게 보낸다. 그런데 이제는 그런 시대 역시 끝났다. 더는 건물주가 노후를 보장받지 못하는 시대가 왔기 때문이다. 코로나19가 터지고 인공지능 시대가 열리면서 사람들은 모두 스마트폰으로 쇼핑하고 있다. 이쑤시개조차 스마트폰으로 사는 시대에 상점에 갈 일은 점점 더 없어지는 것이다.

부동산 투자를 하지 말라는 것이 아니다. 인플레이션 헤지Hedge·손실 위험 방지를 위해 부동산 투자는 당연히 해야 한다. 하지만 지혜로운 투자가 절실한 시대다. 아무리 서울 강남에 있는 건물이라도 건물주 스스로가 건물의 가치를 다양한 방법으로 홍보하지 않으면 공실이 생길 수밖에 없다. 임대인이든 임차인이든 각종 SNS, 블로그, 애플리케이션 등을 잘 활용해 부동산을 어필하는 능력이 필요하다. 이 능력이 앞으로 건물의 가치를 결정짓는 중요한 요소가 될 가능성이 매우 크다. 이 능력이 부족하다면 건물주로서의 미래는 갈수록 더욱 불안정해질 것이다. 시간이 지나 정신을 차려보면 건물이 노후를 보장해 주기는커녕 월세보다 세금과 관리비가 더 많이 나가는 최악의 상황, 여기에 더해 건물이 팔리지 않는 상황까지 올 수 있다.

사람에게 경제력이 부족해지면 어떻게 될까? 사회적으로나 인간적으로나 존엄이 사라진다. 나 역시 가난한 시절이 있었다. 아버지의 사업 실패로 20억이 넘는 보증빚을 졌고, 그 결과 달동네에서 10년 넘게 살아야 했다. 한 달에 16만 원이던 옥탑방 월세조차 1년 6개월 가까이 내지 못했던 시절이었다. 당시에는 교회 청년부에도 등록하지 못했다. 청년부에 등록하면 모임에 나가야 하고, 그러면 커피도 한 잔 마시고 밥도 사 먹을 돈이 필요한데 그럴 여력이 없었다.

경제적으로 부족해지면 사회적 관계가 단절된다. 동창회도 나가지 못하고, 친구도 만나지 못한다. 그들이 나를 무시하기 때문이 아니다. 내가 친교비를 감당할 수 없기 때문이다. 남들에게는 그저 친목을 다지기 위한 밥 한끼지만, 나에게는 일주일을 살아야 하는 생활비이기 때문이다. 그렇게 인간관계가 끊기고 이제는 가족끼리 싸우기 시작한다. 좁고 작은 집에 살면서 스트레스가 쌓이니 화와 분노, 우울과 좌절감이 팽배해 조금만 건드려도 의도치 않게 큰 싸움으로 발전한다. 이것이 무슨 의미일까? 코로나19 이후의 시대를 지금부터 제대로 준비하지 않으면 당신도 이런 비참한 인생을 살게 될 수 있다는 뜻이다.

4차 산업혁명 시대, 나 자신과 우리 가족의 존엄을 어떻게 지킬 것인가에 대해 나는 그동안 책으로 답해왔다. 2015년에는《생각하는 인문학》, 2019년에는《에이트》, 2020년에는《에이트: 씽크》《생각하는 인문학》 개정판를 통해서 말이다. 그리고 또 한번 새로운 답을 제시하는 것이 바로 이 책《미래의 부》다.

평범한 사람이 열심히 일해서 노후가 보장되는 시대는 완전히 끝났다.《에이트》에서 소개했던 것처럼[2] 서울대학교 공과대학 유기윤 교수팀에서 예측한 미래 보고서에 따르면, 2090년까지 우리나라 인구의 99.97%가 '프레카리아트precariat 난민' 수준의 사회·경제적 삶을 사는 계급으로 추락할 거라고 한다. 4차 산업혁명 시대의 핵심에는 바로 이 프레카리아트가 있다. 프레카리아트는 이탈리아어 '불안정하다Precario'와 노동자를 뜻하는 독일어 '프롤레타리아트Proletariat'의 합성어로 노후, 즉 은퇴 이후와 관련한 개념이며, 이 은퇴는 인공지능에 의한 강제 은퇴, 실직을 의미한다. 평범한 사람들이 하루아침에 인공지능으로 대체되어 실업자가 되고 정신을 차리고 보면 난민 수준의 삶을 살게 되는 것이다. 이것이 인공지능이 우리에게 가져다줄 좌절된 미래, 잿빛 미래다.

지금부터 어떤 삶을 사느냐에 따라 프레카리아트로 전락할 수도 남은 생을 부유하게 살 수도 있다. 당신은 어떤 삶을 택하겠는가?

대한민국의 미래에 관한 불편한 진실들

삶의 형태와 가치관, 그리고 부의 개념이 완전히 바뀌는 미래를 코앞에 둔 지금, 우리가 살아가는 대한민국의 미래는 과연 어떨까? 앞으로 이 책에서 강조할 부의 가치와 필요성을 이해하기 위해서는 지금 우리가 사는 터전인 이 나라의 미래가 어떤지, 그 불편한 진실부터 마주할 필요가 있다.

앞으로 설명할 한국의 미래는 현재 수준의 사회체제가 유지된다는 가정하에 그려보는 모습이다. 만약 지금 수준의 사회체제조차 유지하지 못한다면 이보다 더 불행한 미래가 찾아올 수도 있다. 하지만 안타깝게도 지금 이야기할 한국의 미래에 대한 수치와 통계를 모르고 있는 사람들이 생각보다 너무나 많다. 그러나 이것들은 모두

정해진 미래다.

빈곤층, 도시의 주류가 되다

2017년 통계청은 2015~2045년의 장래 가구 추계를 발표했다.[3] 몇 가지 핵심을 요약해보면, 먼저 2045년까지 부부와 자녀가 함께 사는 가구 수가 2015년의 절반으로 줄어든다. 2015년 기준 부모와 자녀로 구성된 가정이 613만인데, 2045년에 354만 가구가 된다. 이런 다인 가구가 사라지면 어떤 가정이 탄생할까? 그만큼 1인 가구가 증가한다. 1인 가구의 특징을 살펴보면 여성과 청년, 고령층이 대부분을 차지한다. 즉 1인 가구가 폭발적으로 증가하면 출산은 그에 비례해 줄어들게 되므로 국가의 교육 시스템이 붕괴될 가능성이 있다. 교육 시스템이 무너지면 좋은 인재가 나오지 않는다. 이 나라를 이끌어갈 인재가 사라지는 것이다.

가구 수의 변화는 인구가 늘고 주는 단순한 문제가 아니다. 이는 경제적으로도 엄청난 영향을 끼친다. 통계청 자료에 따르면 서울의 가구 수는 2028년 391만 2천 가구로 정점을 찍은 이후 계속 감소할 것으로 예상된다.[4]

이를 놓고 추측해본다면 서울의 집값은 가구가 많아질수록 상승하므로 2028년까지는 계속 오를 수밖에 없다. 그 안에 IMF급 사태가 벌어진다면 1~3년 이상 대폭락이 있겠지만 그럼에도 불구하고 2028년까지는 우상향이라는 예측이 가능하다. 하지만 2028년이 지나면 어떻게 될까? 서울 전체 가구 수가 줄어듦에 따라 강남 같은 서울 핵심 지역 부동산은 계속 우상향일지라도 다른 지역은 불안할 수밖에 없다.

2019년 통계청은 우리나라 1인 가구가 600만을 돌파했다고 발표했다.[5]

1인 가구가 400만에서 500만으로 느는 데 5년이 걸렸는데, 500만에서 600만이 되는 데는 4년이 걸렸다. 통계청에서도 놀라운 속도라고 표현할 정도로, 우리나라 1인 가구 증가 속도는 너무 가파르다.

1인 가구가 계속 늘어난다는 건 어떤 의미인가. 한국경제연구원이 2020년에 발표한 〈1인 가구의 특성 분석과 경제적 영향〉 보고서를 살펴보면 1인 가구의 주요 특성은 여성, 저학력, 미취업이다.[6]

즉 1인 가구가 늘어날수록 우리나라의 경쟁력, GDP는 계속 떨어질 수밖에 없는 구조다. 현재 1인 가구가 빠르게 늘어나고 있고, 앞으로 그 수는 더 많아질 것이다. 역설적으로 말하면 우리나라가 그만큼 망해간다는 뜻이다. 무엇보다 큰 문제는 1인 가구의 40%가 무직자라는 사실이다. 직업이 없으니 당연히 소득도 없다. 나머지 소득이 있는 1인 가구 3명 중 1명은 월급 200만 원 이하의 최저임금에 해당하는 돈을 벌고 있다. 한국경제연구원은 1인 가구가 10% 상승하면 지니계수가 약 1.7% 상승한다고 발표했다. 지니계수의 숫자가 커질수록 소득 불평등이 증가한다. 즉 사회 내 부익부 빈익빈이 더 심각해진다는 의미다. 1인 가구의 증가가 GDP 하락과 사회 양극화의 심화로 이어지는 것이다.

통계청은 2028년부터 1인 가구 수가 부부와 자녀로 이루어진 가구 수를 훌쩍 넘어서고, 2045년부터는 부부+자녀 가구의 수가 지금의 50% 이하로 줄어들 것이라고 발표했다. 즉 2028년부터 우리는 지난 몇십 년간 겪어보지 못한 충격적인 시대를 경험할 가능성이 높다. 바로 빈곤층이 도시의 주류가 되는 시대 말이다.

2028년까지 이제 7년 정도 남았다. 우리가 지난 인생을 살아온 것처럼 남은 7년을 보내면 어떻게 될까? 지금은 내가 정상적인 가정을 꾸리고 있더라도 미처 대비하지 못한 빈곤으로 인해 온전했던 가정이 하루아침에 해체될 수도 있다. 나와는 먼 이야기로 느꼈던 가난한 1인 가구의 주인공이 바로 내가 될 수 있는 것이다. 누가 강제적 1인 가구로 살고 싶겠는가? 돈도 없이 원룸보다 못한 곳에서 살아가고 싶은 사람이 어디 있겠는가? 아무도 원치 않았지만 아무 준비 없이 살다가 어느 날 정신을 차려보니 그렇게 되어 있는 것뿐이다.

늙어가는 것이 곧 죄가 되는 나라

빠르게 늘고 있는 1인 가구 중에서도 가장 문제가 되는 건 노인 가구다. 2019년 기준 우리나라 전체 인구에서 만 65세 이상이 차지하는 비중은 얼마일까? 전체 인구의 15%, 자그마치 765만 5천 명이다.[7]

서울 인구가 1천만 명에 육박하는데 우리나라의 노인 인구가 곧 서울 인구에 근접하게 되는 것이다. 65세 노인이 포함된 가구 수는 전체 가구의 22%이며, 그중 30%는 노인 혼자 사는 가구다. 통계청 발표에 따르면 2047년에는 만 65세 이상 노인이 지금의 3배로 늘어난다. 그리고 대한민국 전체 가구의 절반이 65세 이상의 고령 가구가 된다. 90세 이상 노인의 증가 역시 만만치 않다. 2015년 기준 우리나라 90세 이상 노인은 15만 명이 넘으며 현재도 계속 늘어나고 있다. 이 책을 읽는 독자의 부모님이 60~70대라면 앞으로도 20~30년을 더 사실 가능성이 높다. 대한민국 평균 수명이 계속 늘어나고 있기 때문이다.

보건사회연구원에서 발표한 고령 사회에서 초고령 사회로 진입하는 데 소요되는 기간을 살펴보자. 프랑스는 154년, 미국은 96년, 독일은 77년, 일본은 36년 걸렸다. 그런데 한국은 26년밖에 걸리지 않았다. 한국은 세계에서 가장 빨리 초고령 사회로 진입하고 있다. 달리 말하면 대한민국은 노인의 나라로 바뀌어가고 있으며 급속도로

늙어가고 있다. 더 심각한 문제는 이들 중 가난한 노인이 절반 이상이라는 것이다.

금융감독원이 발표한 '퇴직연금 운영 현황'에 따르면 2018년 퇴직자 30만 명 중 2.1%만 퇴직금을 연금으로 수령하고 나머지 97.9%는 일시금으로 받았다. 퇴직금을 창업자금으로 사용하기 위해서다. 그러나 우리나라는 물론 미국, 유럽 등 은퇴 재무설계 전문가들은 퇴직금을 절대 일시금으로 수령하지 말라고 조언한다. 일시금으로 수령하면 퇴직금 전부를 몇 년 안에 사용하는 경우가 대부분이기에 적은 돈이라도 연금의 형태로 다달이 받는 편이 현명하다는 것이다. 퇴직자들도 이를 알고 있다. 다만 당장의 생계가 막막하기에 일시금 수령을 택할 수밖에 없을 뿐이다.

최근엔 노인들이 국민연금을 담보로 대출을 받는 행위도 급증하고 있다. 국민은행 실버론 이용자는 2배로 늘었고2019년 기준, 국민연금 담보 대출 최대한도인 1천만 원까지 빌린 사람이 무려 70%에 이른다.[8]

연금 수령액 감소를 무릅쓰고 조기 수령을 택한 사람도 2018년 기준 4만 명이 넘는다. 도대체 노인들이 이렇게 무리해서 대출을 받고 연금을 조기 수령하는 이유는 무엇일까? 병원비와 생활비 때문이다. 질병 치료와 의식주, 살아가는 데 가장 기본적으로 필요한 것들을 충족할 돈조차 부족해 국민연금을 헐 수밖에 없는 것이 대한민국 노인들이 겪고 있는 현실이다.

현재 한국의 노인 빈곤율은 50%다. 노인 100명 중 50명이 극빈층으로 OECD 최고 수준이다. 이는 무슨 의미인가. 지금부터 노후 준비를 시작하지 않으면 당신이 알고 있는 사람 중 50%가 극빈층이 된다는 것이다. 나머지 50%는 부자가 될까? 그렇지 않다. 나머지 50% 역시 대부분 근근이 살아가게 된다. 부디 이 책을 읽는 독자만이라도 이런 노후의 위기를 정확하게 알고, 지금부터라도 준비를 시작하기 바란다.

우리나라 전 연령층 가운데 60대 이상 노년층만 유일하게 신용불량자가 증가하고 있다는 사실도 눈여겨봐야 한다. 2020년 8월 강병원 더불어민주당 의원실과 한국신용정보원에서 발표한 내용에 따르면 금융채무 불이행자가 2015년 87만 3,938명에서 2019년 83만 7,767명으로 줄었다. 은행 대출을 못 갚는 사람의 수가 무려 4만 명이 줄어든 것이다. 그런데 같은 기간 동안 빚을 못 갚은 60대 이상 노년층은 4만 5천 명 정도 늘어났다. 빚은 졌는데 갚지 못하고 여기에 더해 고령의 부모님 간병비는 계속 나가고 있으니 자기 노후는 전혀 준비하지 못한 것이다. 본인 역시 몸이 점점 안 좋아지면서 병원비까지 늘어나고 있다. 그러다 보니 노인 100명 중 50명이 극빈층으로 전락하고 만 것이다. 노인 문제에 대해 알면 알수록 노인 빈곤 문제가 더욱 심각해지면 우리나라가 하루아침에 주저앉을 수도 있겠다는 암울한 예측을 하지 않을 수 없다.

암담한 이야기를 조금 더 해보려고 한다. 대한민국 파산자 4명 중 1명 역시 노인이다. 노인들이 파산하는 이유는 세 가지다.

첫째, 낮아진 퇴직 연령 때문이다. 수명은 늘어났으나 퇴직은 앞당겨지면서 소득은 줄고 필요한 비용은 많아졌다. 둘째, 길어진 병치레 기간 때문이다. 대한민국 노인의 평균 병치레 기간, 즉 병원에 다니는 기간이 17~20년이다. 웬만한 돈을 노후자금으로 쌓아두지 않고서는 의료비를 감당하기 어렵다. 셋째, 경제적으로 독립하지 못한 자녀 때문이다. 장성한 자녀를 계속 뒷바라지하느라 자신을 위해서는 돈을 모으지 못한 노인들이 부지기수다. 자녀 1명이 대학을 졸업할 때까지 드는 교육비가 평균 3억 5천만 원이다. 자녀가 둘이면 자그마치 7억 원이다. 자녀 교육비가 가계소득의 10%를 넘으면 그 가정에는 경제 위험이 발생하기 시작한다고 한다. 그런데 우리나라 노년층은 10%를 넘어 평생 번 돈을 모두 자식에게 쏟아부었다. 그러다 어느 날 문득 정신을 차려보니 돈 한 푼 없이 60대가 되었다. 돈이 급하니 은행에서 집을 담보로 대출을 받고, 그것으로도 모자라 제2금융권까지 찾아가 빚을 지고, 그 빚으로 생활비를 쓰다가 결국 갚지 못해 파산에 이른다. 무서운 일이다.

보건복지부에 따르면 2025년 독거노인은 200만 명에 이를 것이라고 한다. 이 중 100만 명이 최저생계비 이하로 생활하고, 또 이 중 30만 명이 고독사할 것으로 예측된다. 현재 우리나라 노인 자살률은 OECD 1위다. 이 정도로 노인에게 가혹한 나라, 노인이 이토록 비참해지는 나라, 늙어가는 것이 죄가 되어버리는 나라가 대한민국이다. 그런데도 많은 이들이 아무런 준비 없이 노인이 되고 있다.

그나마 모아놓은 돈이 있다고 해도 안심할 수 없다. 최근 보이스피싱을 비롯해 가족이나 간병인, 재무 관리인 등 주변 사람들에게 재산을 뺏기는 노년층의 피해 사례가 늘고 있다. 미국의 경우 이런 피해를 막기 위해 고령층을 대상으로 한 금융 착취가 의심되는 상황이 발생하면, 금융회사 직원들이 해당 거래를 중지할 수 있다. 미국에서는 자녀가 80~90세 노인의 명의로 된 통장을 가지고 와서 돈을 찾으려고 하면 그 돈을 바로 내주지 않는다. 부모의 의지에 따른 정상적인 인출 행위인지 아니면 부모 몰래 이뤄지는 행위인지를 따진 후 인출 여부를 결정한다. 하지만 우리나라에는 노년층의 금융 피해를 방지할 이런 장치가 없다.

2018년 보건복지부 통계에 따르면 금융 착취 사례는 80대에서 가장 많이 발생하며 피해자의 70%가 여성이다. 그리고 금융 착취의 가해자 중 60.4%는 안타깝게도 아들이다. 아들이 어머니의 돈을 착취하는 일이 드라마가 아니라 실제 현실에서 벌어지고 있는 것이다. 그것도 빈번하게 말이다. 기타 가해자를 살펴보면 아들의 뒤를 이어 딸(10.8%), 배우자(9.4%), 간병인 등의 타인(5.8%) 순으로 나타났다.

금융 착취 사례를 조사하면서 안타까움을 금할 수 없었다. 누구보다 자녀를 위해 헌신해온 부모들에게 벌어진 비극은 참담하기 그지없었다. 이런 비극을 막으려면 자녀가 경제적으로 자립할 수 있도록, 어릴 때부터 경제 교육을 제대로 해야 한다. 교육이라고 해서 거창한 것이 아니다. 자녀는 결국 부모를 보고 배우기에, 부모가 먼저 경제에 눈을 뜨면 자녀도 자연스레 돈에 대해 배울 수 있다. 그렇게 경제적으로 모두 잘돼야 가족관계도 더욱 긍정적으로 형성될 수 있다. 이런 이야기를 하면 '가족 간에 어떻게 돈을 따질 수 있느냐' '그건 가족이 아니다' 같은 답이 돌아오기도 하는데, 현실을 모르고 하는 말이다. 가족관계도 경제에 큰 영향을 받는 것이 현실임을 기억하기 바란다.

이제 대한민국에서 노인으로 살아갈 당신의 미래가 그려지는가? 나는 아직 젊으니 이런 걱정은 잠시 접어둬도 괜찮다고 생각하는가? 안타깝긴 하지만 내 이야기는 아닐 것이라는 생각이 드는가? 현재 빈곤을 겪고 있는 노인들 대부분도 불과 몇십 년 전에는 당신과 같은 생각을 했을 것이다. 내가 강조하고 싶은 건, 지금 이야기하는 노후가 비단 노년기를 코앞에 둔 40~50대에만 해당하는 것이 아니라는 사실이다. 인공지능이 인간의 일자리를 대체하는, 지금보다 더한 미래는 현재 20~30대를 살아가는 젊은 층이 노년기를 맞이했을 때 더욱 본격화되어 있을 것임을 명심하라.

대한민국 역사상 가장 비참한 세대, 그들이 오고 있다

한국의 베이비붐 세대는 1955년부터 1963년 사이에 출생한 사람들을 말한다. 현재 나이 58세에서 66세로 이 인구가 2020년 기준 무려 730만 명에 이른다. 그런데 이 어마어마한 인구가 고령화에 진입하고 있다. 58세 베이비붐 세대의 은퇴가 시작되었고, 이제 2년 후면 베이비붐 세대의 은퇴가 완전히 끝난다. 만 65세 이상의 인구가 약 700만 명이 더 생기는 것이다. 이미 우리나라에는 800만 명의 65세 이상 인구가 있는데, 은퇴한 베이비붐 세대 700만 명이 더해지면 노인 인구 1,500만 명 시대가 열리게 된다. 그리고 대한민국은 진정한 재앙의 시대를 맞이하게 된다.

베이비붐 세대는 대한민국 역사상 가장 비참한 세대가 될 것이라는 예측이 많다. 이들 50대의 평균 자산은 약 4억 8천만 원이다. 우리나라 모든 세대를 통틀어 베이비붐 세대의 자산이 가장 많다. 그런데 이들이 왜 가장 비참한 세대가 된다는 것인가. 그리고 왜 이들로 인해 대한민국이 재앙을 맞는다는 것인가. 그 이유를 하나씩 살펴보자.

먼저 부동산의 폭락이다. 베이비붐 세대 자산의 75%는 부동산이다. 2028년부터 강남과 주요 지역을 제외하고 서울 부동산도 하락할 가능성이 크다는 것은 통계청 조사 결과를 통해 앞서 예측했다. 부동산 폭락이 찾아오면 전체 자산의 75%가 부동산인 베이비붐 세대는 어떻게 되겠는가. 그 순간 곧바로 빈곤층으로 떨어지고 말 것이다. 그러면 대한민국 경제도 박살나게 된다.

다음으로 대출과 관련한 문제다. 베이비붐 세대는 대출이 가장 많은 세대인데, 이게 한국 경제의 뇌관이 되고 있다. 설상가상으로 베이비붐 세대의 가계 대출은 지금도 계속 증가 중이다. 은퇴한 베이비붐 세대가 자영업을 시작하면서 엄청난 금액의 대출을 받고 있기 때문이다. 2019년 기준 시중 5대 은행의 전체 대출액은 약 240조인데 이 중 80조가 베이비붐 세대 자영업자들의 대출금이다.

이들이 은퇴 후 무리하게 대출을 받아서까지 자영업을 시작하는 이유는 무엇인가. 노후를 위해서다. 노후를 전혀 대비하지 못한 채 은퇴를 했는데 앞으로 최소 20~30년은 더 살아야 하고 자식들에게 들어가는 돈도 여전히 많다. 그런데 코로나19 사태로 자영업이 어려워지면서 대출 연체율까지 급증하는, 정말 피눈물 나는 상황이 되고 말았다. 정부가 원금 상환을 연장해주고 있긴 하지만, 은행이 언제까지 이것을 연장할 수 있겠는가. 결국 이 문제가 터지면 어마어마한 경제 재앙의 요인이 될 가능성이 크다.

마지막으로 고령화다. 베이비붐 세대는 자신의 노후를 위해 비축할 돈을 고령인 부모의 병원비와 간병비로 소비하고 있다. 엎친 데 덮친 격으로 베이비붐 세대는 100세 쇼크를 처음으로 경험하는 세대가 될 것이다. 부모님을 잘 보내드리고 나면 이제 고령이 된 본인의 건강은 어떻게 해야 할까? 본인의 병원비는?

베이비붐 세대의 건강이 어느 정도 유지되는 시기는 대략 72세까지라고 한다. 72세가 넘어가면 치매, 뇌졸중, 심장병, 당뇨 등에 걸릴 확률이 매우 높다는 것이다. 가장 좋은 노후 대책이 건강을 유지하는 거라고들 하지만, 이는 인간이 마음대로 할 수 있는 영역이 아니다. 이소룡과 미국 대통령에게 태권도를 가르쳤다는 이준구 선생을 기억하는가. 그는 70대 초반까지도 팔굽혀펴기를 하루에 1천 개씩 하며 건강을 자랑했는데 70대 중반 대상포진에 걸려 자리에 누우면서 몇 년을 고생하다 돌아가셨다. 건강은 최고라 자신했던 태권도의 전설도 어느 날 찾아온 병에 쓰러지는데, 일반인이 70대 이후에도 건강할 거라고 어찌 자신할 수 있겠는가. 이런 사례들을 접할 때마다 정말 섬찟할 뿐이다

물론 모든 노인의 건강 상태가 무조건 나빠진다는 말은 아니다. 다만 현실적으로 보면, 우리가 90세까지 산다고 가정했을 때 75세 이상부터는 10년 이상 환자로 살게 될 가능성이 높다. 100세까지 살게 된다면 그 기간은 당연히 더 늘어난다. 그리고 거기에 들어가는 병원비, 요양비, 간병비, 약값은 상상을 초월한다. 장수가 축복이 아닌 불행과 저주가 되는 시대가 찾아오고 있으며, 베이비붐 세대는 그 시대의 일격을 가장 앞에서 받을 안타까운 주인공이 될 것이다. 결국 베이비붐 세대는 사회, 경제적으로 나락에 떨어질 수 있으며, 이는 대한

민국의 커다란 사회 문제가 되리라는 것이 많은 전문가의 견해다.

생각해보자. 고작 2년 후면 만 65세 이상 노인 인구가 1,500만 명이 넘을 것이며, 이 인구는 평균 수명의 연장에 따라 줄어들지 않고 계속 늘어날 것이다. 그럼 국민건강보험료나 국민연금이 과연 남아날까? 통계청이나 국민연금공단은 연금이 2045년쯤 고갈될 것이라 예상하지만 실상은 훨씬 더 빨리 사라지리라는 것이 전문가들의 우울한 예측이다. 뒤에서 좀 더 자세히 설명하겠지만 국민연금의 고갈은 곧 우리 노후의 경제력 상실을 예고한다. 하지만 여러 설문조사에 따르면 대한민국 인구의 99%는 노후 대비를 전혀 하지 않고 있다. 실로 안타까운 현실이다.

일본이 먼저 경험한 '노인 지옥'

많은 전문가는 우리나라가 앞으로 일본과 같은 길을 걷게 될 거라고 경고한다. 바로 노인 인구 때문이다. 그렇다면 일본은 과연 어떤 길을 걸었는가.

현재 일본의 노인 세대는 정년을 보장받았던 세대다. 이들은 일본이 세계 최고의 경제대국으로 가장 잘나가던 시절, 일본을 팔면 미국 전체를 사고도 돈이 남았던 일본 최고의 황금기에 회사생활을 했다. 덕분에 일본 전 세대를 통틀어 돈을 가장 잘 벌었고 또 가장 많이 모았다. 그렇기에 세계 경제 전문가들은 일본 노인들이 가장 행복한 생활을 하게 될 것으로 예측했다.

더욱이 일본은 연금제도도 잘 정비돼 있었다. 우리와 달리 다가올 노인 시대를 정부 차원에서 일찍부터 철저하게 준비해둔 덕분이다. 공적 연금과 사적 연금이 세계 최고 수준이었기에 누구도 걱정하지 않았다. 일본 정부 역시 자신했다. 다른 나라는 몰라도 일본만큼은 노인 인구가 아무리 늘어도 경제적 타격이 없을 것이며 앞으로 노인 천국의 본보기가 될 것이라고 말이다.

하지만 2016년에 일본의 노인 200만 명이 파산했다. 물론 지금은 그 수가 더 많아졌다. 현재 일본은 '노인 천국'이 아니라 '노인 지옥'이라 불리고 있다. 대체 무슨 일이 벌어진 것일까.

일본이 고령화 사회로 접어들 무렵 집값이 대폭락했다. 일본 역시 우리와 마찬가지로 경제가 급성장할 때 집을 매우 많이 지었다. 우리나라의 집값 폭등 현상은 20~30년 전 일본이 고령화 사회로 들어가기 직전과 비슷한 양상이다. 2028년부터 서울 가구 수가 줄어들기 시작하면 부동산은 지금과 같지 않을 것이다. 여하튼 일본이 고령화 사회로 진입하고 얼마 후, 도쿄를 포함한 핵심 지역을 제외하고는 작게는 10분의 1, 크게는 30분의 1까지 집값이 폭락했다. 그러자 자산의 대부분이 부동산인 일본의 노인들은 노후 파산을 맞이하고 극빈층으로 전락하고 말았다.

이것이 20~30년 전 일본에서 벌어진 일이다. 부동산에 대부분의 자산을 넣고 있는 우리나라 입장에서는 간과해서는 안 될 일이기도 하다. 재산의 대부분이 부동산인데 만약 어느 날 부동산 가격이 폭락한다면? 평소 자신을 중산층이라 생각했던 사람들조차 한순간 빈곤층으로 전락하고 만다. 부동산에 거의 모든 자산을 투자하는 구조와 경제관이 바뀌어야 하는 이유다.

일본 법무성 자료에 따르면 노인들이 일부러 경찰서 앞에서 범죄를 저지르고 교도소에 가는 사례가 늘어나고 있다고 한다. 교도소에서는 최소한 밥은 주기 때문이다. 노숙자 생활을 하며 굶어 죽느니 범죄자가 되어 밥을 먹는 편을 선택한다는 것이다. 그야말로 '노인 지옥'이 아닌가.

이 노인 지옥에 살고 있는 65세 이상 인구는 현재 일본 전체 인구의 27%로 약 3,300만 명이다. 우리나라 전체 인구가 5천만 명임을 생각해보면 일본의 노인 인구가 얼마나 어마어마한지 알 수 있다. 일본인의 기대수명은 남자가 81세, 여자가 87세이며, 더욱 중요한 건강수명은 남자가 71세, 여자가 74세다. 즉 일본 노인 중 남자는 평균 10년 이상, 여자는 13년 이상 병원 신세를 지고 있다. 일본 노인들의 의료 파산이 급증하는 이유다.

건강하지 못한 채로 오래 사는 상황은 노인 개인의 삶뿐만 아니라 가족 전체의 삶까지 무너뜨리고 있다. 노인 인구가 너무 많고 대부분

환자인데 간병인과 요양 시설은 턱없이 부족해서 결국 가족이 돌봐야 하는 상황이 발생하고 있다.

일본의 원룸형 노인 요양 시설은 화장실과 세면대 하나, 작은 침대가 놓인 4~5평짜리 원룸인데, 이 시설의 한 달 입주 비용은 15만 엔이다. 여기서 20년간 산다면 3,360만 엔, 우리 돈으로 약 3억 3천만 원이 필요하다. 부부라면 약 6억 6천만 원이다. 이보다 조금 나은 수준의 시설은 한 달에 30만 엔 이상으로, 20년을 살려면 1인당 거의 7억이 필요하다. 부부를 합치면 무려 14억이다. 그런데 이런 시설조차 자리가 부족해 현재 입주 대기자만 52만 명이 넘고 그 수는 점점 더 많아지고 있다. 그래서 현재 일본에서는 멀쩡하게 직장이나 학교를 다니던 자식이 병든 부모를 돌보기 위해 퇴직이나 휴학을 하는 경우가 빈번하게 일어나고 있다. 그들의 처지가 안타까운가? 하지만 이제 곧 우리나라에서도 일어나게 될 현상이다. 어쩌면 바로 당신이 겪게 될 일이다.

일본은 고령화 사회로 들어선 지 20년 만에 노후 파산으로 인해 사회 전체가 휘청거리고 있다. 일본 경제의 장기 불황을 상징하는 '잃어버린 20년'이 찾아온 배경에는 미국 플라자 합의[9]도 있지만 노인 문제도 큰 역할을 했다. 더욱 무서운 사실은 일본의 노인 지옥 문제는 이제 시작에 불과하다는 것이다.

2차 세계대전 직후인 1947년에서 1949년 사이에 태어난 세대를 일본에서는 '단카이 세대'라고 하는데 2025년이 되면 이 단카이 세대가 75세가 된다. 이제 65세 이상 인구는 두 번째 문제다. 앞으로 일본은 75세 이상 인구가 폭발적으로 증가할 예정이고 이들은 모두 건강, 의료비, 간병인 문제를 달고 있다. 이에 일본의 경제 전문가들은 노인 문제를 제대로 해결하지 않으면, 일본 국가 전체가 파산할 수 있다고 우려하고 있다.

노인 지옥이 되고 만 일본, 노인 파산을 넘어 국가 전체의 파산까지 거론되고 있는 일본의 현실이 우리에게 전하는 메시지는 분명하다. 지금 당장 제대로 된 준비를 시작하지 않으면 우리 역시 폭발적인 노인 파산 시대를 맞이하고 모두가 지옥의 구렁텅이로 빠질 수 있다는 것이다.

지금 당신의 노후가 무너지고 있다

노후, 아직은 먼 이야기 같은가? 당장 먹고살기도 빠듯한데 노후 대비는 언감생심이라고 생각하는 사람도 적지 않을 것이다. 하지만 바로 그렇기에 지금부터 노후를 준비해야 한다.

인공지능 시대가 본격화되고 4차 산업혁명이 발달할수록, 우리는 더 빨리 직장에서 퇴출당한다. 그만큼 더 긴 노후가 남아 있는 것이다. 더 빨리 다가와 더 길게 이어질 노후를 지금부터 제대로 준비하지 않으면 꿈에도 생각하지 못한 비참한 인생을 살아갈 수밖에 없다. 거리에서 폐지 줍는 노인을 보면 대부분 안타까움을 느낀다. 동시에 이런 생각도 한다. '나는 저렇게 살지 않겠지.' 과연 그럴까? 누구나 노후에 폐지를 주우면서 살 수 있다. 당신이 지금 강남에 사는 부자여도 마찬가지다. 일본에서 가장 많은 돈을 벌고, 가장 많은 돈을 모은 세대가 '노후 파산'을 맞아 '노인 지옥'을 겪고 있음을 기억해야 한다.

가난은 절대 사람을 행복하게 두지 않는다

씁쓸한 현실을 하나 이야기하려고 한다. 건강은 돈에 의해 좌우된다. 실제로 우리나라의 고소득층은 저소득층보다 최소 7년에서 최대 15년 이상 오래 산다고 한다. 대표적으로 2016년 서울 서초구 주민과 강원도 화천군 주민의 평균 수명을 조사해보니 서초구 주민이 화천군 주민보다 평균 15년을 더 오래 살았다. 강남에 사는 사람들이 지방에 사는 평범한 가정이나 저소득층 사람들보다 평소에도 몸에 좋은 걸 많이 먹고, 큰돈을 들여 정기적으로 건강 검진을 받으며, 항상 최고의 의료 서비스를 누리기 때문이다.[10]

영화나 드라마를 보면 부잣집은 돈은 많지만 불행하고 가난한 집은 돈이 없어도 행복하고 화목한 것처럼 그려지곤 한다. 하지만 우리 모두 현실은 드라마와 정반대인 경우가 훨씬 많다는 사실을 알고 있다. 나 역시 도시 빈민 생활을 10년 이상 했기 때문에 가난한 동네의 사정을 누구보다 잘 알고 있다. 집집마다 중환자와 알코올중독 환자가 한 명씩은 꼭 있고, 가족끼리 하루가 멀다 하고 싸움을 벌인다. 병수발에 지치고 생활고에 시달리다 이로 인해 갈등을 겪고, 결국 집안이 풍비박산나는 일이 허다하다. 돈이 많다고 모두 행복한 건 아니겠지만 부자일수록 건강하고 화목할 확률이 훨씬 높다는 것만큼은 분명하다.

만약 이런 이야기들이 다소 불편하다면 세계를 기준으로 놓고 보자. 미국, 프랑스, 독일 같은 선진국과 세계에서 가장 빈곤한 나라로 손꼽히는 우간다, 방글라데시 등을 비교해보자. 아픈 사람이 어느 쪽에 더 많은가? 평균 수명은 어느 쪽이 더 높을까? 굳이 해외의 부자 나라들과 비교할 필요도 없다. 이제 엄연히 선진국 반열에 들어선 우리나라와 비교해도, 아프리카의 가난한 나라보다 우리나라 가정이 훨씬 화목하고 행복하다.

아프리카를 폄하하는 말처럼 들리는가? 결코 그렇지 않다. 그저 현실을 이야기하는 것뿐이다. 나는 지금까지 저개발 국가에 수십 개의 학교를 지었다. 그 나라들을 직접 찾은 것도 수십 번일뿐더러 현지를 누구보다 잘 아는 사람들과 많은 대화를 나눴다. 저개발 국가의 가정들이 그리 화목하지 않다는 내 말은 여러 상황을 종합한 사실에 기반하고 있다.

많은 책에서 마음의 평화를 얻을 수 있다고 묘사되는 인도는 어떨까? 미개하다는 표현이 전혀 과하지 않을 만큼 말도 안 되는 관행들이 버젓이 통하는 나라가 인도다. 중앙수사국CBI 국장이 TV에 나와

'성폭행을 막을 수 없다면 합법화하자'고 말하는 나라고, 카스트제도로 타고난 계급을 평생 넘을 수 없어 체념한 사람들이 무기력하고 비참하게 살아가는 곳이다.

빈부 격차 없는 아프리카의 시골 마을이나 인도 같은 나라를 가난하지만 평화롭고 행복한 나라로 묘사하는 일이 적지 않은데, 이는 실상을 모르거나 크게 오해한 것이다. 가난은 절대로 사람을 행복하게 두지 않는다. 가난은 우리를 힘들게 할 뿐 아니라 병들게 하고 종국엔 망가뜨린다. 그러니 당신 곁에 가난이 어슬렁거리도록 두어서는 안 된다.

국민연금이 투자의 귀재가 된 이유

'노후 대비' 하면 가장 먼저 떠오르는 것이 연금이다. 연금은 크게 공적 연금과 사적 연금으로 나뉜다. 준비성이 철저한 사람이라면 여기에 퇴직연금까지 더해 3중 안전망을 만든다. 연금과 관계된 사람들은 모두 우리에게 '노후 보장'을 약속한다. 재무설계사는 자기들에게 돈을 내면 알아서 노후를 준비해주겠다고 확신에 찬 말을 하고, 국가 역시 국민연금을 내면 나라가 알아서 해주겠다고 자신한다. 나의 노후를 국가와 은행, 보험사가 보장해준다니 이 얼마나 든든하고 행복한 일인가. 더욱이 한 곳에서만 보장해줘도 내 노후가 탄탄할 것

같은데 두 곳 이상에서 책임지겠다고 한다.

그런데 정말로 이런 연금들이 우리의 노후를 아무 문제 없이 보장해줄 수 있을까? 현실을 알아보자.

우선 가장 대표적인 공적 연금인 국민연금이다. 국민연금에 대해 이런저런 우려와 불만도 많지만 우리 마음 한 켠에는 '그래도 국민연금이 있으니 노후는 괜찮겠지'라는 막연한 믿음이 있다. 국가가 보장하는 연금이니 믿을 수 있다는 생각이다.

실제로 노후에 국민연금의 혜택을 보는 사람들이 있다. 2018년 기준으로 국민연금 가운데 노령연금 수령자는 370만 명이다. 실망스러운 점은 우리나라 국민의 평균 수령액이 39만 원이라는 것이다. 전체 수령자의 95%가 한 달에 100만 원도 받지 못한다. 2018년 기준이니 지금은 조금 올랐겠지만, 충격적인 금액이다. 왜 이렇게 적은 금액을 받게 됐을까? 답은 간단하다. 적게 냈기 때문이다. 우리나라 국민의 평균 납입액은 9만 8,400원이다. 납입 기간 동안 평균적으로 10만 원 정도를 내고 한 달에 39만 원을 가져가는 셈이다. 수령하는 액수 자체가 적긴 하지만 낸 금액보다 많이 받는 것은 분명한 사실이니 어쨌든 노후에 보탬이 될 거라는 생각이 든다. 하지만 안심은 금물이다. 이 연금의 상황이 심상치 않기 때문이다.

1988년 전두환 정권 때 처음 도입된 국민연금은 시행 초기에는 매우 좋은 구조였다. 당시 보험료율은 3%, 소득 대체율은 70%였다. 즉 내 월급이 100만 원이라면 그중 3만 원을 최소 10년간 국민연금으로 내고 노후에는 다달이 70만 원을 받았다. 1988년과 비교할 때 현재 보험료율은 오른 반면 소득 대체율은 현저히 줄었다. 지금은 소득의 9%를 최소 10년간 내고 노후에는 내가 낸 돈의 1.4~4.5배를 받는 구조다. 바뀐 이유는 간단하다. 국민연금의 재정 상태가 좋지 않기 때문이다. 과거와 비교해 평균 수명이 크게 늘었고 자연히 국민연금은 걷는 돈보다 나가는 돈이 더 많은 구조로 바뀌고 있다. 이에 현재 국민연금을 받는 사람은 나이가 들수록 수령액이 점점 줄어들 수밖에 없으며 나이가 젊은 사람들은 더욱 불리해지는 흐름이다.

국민연금의 구조를 좀 더 살펴보자. 국민연금은 소득이 많은 사람은 낸 돈의 약 1.4배를 돌려받고, 소득이 적은 사람은 최대 4.5배를 받아가는 구조다. 사실 우리나라의 복지는 상당히 높은 수준이다. 물론 복지 천국이라고 불리는 스웨덴, 핀란드, 덴마크 등 북유럽 국가와 비교하면 많이 부족하다. 대신 이런 국가들은 직장인의 월급을 절반 가까이 세금으로 가져간다. 반면에 우리나라는 세금을 내지 않거나 적게 내는 저소득층과 빈곤층이 고소득자에 비해 연금 수급률이 4배 이상이다. 한마디로 국민연금은 소득이 적을수록 유리한 구조로 설계돼 있다.

사실 국민연금은 여러 문제점에도 불구하고 매우 좋은 제도다. 국민연금을 공부하면서 연금의 다양한 장점에 대해 많이 알게 되었다.

국민연금은 65세 이후 평생 수령하는데 1969년 이전에 출생한 사람은 만 65세부터 수령할 수 있다. 1969년 이후 출생자는 1969년 이전 출생자보다 국민연금을 1년 늦게 받는다, 물가 상승률이 반영된다는 점이 가장 큰 장점이다. 물가가 오른 만큼 국민연금을 더 주기 때문에 현재 국민연금을 수령하고 있는 사람들은 10년 전과 비교해 1.2배 정도 오른 연금을 받고 있다. 가입자가 사망하면 유족이 대신 연금을 탈 수 있는 것도 장점 중 하나다.

국민연금의 또 다른 장점은 투자 수익률이 굉장히 높다는 점이다. 국민연금은 뒤에서 자세히 설명할 미국 우량주식 장기투자법을 우리나라 기관투자가 중 가장 훌륭하게 수행하고 있는 곳이라 미리 조금 소개하고자 한다. 2015~2019년 국민연금의 평균 투자 수익률은 6%대다. 은행 이자가 1%대라는 사실을 생각하면 어마어마한 수치다. 2015~2019년 평균 수익률을 자세히 들여다보면 국내 투자 수익률이 3.69%, 해외 투자 수익률이 10.06%로 해외에서 엄청난 수익을 거뒀음을 알 수 있다. 해외 투자금만 현재 270조 원대다. 국민연금 투자 구조는 주식 39.3%, 채권 48.5%, 기타 대체 투자 12.2%로 이루어져 있으니 우리나라에서 주식 투자를 가장 잘하는 곳이 국민연금이었음이 확인된다. 이 책을 읽는 독자들도 국민연금만 따라서 투자한다면 투자 수익률을 높일 수 있을 것이다.

그럼 이렇게 성적이 좋은 국민연금은 국내 주식 종목 중 무엇에 투자했을까? 2020년 5월 기준 국내 주식 전체 투자 금액은 100조

6천억 원이며, 그중 가장 많은 돈이 삼성전자에 투자됐다. 국민연금은 삼성전자 전체 지분 중 무려 11.1%를 보유하고 있다. 삼성전자 전체 주식을 100으로 볼 때 국민연금이 10 이상을 가진 것이다. 국민연금의 투자 종목을 계속 살펴보면 두 번째는 SK하이닉스, 세 번째는 네이버, 네 번째는 현대모비스, 다섯 번째는 현대자동차, 여섯 번째는 포스코, 일곱 번째는 LG화학, 여덟 번째는 SK텔레콤, 아홉 번째는 신한지주, 열 번째는 KB금융이다. 우량주식 위주로 투자하고 있는 것이다.

국민연금은 우리나라 채권에도 약 320조 원을 투자하고 있는데, 이 중 42.8%를 국가 채권에 집어넣고 있다. 다음으로 한국주택금융공사 8.82%, 한국은행 6.05%, 한국토지주택공사 2.93%를 가지고 있다.[11] 한눈에 봐도 국민연금의 투자 구조는 명확하고 심플하다. 주식 투자는 삼성, SK하이닉스, 네이버가 주력 종목이고, 국내 채권 중에서는 우리나라 국채가 주요 투자처다. 투자 성적 역시 상당히 뛰어나다. 하지만 더욱 눈여겨볼 부분은 해외 투자다.

현재 국민연금의 해외 투자 금액 총 규모는 141조 4천억 원으로 마이크로소프트, 애플, 아마존, 구글의 모회사인 알파벳GOOGL, 다섯 번째가 페이스북FB 순이다. 이 정도면 좋은 건 다 나온 셈이다. 내가 사람들에게 투자하라고 늘 강조하는 기업들 1위부터 5위가 다 있다. 투자 비중을 살펴보면 마이크로소프트 2%, 애플 1.89%, 아마존 1.20%, 알파벳구글 0.94%, 페이스북 0.93%다.

이처럼 국민연금의 해외 주식 투자는 미국 주식, 그것도 초우량기업에만 투자하는 바람직한 패턴을 따르고 있어서 투자 수익률이 높다. 만약 핫하다는 종목들에 대한 소문에 휩쓸려, 이것저것 함부로 샀다면 어땠을까? 수익률이 지금처럼 좋지 않았을 것이다.

해외 채권에도 34조 7천억 원을 투자하고 있는데 그중 가장 많은 35.1%가 미국 국채다. 대체 투자로는 부동산 투자를 하고 있는데, 두 가지 유형이다. 하나는 개발에 참여하거나 직접 물건을 사기도 하는 프로젝트형 부동산 투자고 다른 하나는 부동산 펀드다. 국내 부동산 투자는 25.5%로 매우 적고 나머지 74.5%는 모두 해외다. 원래 진짜 부자들은 해외 부동산 투자를 많이 하는데 국민연금 역시 정확하게 강남 초부자들과 같은 투자 유형을 보이는 것이다. 부동산 해외 투자 중에서도 미국과 캐나다 등 북미 부동산에만 42.8%를 투자했다. 그다음 유럽이 21.8%이고 아시아, 남미, 아프리카 등 기타 글로벌 지역이 나머지를 차지한다.

부동산 투자 외의 대체 투자 가운데 도로, 에너지 등 인프라 투자는 해외 66.1%, 국내 30%다. 역시 해외 투자 가운데 미국이 26.3%로 가장 많다. 정말이지 돈 나오는 곳만 골라서 탁월한 투자를 하고 있다. 국민연금 투자만 잘 따라 해도 돈을 벌 것 같다. 마지막 대체 투자는 사모펀드다. 사모펀드 역시 국내 37%, 해외가 63%인데 해외에서도 미국, 캐나다 등 북미가 가장 많다. 이 중 미국이 33%로 가장 많으며, 그다음이 유럽이다.

국민연금 투자의 핵심을 정리하자면, '해외 투자' 그리고 '미국 주식'이다. 미국 주식도 마이크로소프트, 애플, 페이스북, 알파벳구글, 아마존 같은 우량주식만 산다. 지금까지 나는 이지성TV 멤버십 강의를 통해 미국이 넘버원이라는 점을 늘 강조해왔다. '미국이 넘버원'이라는 사실을 가훈으로 물려주라고 했을 정도다. '미국이 최고다' '우리 시대도 미국이 최고지만, 우리 자식 때는 더 최고고, 손자 때는 더욱더 최고가 된다'고 말해왔다.

우리나라에서 투자에 대한 가장 많은 정보를 가진 곳은 대한민국 정부다. 그런데 이 대한민국 정부에서 지금 가장 많이 투자하는 곳이 어딘가? 바로 미국이고 그다음이 일본이다. 그렇다면 어떻게 해야 할까? 우리가 투자해야 할 돈은 원화가 아닌 달러이며 그다음이 엔화인 것이다. 우리가 앞으로 친하게 지내야 할 국가도 미국 그리고 일본이라는 말이다.

2020년, 국민연금은 흥미로운 내용을 발표했다. 당시 국민연금 기금운용위원장을 겸하고 있던 박능후 보건복지부 장관이 '2024년까지 기금 운용 규모를 1천 조까지 늘리고 이 가운데 절반을 해외 투자에 할애하겠다'고 얘기한 것이다. 현재 국민연금 투자액이 약 700조 원인데 이것을 1천조 원대로 늘리고, 현재 30~40%에 해당하는 해외 투자를 50%까지 늘리겠다는 내용이었다. 이를 위해서 기금운용본부 인력을 확충하고 해외 사무소 기능을 확대하도록 기획재정부와 논의하고 있다고 했다.

그의 이야기 중에는 귀담아들어야 할 내용이 매우 많다. 특히 기금을 안정적으로 운용하려면 투자 기회가 많고 성과가 높은 해외 투자, 즉 미국 우량주식 투자를 확대할 필요가 있다고 한 부분이다. 국내 투자는 삼성전자를 제외하고는 대부분 줄일 계획이라고 했다. 즉 국내 투자는 위험하므로 위험을 분산하기 위해서라도 해외 투자 확대가 필요하다는 것이다. 국민연금은 이제 미국 우량주식 장기투자에 사활을 걸었다. 전문가들을 더 영입하고 미국 뉴욕에 제대로 된 사무실을 내서, 본격적으로 미국 주식에 투자하겠다고 했다. 국가가 국민의 노후 프로젝트를 책임져야 하는데, 이에 대한 가장 확실한 방법이 바로 미국 우량주식 장기투자라는 결론을 내린 것이다.

국민연금이 투자의 귀재가 될 수 있었던 이유는 미국 우량주식 장기투자의 가치를 누구보다 먼저 알아보고 투자를 감행한 덕분이다. 이 투자법만은 반드시 배워둬야 한다. 그런데 여기서 의문이 하나 생긴다. 앞에서 국민연금의 재정 상태가 좋지 않다고 했는데, 이렇게 투자를 잘해서 막대한 수익률을 올리고 있는 국민연금의 재정 상태가 나빠진 이유가 과연 무엇인가 하는 의문이다. 이제 그 이야기를 해보려 한다.

그런데 왜 망해가는가

박능후 당시 보건복지부 장관이 미국 주식 투자 확대를 서두른 데에는 이유가 있었다. 국민연금의 미래가 매우 위험하기 때문이다.

2019년 국정 감사에서 보건복지위원회 소속인 더불어민주당 진선미 의원이 국민연금공단 자료를 공개했다. 1988년 국민연금이 처음 도입될 당시 연금 가입자의 평균 소득을 227만 원으로 잡고 이 소득의 3~9%, 즉 7만~23만 원가량을 20년간 납부했을 때 국민연금 수령액은 매달 77만 2천 원인 것으로 조사되었다. 하지만 2028년 이후 국민연금 가입자가 같은 조건으로 연금을 납부한다고 가정하면 액수가 확연히 줄어든다. 앞으로 7년 뒤부터 국민연금에 가입하는 사람이 월평균 소득 227만 원 기준으로 9%를 매달 납부하면, 66세가 되었을 때 한 달에 받는 금액은 47만 1천 원이다. 초창기와 비교해 30만 1천 원을 덜 받는 것이다. 현재 국민연금 수령자와 비교했을 때도 마찬가지다. 앞으로 7년 뒤부터 국민연금에 가입하는 사람은 지금 수령자들과 똑같은 아니 오히려 더 많은 돈을 내지만 수령액은 절반으로 줄어든다.

더 안타까운 사실은 상황이 갈수록 심각해진다는 데 있다. 대표적으로 2038년 이후 가입하는 사람들은 월 47만 원조차도 못 받는다. 월 20만 원이라도 받을 수 있다면 다행일 것이다.

국민연금의 소득 대체율은 1988년에 70%였다. 가입자가 평균

100만 원을 벌었다면 70만 원을 돌려받는 것이다. 1996년에는 소득 대체율이 60%로 줄어들었다. 그리고 2008년에는 50%로, 2018년에는 45%로, 2028년에는 40%로 줄어든다. 이것만 놓고 봐도 우리가 국민연금으로 노후를 대비한다는 것이 불가능해지고 있다는 사실을 알 수 있다. 국민연금의 미래는 암울하기 그지없다.

대체 왜 이런 상황이 벌어지는 걸까. 국민연금은 돈을 적게 내고 이후 돈을 더 많이 받아가는 구조로 되어 있고 여기에 물가 상승률까지 적용된다. 그런데 급격한 저출산, 고령화가 진행 중이다. 저출산은 국민연금을 내는 사람들이 사라지고 있다는 의미고, 고령화는 돈을 받아가는 사람이 점점 더 많아지고 있다는 뜻이다. 국민연금이 아무리 열심히 투자 수익을 올려도 적자가 날 수밖에 없는 이유다.

2019년 국민연금연구원의 조사 결과에 따르면 2042년, 앞으로 21년 뒤에 국민연금은 적자가 되고, 2057년에는 제로가 된다고 한다. 이를 놓고 보면 2057년, 즉 36년 후에 우리는 국민연금을 한 푼도 받을 수 없다. 평생 직장을 다니면서 소득의 9% 이상을 납부했는데 정작 66세가 되어 국민연금을 받아야 할 때는 나라에서 이런 통지가 날아오는 것이다.

"국민연금은 파산했습니다."

이것은 내가 주장하는 것이 아니다. 국민연금연구원에서 공식적으로 발표한 내용이다. 2020년 국회예산정책처의 〈4대 공적 연금 장기

재정전망〉 보고서를 보면 상황은 더 심각하다. 국회예산정책처는 이 보고서를 발표하면서 '지금의 법과 제도가 유지된다는 가정'이라는 조건을 달았다. 참고로 지금은 자유민주주의, 자유시장 경제다. 이 체제가 유지된다는 가정하에 보고서를 냈는데 현재 우리나라는 사회주의 정책들이 난무하고 있다. 보고서보다 더 좋지 않은 상황이 벌어질 수 있다는 이야기다. 보고서의 세부 내용을 살펴보자.

첫째, 국민연금은 2039년부터 연금 납입액보다 연금 지급액이 더 많아지면서 적자로 전환한다. 앞서 2019년 국민연금이 2042년부터 적자로 돌아선다고 발표했다고 했다. 그런데 1년 뒤 이 적자 예상 기간이 3년 앞당겨졌다. 그렇다면 내년이 되면 또다시 3년이 앞당겨질 수 있다. 적자로 전환되는 기간이 1년 기준을 놓고 봤을 때 3년씩 앞당겨지는 것이다. 2020년에는 2039년으로 나왔지만, 앞으로 10년 뒤인 2030년에는 적자 전환 시기가 2032년이 될 수 있다.

둘째, 현재 740조 원인 국민연금 적립금이 앞으로 25년 뒤인 2055년에 0원이 된다. 파산하는 것이다. 이것 역시 2019년 발표보다 3년 빠르다. 1년 사이에 국민연금의 파산 시기가 3년 더 빨라졌다. 그렇다면 내년에는 3년 더 앞당겨질 수 있을 것이다. 이렇게 생각하면 국민연금은 우리 자식 세대가 아닌 15년 뒤에 파산할 수도 있다.

15년 후 당신은 몇 살인가? 15년 후 당신의 노후 준비는 얼마나 돼 있을 거라고 생각하는가? 혹시 노후 대비로 국민연금만 믿고 있었다면 지금부터라도 새로운 대안을 준비해야 한다.

연금은 결코 우리의 노후를 보장해주지 않는다

이번에는 공무원연금을 살펴보자. 잘 알다시피 공무원연금 수령액은 상당히 많다. 국민연금 월평균 수령액이 한 달에 39만 원인데 공무원의 한 달 평균 연금은 240만 원이다. 엄청나지 않은가? 나라에서 이들에게만 너무 특혜를 주는 게 아닌가 싶은 생각이 들 수도 있지만 자세히 들여다보면 꼭 그렇지만은 않다. 우리가 국민연금을 낼 때 개인은 월급의 4.5%를 내고 정부가 4.5%를 추가로 적립해주는 구조인데 공무원은 월급의 9%를 연금으로 내고 정부가 9%를 채워 보존해준다. 또 공무원의 연금 가입 기간은 평균 33년으로 국민연금 가입 기간에 비해 매우 길다. 더욱이 공무원연금에는 퇴직금이 포함되어 있어 공무원의 95%가 퇴직금을 연금으로 받고 있다.

그런데 안타깝게도 공무원연금은 1993년부터 계속 적자로, 25년 넘게 만성 적자를 면치 못하고 있다. 왜 그럴까? 역시나 평균 수명의 연장, 장수의 축복 때문이다. 몇십 년 전 공무원연금을 처음 만들 때만 해도 사람들이 이렇게 오래 살줄 몰랐을 것이다. 즉 공무원들이 이토록 오래 연금을 받을 거라 예측하지 못했고 당연히 대비 또한 못한 것이다. 그러다 보니 일찍부터 만성 적자가 되었고 국민 세금으로 공무원연금을 계속 채워주고 있는 상태다. 이런 상황 속에서도 현 정부문재인 정부는 공무원을 엄청나게 뽑고 있다. 안타까운 상황이다. 군인연금이라고 상황이 다르지 않다. 이 연금은 1973년부터 적자가 시작되었고 지금도 국방부 예산으로 적자를 메우고 있다.

사학연금의 파탄도 예정된 코스다. 사학연금은 공무원연금과 똑같은 구조로 1975년에 도입되었고 가입자는 30만 명이다. 하지만 저출산이 시작되고 학교에 다니는 학생 수가 줄어드니 교직원도 급감하기 시작했다. 교사와 교직원이 계속 확충돼야 이들이 계속 보험료를 납입하고 퇴직한 사람들이 연금을 정상적으로 받을 수 있는데 교직원이 계속 감소하니 보험료가 무섭게 줄어들고 있다. 반면에 퇴직자들의 평균 수명은 늘어나고 퇴직자 수도 해마다 많아지니 나갈 돈은 무섭게 불어나고 있다. 결국 앞으로 사학연금에도 국민 세금이 엄청나게 들어갈 예정이라고 한다.

도대체 어쩌다 이렇게 됐을까? 최재식 전 공무원연금공단 이사장이 《조선일보》 최보식 기자와 공적 연금이 부실 덩어리가 된 이유에 대해 인터뷰를 한 적이 있다.[12]

그는 첫 번째 이유로 고령화를 꼽았다. 공무원연금, 사학연금이 도입된 시기는 1960~1970년대다. 1960년대 평균 수명은 52.4세였고, 군인연금이 시작된 1970년대의 평균 수명은 61세였다. 지금은 평균 수명이 82세로 50년 만에 평균 수명이 20년 늘어났다. 처음 연금을 설계할 때만 해도 우리나라 국민이 이렇게 오래 살 줄은 몰랐다. 또 아이를 이렇게 안 낳을지도 몰랐다. 즉 연금 수익원이 점점 축소되고 급감하게 되리라고 예상하지 못했다.

두 번째, 경제 성장을 해야 하는데 오히려 반대로 가고 있다는 것이다. 현재 우리나라의 경제 성장 정책은 전무하다시피 하다. 삼성전자 같은 일부 우량기업을 제외하면 기업 대부분이 흔들리고 있으며, 무너지는 중소기업도 정말 많다. 경제 성장을 해야 기업에서 세금도 많이 내고 전체적으로 나라 경제가 잘 돌아가면서 연금제도가 안정화되고, 국민 노후가 보장된다. 그런데 나라 경제가 그 반대로 가고 있으니 연금도 같이 망해가고 있는 것이다.

세 번째, 문재인 정부더불어민주당처럼 하면 연금 고갈 속도가 지금보다 훨씬 빨라진다고 강조했다. 내가 더불어민주당의 경제 정책을 비판하는 가장 큰 이유 중 하나가 이것이다. 국민이 편안한 노후를 보내려면 무엇보다 국가 경제가 좋아져야 한다. 국가 경제가 좋아지려면 어떻게 해야 할까? 소득 주도 성장이라든지 주 52시간 근무제 같은 제도는 곤란하다. 사실 부자들의 노후는 걱정할 필요가 없다. 알아서 잘살 테니까 말이다. 그런데 국민연금이 더 빨리 바닥나면 평범한 서민들은 어떻게 될까? 공무원연금에 더 이상 국민 세금을 집어넣지 못하면 공무원들은 노후에 어떻게 될까? 모두가 직장 생활을 열심히 하는 이유는 무엇인가. 내 편안한 노후를 위해서다. 노후에 그래도 인간답게 살 수 있겠구나 하는 그 기대 하나로 열심히 일하며 살아간다. 그 평범한 사람의 소망을 정부가 잘못된 경제 정책으로 산산조각 내버리고 있기에 매우 화가 난다.

결국 공적 연금 중 우리의 노후를 보장해줄 수 있는 것은 아무것도 없다. 국민연금, 공무원연금, 군인연금, 사학연금 모두 파산할 수 있는 미래가 우리 앞에 놓여 있다.

사적 연금의 '마법의 사기'

마지막으로 개인 연금, 즉 사적 연금을 살펴보자. 은행에서 하는 연금저축신탁, 생명보험사에서 하는 연금저축보험, 손해보험사에서 하는 연금저축보험의 공통점은 원금이 보장된다는 것이다. 매우 큰 장점이다. 다만 생명보험사나 손해보험사에서 판매하는 연금저축보험은 중도 해지할 때 손실이 크다는 단점이 있다. 자산운용사, 투자회사 등에서 운용하는 연금저축펀드는 수익률은 높지만 원금이 보장되지 않는다.

하나씩 구체적으로 알아보도록 하자. 연금저축신탁은 은행에서 팔던 상품인데 2018년 1월부터 금융감독원에서 판매를 중단시켰다. 왜일까? 말도 안 되는 구조였기 때문이다. 연금저축신탁 상품의 평균 수익률은 1%다. 그런데 은행이 매년 원금의 0.5~1%를 수수료로 떼어갔다.

어느 날 은행을 찾아갔더니 "고객님, 노후가 불안하시죠. 제가 노후를 보장해드리겠습니다. 연금저축신탁이라는 상품이 있어요. 원금도 보장되고요"라며 상품의 좋은 점만 이야기한다. 고객이 그 말에 홀랑 넘어가서 "어, 좋아요"라며 가입한다. 그러고 나면? 은행은 수익률 1%를 전부 수수료로 떼어간다.

연금저축신탁 상품에 가입해 30년 동안 다달이 예금한다고 가정해보자. 만약 30년 동안 1억을 부었으면 30년 뒤에 다시 1억을 받는 구조인 것이다. 차라리 그 돈을 은행 정기예금에 넣으면 그나마 이자라도 나오는데 노후를 보장해준다는 연금저축신탁 상품은 수익률이 제로였던 셈이다. 그래서 금융감독원이 전국 은행에 이것은 말도 안 되는 사기라며 상품을 팔지 말라고 했다.

이것이 우리나라 은행이 우리의 노후를 대하는 모습이다. 나는 사람들에게 되도록 은행을 믿지 말라고 한다. 정기예금을 제외하고 은행에서 판매하는 상품 대부분은 우리를 불행하게 만들 가능성이 높다. 특히 창구 직원이 권하는 상품은 웬만하면 사지 않는 것이 좋다. 대부분 의미가 없다. 주로 60대 이상 어르신들이 많이 샀던 옵티머스 등 원금의 90%를 깎아먹는 상품들 역시 모두 은행에서 팔았다. 경제 지식을 쌓아 자신의 돈은 스스로 지켜야 한다. 은행은 절대 그 돈을 지켜주지 않는다. 은행은 절대로 고객을 이롭게 해주는 곳이 아니다.

다음으로 연금저축보험 이야기를 하자. 이 상품은 은행, 증권사를 비롯해 생명보험사와 손해보험사에서 판매한다. 원금이 보장된다는 장점이 있지만 중도 해지할 경우 손실이 크다. 보험사에서 이런 연금저축보험 상품을 판매할 때 하는 단골 멘트가 있다.

"이건 마법의 복리상품입니다."

헛소리다. 2019년 국회정무위원회 소속 더불어민주당 제윤경 의원이 생명보험협회, 손해보험협회, 금융감독원 세 곳에서 받은 자료로 2013년부터 2018년까지 최근 5년간 국내 1,028개 생명보험사, 손해보험사의 금리 변동형 상품 수익률을 집계한 결과를 발표했다. 여기에 연금저축보험 상품이 포함되어 있었다. 그런데 이 중 58%, 그러니까 100개의 상품이 있다면 50~60개가 마이너스 수익이 났다. 우리의 노후를 보장해주겠다면서 연금저축보험 상품을 팔았는데, '마법의 복리구조'를 갖고 있다며 우리의 마음을 설레게 했는데, 원금을 겨우 보장할 뿐 그 수익률은 마이너스였던 것이다.

더 안타까운 이야기가 있다. 노후에 월 80만 원을 받는다고 해서 가입한 연금저축보험의 약정 금액이 월 30만 원으로 축소된 가입자들이 매우 많다. 2011년 초 10년 동안 35만 원을 납입하는 연금저축보험 상품에 가입했을 때 이들이 60세부터 매달 80만 원을 받는다고 하면 그래도 나쁘지 않은 금액이었다. 보험사로부터 이런 내용으로 안내를 받고 계약했는데 실제로 현재 60세가 된 사람들은 월 30만 원을 받고 있다. 저금리 때문이다. 연금저축보험 등 보험사에서 판매하는 상품은 금리가 내려가면 그에 따라 수령액도 줄어든다. 2019년은 그나마 금리가 2%대였는데, 2020년에는 1%대로 내려갔다. 앞으로는 제로 금리, 마이너스 금리까지 갈 수 있다고 하는데, 그러면 저축했던 돈은 어떻게 될까? 80만 원을 받는다고 안내받았는데 정작 60세가 되면 10만 원을 받게 될 수 있다. 너무 황당한 일이 아닌가.

더구나 연금저축보험 상품을 통해 연금을 받을 때는 3.3~5.5%의 연금소득세를 내야 한다. 이런 상황이라면 도대체 우리가 보험사에 노후를 맡길 이유가 뭐가 있을까? 오히려 마이너스다. 수익은 하나도 없고 되려 세금을 내야 한다. 이게 말이 되는가?

마지막으로 연금저축펀드를 보자. 메리츠자산운용 존리 대표도 가입을 권유했던 상품이다. 다른 사적 보험과 달리 연금저축펀드는 증권사 등에서 만들어 판매하는 펀드다. 즉 주식과 같은 개념으로 생각할 수 있다. 우리가 돈을 내면 증권사에서 대신 투자를 해주며 우리의 노후를 준비해주는 것이다. 수익률은 높은 편이다. 2019년 기준으로 봤을 때 수익률이 6%대였다. 은행이나 보험사와 비교하면 5배 이상에 달하는 수익률인데 대신 원금은 보장되지 않는다. 주식시장이 무너지면 이것 역시 처참하게 무너질 수 있는 위험한 구조다. 만약 안심, 안정을 좋아하는 사람이라면 연금저축펀드에 가입할 이유가 전혀 없다.

노후가 더욱 불안해질수록 자연히 연금을 들어야 한다는 생각이 든다. 하지만 공적 연금과 사적 연금을 놓고 보면 메리트가 전혀 없다. 위에서 설명한 몇 가지 사례만 봐도 이 두 가지로는 우리의 노후를 절대 보장받을 수 없다는 사실을 쉽게 알 수 있다. 현재 존재하는 연금 상품은 노후를 보장받기는커녕 마이너스가 되어 몇십 년 뒤 열심히 벌어놓은 내 돈을 한 푼도 돌려받지 못할 가능성이 매우 크다. 그런데도 연금에만 의존하는 것은 그야말로 고양이에게 생선을 맡기는 꼴이다. 당신의 노후는 오직 당신만 지킬 수 있고 보장할 수 있다는 사실을 명심하기 바란다.

새로운 부의 흐름에 올라타라

유대인은 직장에 들어가는 순간부터, 그러니까 아주 젊은 시절부터 노후를 준비한다. 그래야만 정말 좋은 노후를 맞이할 수 있기 때문이다. 우리나라 사람들은 언제부터 노후를 준비할까? 대부분 50대 후반에 접어들어서야 노후에 대해 생각한다. 그러니 제대로 된 준비를 하지 못하는 것은 당연하고, 그저 "어, 어" 하다가 정년퇴직을 한 뒤 비참한 노년의 길로 접어드는 것이다. 이 과정이 이미 대한민국에 일반화되어 있다. 뿐만 아니라 앞으로는 이런 미래가 국민 전체에게 쓰나미처럼 밀려오게 된다. 바로 2028년부터다. 이 책을 읽는 독자들만이라도 앞으로 우리에게 7년이라는 시간이 남았다는 걸 명심하고, 지금부터 철저히 노후를 대비해야 한다.

세계 최고 은퇴 재무설계 전문가의 경고

1827년, 스코틀랜드의 식물학자 로버트 브라운은 현미경으로 물 위에 뜬 꽃가루를 관찰하고 있었다. 바람도 불지 않는데 꽃가루가 진동하며 떠다니는 걸 본 그는 "아, 이 꽃가루가 살아 있어서 그런가 보다"라고 생각했다. 이어 물 위에 석탄가루를 뿌려 관찰했는데 무생물인 석탄가루도 혼자 진동하는 게 아닌가. 그는 이러한 입자의 운동을 '브라운 운동'이라고 이름 붙였다.

약 150년 뒤인 1973년, 시카고대학의 수학자 피셔 블랙과 MIT의 경제학자 마이런 숄스는 브라운 운동을 주가에 적용해보았다. 브라운 운동은 원래 물리학의 영역이었지만, 블랙과 숄스 교수가 주식시장에 적용해보니 그대로 통했다. 꽃가루의 움직임과 주식시장의 움직임은 같은 리듬을 타고 있었던 것이다. 여기서 나온 것이 그 유명한 '블랙-숄스 방정식'이다.

이후 MIT 교수 로버트 머튼은 블랙-숄스 방정식을 파생상품에 적용하여 '블랙-숄스-머튼 방정식'을 만들었다. 이 방정식이 완성되면서 금융공학이 탄생했다. 조지 소로스 같은 전설적인 투자자들이 나온 배경에는 이 블랙-숄스-머튼 방정식이 있다. 로버트 머튼 교수는 1997년 블랙-숄스-머튼 방정식으로 노벨상을 받았다. 그리고 전공을 은퇴 재무설계로 바꾸었다. 자신의 경제 이론을 실제 현실에 적용하는 사람으로 변신한 것이다.

머튼 교수는 2020년 초 《중앙일보》와 인터뷰[13] 했는데, 그의 인터뷰에는 한국 사회와 한국인의 노후에 관한 중요한 내용이 담겨 있다. 머튼 교수의 주장에 따르면 '한국은 세계에서 가장 걱정되는 나라'다. 그는 "국민연금 적립금이 2060년 고갈 예정인데, 이것만 믿고 한국인이 스스로 노후 대비를 하고 있지 않은 것이 안타깝다"라고 말했다. 국민연금 적립금은 2060년보다 더 빨리 고갈될 예정이다. 이전 자료를 참고한 듯하다.

이것은 무슨 의미일까? 한국의 경제가 앞으로도 좋아질 기미가 보이지 않는다는 것이다. 대한민국이 일본을 따라 쇠락의 길로 가고 있다는 의미다. 물론 강력한 정치가가 새롭게 등장하고, 국민의 의식이 깨어나면 대한민국은 다시 한번 부강한 국가가 될 수도 있다. 하지만 지금처럼 국민 대부분이 국가가 모든 것을 해결해주기를 바라는 상태로 계속 간다면 큰 가망은 없을 것이다. 노벨 경제학상 수상자 로버트 머튼 교수의 눈에도 한국의 이런 문제들이 보이지 않았을까? 당연히 보였을 것이다. 그래서 세계에서 가장 걱정되는 나라라고 쓴소리를 한 것이다. 그는 나라 자체도 걱정스럽지만, 한국 국민 개개인이 걱정된다고 말한다.

"앞으로 20년 뒤 더 많은 한국인이 스스로 노후를 책임져야 하는 각자도생의 길로 빠질 것이다."

세계 최고 은퇴 재무설계 전문가인 로버트 머튼은 대한민국은 국가나 은행, 보험사 등에서 국민의 노후를 절대 책임져줄 수 없다고 결론 내렸다. 정부와 여러 기관에서는 우리에게 "노후를 책임져주겠다"라고 자신 있게 말하지만, 사실 다 '거짓'이라는 뜻이다.

13억, 은퇴 후 필요한 최소 비용

2020년 국민연금이 발표한 은퇴 후 1인 월 적정 생활비는 154만 원이다. 1인 기준으로 은퇴 후 30년을 산다면 5억 5,400만 원이 필요하다. 부부는 얼마가 필요할까? 11억 800만 원이 필요하다. 그런데 여기에 충격적인 사실이 숨어 있다. 노후를 지옥으로 만드는 의료비가 빠져 있다.

건강보험심사평가원에 따르면 65세 이후 1인당 평균 의료비는 8,100만 원이다. 부부 의료비는 평균 1억 6,200만 원이다. 국민연금공단에서 은퇴 후 필요한 생활비가 5억 5,400만 원, 부부라면 11억 800만 원이라고 했다. 여기에 의료비 1억 6천만 원을 더해보자. 그럼 약 13억 원이 나온다. 심각한 중병에 걸리지 않고도 앞으로 이 시대의 65세 이상 부부에게 필요한 노후자금이 13억이다. 그런데 만약 중병에 걸린다면 어떻게 될까? 필요 자금은 20억 원에 육박할 수 있다.

이것이 우리가 맞이하게 될 미래다. 오래 사는 것이 축복이 아닌 재앙인 시대가 이미 도래했다. 국가는 국민연금공단의 보고서와 건강보험심사평가원의 보고서를 통해 우리에게 경고하고 있다. 부부가 노후에 생활비와 의료비로 필요한 기본 자금이 13억이라고 말이다. 우리가 지금부터 기본 13억을 모아야 노후를 무탈하게 보낼 수 있는 것이다. 노후를 여유롭게 보낸다는 말이 아니다. 13억이 있어야 그나마 남들에게 손 벌리지 않고, 비참하지 않게 평균적인 수준으로 여생을 보낼 수 있다는 뜻이다. 이것이 바로 국가가 우리에게 공식적으로 알려준 내용이다.

그런데 대한민국에 과연 몇 명이나 이런 사실을 알고 있을까? 나 역시 노후에 이렇게 많은 돈이 드는 줄은 상상도 못했다. 우리 부모님은 이제 70대가 되셨는데 아무리 적게 잡아도 앞으로 9억에서 10억이 들 것이다. 나와 아내도 최소 13억이 들 것이다. 부모님과 나 그리고 아내만 따져봐도 은퇴 후 최소 23억이 필요하다. 23억이라니 이 얼마나 황당한 숫자인가. 생각할수록 충격적이다.

나는 이지성TV를 통해 미국 우량주식 투자를 30년 하면 30년 후에 누구나 큰 부자가 될 수 있다고 말해왔다. 하지만 대부분 "30년 뒤에 돈 생기면 뭐 하냐" "30년 지나 부자가 되면 무슨 소용이냐"며 먼 미래는 생각하고 싶지 않다고 했다. 하지만 국가가 우리에게 던져준 미래 보고서를 놓고 생각해보라. 우리는 앞으로 30년 뒤에 20억~30억이 필요하게 된다. 우리에게 정말 돈이 필요한 시기는 젊을 때가 아니라 노년일 때다. 지금은 그나마 젊음을 밑천 삼아 버틸 수 있지만, 늙어서 쇠약해지면 돈이 있어야만 생활이 가능하지 않겠는가. 노후의 돈은 가난하고 부유하고의 문제가 아니라 살 수 있고 없고의 문제, 즉 생존의 문제다.

바로 지금, 시작하라

그렇다면 구체적으로 어떻게 노후를 대비할 것인가? 먼저 은퇴 전문가들의 조언을 귀담아들어 보자.

첫째, 빚을 청산해야 한다. 물론 좋은 빚은 청산할 이유가 없다. 집을 사기 위해 거치식으로 대출받아 30년 뒤에 갚아야 하는 빚이라거나, 전세 대출을 받은 경우라면 당장 갚을 필요가 없다. 현재 소득이 있어 얼마든지 이자를 낼 수 있다면 계속 빚을 지고 있어도 상관없다. 만약 1억을 대출받았다면 10년 뒤, 30년 뒤 인플레이션 효과로 1억의 대출금이 지금의 1천만~5천만 원 정도로 화폐 가치가 떨어져 있을 것이다. 그러니 자신이 감당할 수 있는 빚은 오히려 가지고 있는 편이 좋다. 여기서 말하는 없애야 하는 빚이란 65세가 됐을 때, 더는 소득이 없을 때도 가지고 있는 빚이다. 소득도 없고, 연금도 적게 받아 수입이 줄어들면 이자를 내는 것조차 버거워진다. 결국 소득이 있을 때 빚을 정리하지 않으면 내 집까지 빼앗길 수 있다. 파산의 길로 가는 것이다.

둘째, 수입을 보호해야 한다. 이 말은 무슨 의미일까? 자기계발이든 능력 발굴이든 뭐든 해서 지속적으로 소득이 나오는 구조를 만들어야 한다는 뜻이다. 직장에 다니고 있다면 더 높은 자리로 승진해 연봉을 올려야 하고, 아직 취직하지 못했다면 어떻게든 취직을 해야 한다. 만일 정규직 취업이 어렵다면 아르바이트를 해서라도 현금이 나오는 구조를 만들어야 한다.

이탈리아 출신의 미국 경제학자 프랑코 모디글리아니는 사람들이 노년에 대비해 어떻게 저축하고 소비하는지를 규명한 '라이프사이클' 가설로 유명하다. 보통 사람의 라이프사이클은 소득보다 지출이 적다. 그러다 경제적 정년을 기점으로 소득보다 지출이 많아진다. 이렇게 지출이 계속 늘어나다가 결국 파산으로 간다. 통계청 발표에 따르면 우리나라 사람들은 43세에 소득 흑자가 정점을 찍는다. 즉 43세에 돈을 가장 많이 버는 것이다. 그리고 58세 이후 적자가 된다. 사전에 빚을 정리하지 않고, 58세 이후의 소득 구조를 만들지 않으면 파산으로 직행할 가능성이 100%다.

셋째, 저축을 해야 한다.

넷째, 투자를 하고 세금을 줄여야 한다.

이 내용들은 세계적인 재무설계자들이 노후를 대비할 때 지켜야 할 원칙으로 강조하는 수칙이다. 이런 습관과 원칙은 40대나 50대에 시작해야 하는 것이 아니다. 사회생활을 시작하는 그때부터, 즉 20대 중후반부터 시작해야 한다. 지속적인 수입원을 구축하고, 저축과 절세의 구조를 만들고, 이어서 투자해야 한다. 이 패턴은 20대에 직장에 들어가는 순간부터 평생 이어져야 한다. 이 과정이 오래될수록 노후가 안정적이기 때문이다. 세계적인 은퇴 재무설계 권위자 로버트 머튼 교수 역시 이렇게 조언했다.

"은퇴를 위한 재테크의 가장 큰 목표는 은퇴 전 생활수준을 유지하는 것이다. 무작정 부자가 되겠다는 허황된 생각을 버리고 현실적으로 촘촘하게 계획을 세워야 한다. 무리한 투자로 추가적인 리스크에 노출될 필요는 없다.

은퇴 후 원하는 생활수준을 유지하기 위해 소득이 어느 정도 필요할지 정확히 정하라. 현재 연 소득이 8천만 원이고, 은퇴 후 희망 소득이 현재의 70%라고 하면 퇴직 후 필요한 연 소득은 5,600만 원이다. 이것을 연금으로 일정 부분 충당하고[미국 기준이다], 나머지는 저축과 주식 투자를 통해 만들어야 한다."[14]

프랑코 모디글리아니가 말하는 주식 투자는 바로 미국 우량주식 장기투자다. 그는 20대, 즉 사회생활을 시작하는 그날부터 이 투자법을 실천하라고 조언하고 있다.

대한민국의 암울한 미래에 관해 조사를 하면서 매우 힘들었다. 하지만 이렇게라도 독자들과 나눌 수 있어 다행이라고 생각한다.

이제 어떻게 해야 할까? 국가도 나의 미래를 보장해줄 수 없고 기업도 주변 사람도 심지어는 가족도 나의 미래를 지켜줄 수 없다. 내 미래는 스스로 책임져야 한다. 스스로 나를 책임지기 위해 우리는 이전과는 다르게 생각해야 한다. 새로운 공부를 해야 하고 새로운 능력을 계발해야 한다. 부의 지식을 쌓고, 부의 흐름을 타는 능력을 극대화해 바람직한 투자 철학을 가진 현명한 투자자로 남은 평생을 살아가야 한다. 바로 지금, 이 책을 읽는 이 순간부터 준비해야 한다. 미래의 부를 만드는 데 가장 좋은 순간은 언제나 '지금'임을 잊지 마라.

PART

2

30년을 버틸 각오가 돼 있는가

버핏에게 배우는 우량주식 장기투자법

'장기'와 '복리'가 만날 때 벌어지는 일

지금껏 살펴봤듯이 기존 부의 공식은 모두 깨졌다. 월급을 착실히 저축해도 이자는 거의 붙지 않으며, 믿었던 부동산 투자 역시 더는 정답이 아니다. 그래도 연금만큼은 나의 노후를 지켜줄 거라는 기대 역시 헛되다. 이제 지금껏 부에 관해 가졌던 모든 생각을 송두리째 바꾸고 새로운 부의 흐름에 올라타야 한다.

새로운 부의 흐름, 그것은 앞서 여러 번 언급했던 미국 우량주식 장기투자다. 그런데 내가 미국 우량주식 장기투자를 말하면 많은 사람들이 김빠져 한다. '그건 너무 당연하고 쉬운 방법이 아니냐'는 것이다. 하지만 그렇지 않다. 미국 우량주식 장기투자는 결코 쉬운 투자법이 아니기 때문이다.

미국 주식시장의 불문율과 같은 성공법칙

워런 버핏은 현존하는 세계 최고의 투자 전문가이자 유능한 경영인이다. 그는 1930년 미국 네브래스카주 오마하에서 태어나 열한 살 때 100달러로 주식 투자를 시작했다. 어린 시절부터 돈을 버는 데 관심이 지대했던 버핏은 대학에서 경제학을 공부하고, 스승인 벤저민 그레이엄이 운영하는 뉴욕 투자회사 그레이엄뉴먼에서 근무한 뒤, 버핏파트너십이라는 투자조합을 설립했다. 1965년에는 방직회사였던 버크셔해서웨이BRK.A, BRK.B를 인수했고, 이후 수십 개의 자회사를 거느린 거대 투자 기업으로 변모시켰다.

전 세계적으로 주식 투자로 큰돈을 번 사람은 많다. 하지만 그중에서도 유독 워런 버핏의 투자법이 수많은 사람에게 회자된다. 그가 하는 투자와 말 한마디 한마디에 사람들이 촉각을 세우는 이유가 무엇일까?

많은 이유가 있겠지만 무엇보다 긴 세월 그가 목숨처럼 지켜온 원칙, 바로 투자 철학 때문일 것이다. 많은 사람들이 워런 버핏을 성공의 아이콘으로만 생각하지만 버핏 역시 적지 않은 실수와 실패를 경험했다. 하지만 투자에서의 성공, 실패 여부와 상관없이 그가 수십 년 동안 지켜낸 투자 철학에 대해서는 진지하게 생각해볼 필요가 있다.

미쳐 날뛰는 시장에서 유일하게 미치지 않은 사람

잠시 1990년대로 거슬러 올라가 보자. 워런 버핏은 당시 미국 주식시장이 대폭락할 거라고 경고했다. 대놓고 말한 건 아니었지만 그의 모든 행동이 그렇게 말하고 있었다. 일종의 사인을 보낸 것이다. 그는 자신의 주식 대부분을 현금화했다. 당시 버핏은 젊은 나이였고 미국 주식계의 떠오르는 스타였다. 그런데 그가 뜬금없이 대량의 주식을 빼자 버핏을 주목하고 있던 사람들이 실망감을 표현했다.

"버핏, 저 친구 잘나가더니 이제 좀 감을 잃은 거 아니야? 하긴 사람이 항상 뛰어날 수는 없는 법이지. 배가 불렀구먼."

모두가 버핏의 행동이 황당하다고 했고, 일부는 한심하다고 생각했으며, 심지어 그를 비난하며 미쳤다고 욕한 사람까지 있었다. 코로나19가 터지고 한국과 미국에서 각각 동학 개미 운동, 로빈 후드 운동이 일어났을 때도 버핏은 비난을 받고 바보 취급을 당했다. 이때와 같은 일이 이미 1990년대 후반에도 벌어졌다.

1990년대 초반 개인용 컴퓨터PC 소유 비율은 약 15%였는데 1990년대 후반 50%를 넘어가면서 IT 분위기가 더욱 뜨거워졌다. 이때는 바야흐로 마이크로소프트의 시대였다. 윈도우Windows가 세계를 휩쓸면서 빌 게이츠는 세계 1등 부자의 자리에 올랐다. 투자자들은 새천년이 되면 PC, 인터넷 등 과거에는 전혀 경험해보지 못한 완전히 새로운 문물과 문화가 창조되고, 인류는 역사상 한 번도 만나지 못한 새로운 경제 시대를 맞게 될 것이라며 열광했다.

특히 1997년은 IBM이 만든 인공지능 '딥블루Deep Blue'가 체스 경기에서 체스 세계 챔피언을 꺾은 역사적인 해였다. 이제 드디어 인공지능 시대가 시작됐다며 사람들은 열광했다. 알파고 사태와 비슷한 일이 이미 1997년에 있었던 것이다. 당시 빌 게이츠는 아이비리그를 비롯한 미국 전역의 대학가를 돌며 인공지능의 시대가 왔다고, 인공지능을 공부하라고 열성적으로 강연했다. 같은 해 그는 우리나라에도 방문해서 인공지능 시대를 강조하는 강연을 하기도 했다. 스티브 잡스 역시 본격적으로 인공지능에 뛰어들 준비를 시작했고, 래리 페이지와 세르게이 브린은 인공지능 기업 구글을 창업했다. 마크 저커버그 역시 비슷한 시기 인공지능의 시대에 본격적으로 발을 내디뎠다.

2000년대가 시작되자 분위기는 더욱 과열되었다. 사람들은 로봇이 당장이라도 거리를 마구 걸어다닐 것만 같은 기대에 도취되었다. 지금은 사라진, 이름조차 기억나지 않는 IT 기업들이 어마어마하게 생겨나기도 했다. 나스닥 지수가 1300을 돌파하며 미국 주식시장이 역대 가장 뜨거운 시기였던 그때, 미국 연방준비제도이사회 의장 앨런 그린스펀은 이 뜨거운 열기에 찬물을 끼얹는 말을 했다.

"지금 이 상황은 정상이 아니다. 비이성적인 과열이다. 잘못하다가는 미국 주식시장이 일본처럼 장기 침체를 겪을 수도 있다."

하지만 앨런 그린스펀의 말은 금방 잊혔다. 왜냐하면 그 뒤로도 주가가 미친 듯이 올랐기 때문이다. 버핏은 시장에서 발을 뺐지만, 주식시장은 오히려 기세를 멈추지 않고 더 올랐다. 주식을 전혀 하지 않던 사람들조차 주식시장으로 뛰어들었다. 한마디로 주식을 하지 않으면 바보 취급을 받던 시기였다.

과연 미국만 그랬을까? 대한민국에서도 똑같은 일이 일어났다. IMF가 터진 뒤 놀랍게도 한국에서 인터넷 업체들이 폭발적으로 성장하기 시작했다. 1999년 봄이면 IMF가 터진 뒤 고작 1년 6개월밖에 되지 않은 시점이다. 우리나라 역사상 경제지표가 가장 최악이었고, 자살률이 가장 높았으며, 대기업이 가장 많이 무너졌던 바로 그때, 골드뱅크 커뮤니케이션즈라는 기업이 나왔다. 인터넷으로 광고를 보면 통장에 현금을 넣어준다는 회사였다. 지금 생각하면 다소 황당한 콘셉트지만 회사가 상장하고 1년 뒤인 1999년에 주가가 무려 50배 뛰었다. 1억을 집어넣었다면 1년 뒤에 50억이 된 것이다.

아는 사람은 다 아는 새롬기술도 있었다. 우리나라 역사상 주가 폭등의 최고봉을 찍은 회사다. 새롬기술의 주식은 1999년 8월 코스닥 시장에 상장되고 6개월 만에 무려 150배가 뛰었다. 그러니까 1999년 8월 새롬기술 주식 1억 원어치를 샀다면, 6개월 뒤에 150억이 되어 있었던 것이다. 2000년에는 새롬기술의 시가총액이 3조 원으로 늘어나는데, 이는 당시 현대자동차의 시가총액을 앞지르는 숫자였다. 이때 나온 한글과컴퓨터도 몇 개월 만에 주가가 수십 배 상승했다. 2000년 2월 7일, IMF가 터지고 불과 2년 반 뒤인 그때 코스닥이 사상 최고의 주가지수를 기록했다. 최근 주식에 관심을 가진 사람들은 잘 모르겠지만, 지금의 주식 열기는 사실 그때의 주식시장 분위기를 뛰어넘지 못한다. 이때는 전 국민이 주식에 미쳐 있었다고 해도 과언이 아니다.

그리고 결과는? 모두가 알고 있는 닷컴버블이 터졌고, 사람들은 주식 호황으로 벌었던 돈보다 몇 배의 돈을 잃었다. 미쳐 날뛰는 시장에서 유일하게 미치지 않았던 사람, 워런 버핏만이 손실을 보지 않았다. 처음에도 말했듯이 워런 버핏은 2000년 초반 닷컴버블을 예상했다. 그는 주가가 폭락하기 전 돈을 빼서 현금화해 장에서 빠져나가 있었다. 그래서 이 뜨거웠던 열기가 한번에 식는 닷컴버블이 터져 모두가 돈을 잃고 패배했을 때, 워런 버핏은 전혀 영향을 받지 않았다. 그리고 그동안 버핏을 향했던 비아냥과 무시는 다시 존경과 찬탄으로 바뀌었다.

현재 국내는 물론 미국을 비롯한 전 세계 주식시장이 매우 뜨겁다. 닷컴버블이 터지기 직전만큼은 아니지만, 어쨌든 엄청나게 과열돼 있는 것만은 분명하다. 그런데 모두가 세계 최고의 투자자로 여기는 버핏의 철학을 추구하는 사람은 드물다. 많은 이들이 “그건 워런 버핏 정도나 돼야 가능하다. 개미 투자자가 할 수 있는 일이 아니다”라거나 "한국 주식시장과는 성격이 안 맞는다"라고 볼멘소리를 하기도 한다. 그러나 결국 그런 핑계로 주식 투자에 대한 철학과 원칙 없이 무작정 장에 뛰어든 사람 중에 성공적인 결과를 얻어낸 이가 얼마나 될까? 단타만 하다 지쳐 장을 지키지 못하고 떠나거나, 얄팍한 정보에 휘둘려 쉽게 주식을 샀다가 주가가 떨어지면 금방 팔아버리는 경우가 대다수다.

우리는 워런 버핏에게서 시장을 읽는 혜안, 그리고 시장의 흐름에 동요되지 않는 평정심을 배워야 한다. 버핏은 시장의 거품을 간파했다. 그리고 자신의 판단을 바탕으로 대부분의 주식을 현금화한 덕분에, 닷컴버블의 직격탄에서 홀로 살아남았다. 사람들이 바보라고 비아냥거리든 말든, 주식시장이 날로 폭등하든 말든, 그는 자신의 판단대로 움직였다.

핵심은 인플레이션 효과다

과거 워런 버핏은 구글, 마이크로소프트, 애플, 아마존 같은 IT 기업을 싫어한 것으로 유명하다. 아이러니한 것은 마이크로소프트 창업자 빌 게이츠와 워런 버핏이 '절친' 사이였다는 점이다. 지금도 그런지는 확실치 않지만 말이다.

두 사람이 친해지게 된 계기가 흥미롭다. 과거 빌 게이츠는 꽤 교만한 사람이었다. 당시 세계 최고 부자였던 빌 게이츠는 워런 버핏에게 관심이 없었다. '나는 사업으로 세계 최고가 된 사람인데, 투자로 부자가 된 사람 만나서 뭐 하겠나?' 싶은 생각이었던 모양이다. 그런데 빌 게이츠는 영향력 있는 집안 출신으로, 그의 어머니는 부와 사업에 대해 잘 알았다. 그녀는 배우는 게 많을 거라며 아들에게 워런 버핏을 한번 만나보라고 설득했다. 빌 게이츠는 거절했지만, 어머니의 간곡한 권유로 결국 "그렇다면 잠깐만 만나보겠다"고 했다. 그렇게 울며 겨자 먹기로 워런 버핏을 만난 빌 게이츠는 놀랍게도 1시간이 훌쩍 넘는 시간 동안 깊은 이야기를 나눴다. 막상 만나 대화를 해보니 배울 게 정말 많은 사람이었던 것이다. 사업적 능력은 뛰어났지만, 경험치가 부족했던 빌 게이츠는 워런 버핏이 가진 철학과 원칙에 감탄해 그를 멘토로 받들기로 했다. 그 뒤로 두 사람은 매우 돈독한 관계를 유지했다.

어느 날 빌 게이츠는 워런 버핏을 마이크로소프트 본사로 데려가 회사의 비전과 발전을 소개하며 주식을 사라고 권유했다. 마이크로소프트의 주식을 산다면 앞으로 버핏 형님은 정말 어마어마한 부자가 될 거라며 말이다. 하지만 워런 버핏은 빌 게이츠의 제안을 딱 잘라 거절했다. 이유는 이랬다.

"나는 IT에 대해 아는 것도 없고, 관심도 없다. 무엇보다 IT가 언제까지나 잘될 거라는 확신이 없다. 언제든 망할 수 있다고 생각한다."

빌 게이츠의 제안을 거절하고 조금 미안한 마음이 들었는지 후일 워런 버핏은 마이크로소프트 주식을 딱 100주 샀다. 2005년 버핏은 삼성전자를 방문하기도 했는데, 삼성전자 사업장을 모두 둘러보고 이건희 회장까지 만난 그가 내린 결론은 "삼성전자는 불안하다"였다. 그는 언론을 통해 "IT 기업이 지금은 잘나가지만 언제든 망할 수 있다. 나는 삼성전자 주식을 절대 사지 않겠다"고 단언했다.

버핏은 언론에서 IT 기술주를 사지 않은 두 가지 이유를 공개적으로 이야기하기도 했다.

첫 번째는 IT 기술이 R&D에 막대한 비용을 지출한다는 것이다. 생각해보자. 애플이 아이폰 등을 만들기 위해서는 엄청난 투자를 해야 한다. 이처럼 IT 기업에는 연구개발을 위한 비용이 지나치게 많이 들어가는데, 이에 비해 IT 기술의 변화 속도가 너무 빠르다는 것이 버핏의 지적이었다. 예를 들어 A라는 회사가 50억 원을 들여 어떤 기술을 개발했는데, B와 C라는 회사도 같은 기술을 개발 중이었다고 가정해보자. A가 먼저 기술 개발에 성공해 1년 정도 잘나갔더라도, B가 A보다 2~3배 뛰어난 기능을 갖춘 같은 기술을 개발하면 A는 한순간에 망한다. 또 B가 그 뒤 잘나간다고 하더라도 C가 새 기술을 가지고 시장에 나오면 B도 금방 망할 수 있다.

두 번째는 인플레이션 효과를 누리지 못한다는 것이다. 개인용 컴퓨터를 놓고 생각해보자. 1940년대 최초의 컴퓨터는 농구장 크기만 한 기계로 무게가 30톤에 이르렀다. 그 뒤 IBM과 미국 정부에서 컴퓨터 개발을 시작했는데, 수십억 달러의 막대한 개발비가 들어갔다. 당연히 초창기 컴퓨터는 비쌀 수밖에 없었다. 또한 1970년대에 현재 수준의 컴퓨터를 만들려면 1조 원 정도의 비용이 들었다고 한다. 그렇다면 오늘날 개인용 컴퓨터 가격은 어떤가? 1940년대나 1970년대에 비해 충격적으로 상승했는가? 아니다, 그 반대다. 충격적으로 하락했다. 조립식 컴퓨터는 50만 원이면 살 수 있고, 삼성 컴퓨터만 해도 80만 원, 100만 원이면 살 수 있다. 즉 IT 기술은 인플레이션 효과가 없다.

기본적으로 과자나 음료수, 의류 등의 생필품은 시간이 지날수록 가격이 오른다. 어린 시절 짜장면 가격이 400원이었던 기억이 난다. 지금은 6천 원까지 올랐다. 그런데 짜장면이 400원에서 6천 원이 되는 동안 짜장면 기술이 특별히 발달했을까? 30년 전 400원짜리 짜장면과 20년 전 3천 원짜리 짜장면, 그리고 현재의 6천 원짜리 짜장면의 맛을 비교할 때 큰 차이가 있을까? 아니다. 오히려 옛날 짜장면이 더 맛있었다. 그런데도 짜장면 가격은 이렇게 오른다. 하지만 IT 제품은 그렇지 않다. 오히려 가격이 더 내려간다. 다시 말해 기술을 개발하는 비용은 더 많이 들어가는데, 가격은 더 떨어진다. IT 제품에는 인플레이션 효과가 없다. 워런 버핏이 IT 기술주를 사지 않는 데에는 타당한 이유가 있었던 것이다.

버핏은 코카콜라를 정말 좋아한다. 특히 코카콜라KO 주식 사랑은 대단하다. 버핏은 코카콜라 주식을 30년 넘게 보유하고 있다. 이유는 역시 인플레이션 효과 때문이다.

코카콜라 맛을 더 좋게 하려고 지금보다 더 잘 만들어야 할 필요가 있을까? 없다. 코카콜라는 처음 만들어졌던 그때부터 지금까지 들어가는 재료가 똑같다. 쉽게 말해서 코카콜라는 앞서 말한 짜장면처럼 아무런 노력을 할 필요가 없다. 한번 만들고 나면 100년, 천 년을 팔 수 있는 게 코카콜라다. IT 제품과 전혀 다른 것이다. 워런 버핏이 왜 코카콜라 같은 주식에 목을 매는지 그 이유를 좀 더 자세히 살펴보자.

1980년대 우리나라에서 작은 코카콜라 한 병이 150원이었다. 보증금이 있어서 슈퍼에 공병을 들고 가면 15원을 돌려줬다. 2016년에 나온 기사[15]를 보면 2010년부터 2015년까지 5년 동안 코카콜라 원재료 가격이 23% 하락했다. 즉 제조 비용이 23% 내려갔다. 그런데 원재료 가격이 23% 내려가는 동안 코카콜라 판매 가격은 무려 57%가 올랐다. 또 다른 자료를 살펴보면 2015년부터 2020년까지 원재료 가격은 그대로인데, 코카콜라 가격만 무려 20% 가까이 올랐다. 종합해보면 2010년부터 2020년까지 10년 동안 원재료 가격은 전혀 오르지 않았는데, 코카콜라 가격은 전 세계적으로 약 77%가

올라간 셈이다.

여기서 우리가 왜 코카콜라 같은 기업에 투자해야 하는지 그 이유를 알 수 있다. 원재료 가격은 떨어지거나 변동이 없는데 제품의 가격만 올랐다는 건 무슨 의미일까? 코카콜라 주식을 산 사람만 혜택을 받았다는 뜻이다. 우량주식에 투자해야 하는 이유가 바로 여기에 있다. 인플레이션 효과를 주식을 통해 얻을 수 있기 때문이다.

전 세계를 놓고 봤을 때 우리나라는 코카콜라를 많이 소비하는 국가에 속하지 않는다. 하지만 동남아시아, 인도, 아프리카 등 해외에서는 코카콜라 수요가 막대하다. 건강, 웰빙 등의 영향으로 수요가 줄어든 건 사실이지만, 그럼에도 세계적으로 지속적인 성장을 하고 있는 코카콜라는 굉장히 좋은 주식이다. 앞으로 코카콜라 가격은 어떻게 될까? 물가 상승률에 맞춰 계속 올라갈 것이다. 그럼 주식은 어떻게 될까? 코카콜라의 주가는 계속 올라갈 것이고, 배당도 계속될 것이며, 때때로 주식 분할까지 할 것이다. 즉 코카콜라 주주는 계속 부자가 될 것이다. 이 비밀을 잘 깨달아야 한다. 그리고 코카콜라 소비자에서 코카콜라 주주로 변화해야 한다. 그래야 당신도 미래의 부에 올라탈 수 있다.

우량주식 장기복리 투자의 기적

미국은 우량주식 장기투자에 대한 철학이 공고하게 형성되어 있다. 미국의 주식 새내기들, 요즘 말로 미국의 '주린이'들이 가장 먼저 만나는 이야기가 코카콜라 투자의 기적이다.

"당신이 만약 지금 타임머신을 타고 1919년으로 돌아가서 코카콜라 주식 1주[40달러]를 사서 묻어뒀다면, 그리고 거기서 나온 배당금을 계속 집어넣었다면 현재 당신의 통장에는 1,030만 달러가 있다. 우량주식 장기복리 투자를 이길 수 있는 투자법은 세상에 존재하지 않는다."

당신이 1919년으로 돌아가 코카콜라 주식 1주[40달러]를 샀다고 가정해보자. 한화로 환산하면 약 4만 8천 원어치다. 그 주식을 묻어두고 잊어버린다. 그렇게 100년이 흐른다. 2019년에 코카콜라 주식 1주, 즉 40달러는 어떻게 됐을까? 35만 9,332달러 이상, 한화로 약 4억 3천만 원 이상으로 불어난다.

이것만으로도 엄청나지만 아직 부족하다. 미국 우량주식 장기투자의 핵심 원칙은 받은 배당금을 다시 집어넣어 복리 투자를 하는 것이다. 코카콜라는 배당을 잘하기로도 유명한데, 지난 50년간 코카콜라는 계속해서 배당을 늘려왔다. 즉 1919년 코카콜라 주식 1주를 사서 묻어두면 배당금이 계속 나온다. 이 배당금을 모아서 코카콜라 주식을 계속 사면 어떻게 될까? 코카콜라 주식 1주[40달러]를 사고 그냥

100년을 묻어둔 사람은 주가 상승으로 100년 후 35만 9,332달러, 우리 돈으로 4억 3천을 번다. 여기에 배당금을 재투자한 사람은 40달러가 1,030만 달러 이상, 즉 123억 원 이상으로 늘어난다. 이것이 바로 미국 우량주식 장기복리 투자의 기적이다.

미국의 일반인들이 주식시장에 들어가면 이런 정보를 기본적으로 만나게 된다. 하지만 대한민국은 어떠한가? 이런 정보를 거의 주지 않는다. 그래서 매우 답답하고 안타깝다. 세계 최고, 최대의 주식시장인 미국의 전설적인 투자가들이 지난 100년 동안 미국 대중에게 해온 이야기는 한결같다.

"우량주식 장기복리 투자를 해라. 그러면 부자가 된다. 주식 차트를 보려고 하지 마라. 돈을 넣고 잊어버린 뒤 배당금이 나오면 다시 집어넣어라. 이것을 서른부터 은퇴할 때까지 하면 당신은 저절로 큰 부자가 된다."

이것이 그들의 문화다. 그런데도 사람들이 계속 모험을 하자 미국의 전설적인 투자자들은 인덱스펀드를 만들었다. 미국 주식시장은 주식에 대해 전혀 모르는 일반인들이 아무것도 하지 않아도 100억대의 부자가 될 수 있는 시스템이 만들어져 있다. 이것은 허무맹랑한 이야기가 아니다. 객관적으로도, 과학적으로도 검증된 내용이다.

하지만 우리의 시장은 어떤가? 그저 지금 당장 돈을 벌 수 있는 종목들을 나열하기 바쁘다. 얼마간은 돈을 벌 수 있을지도 모른다. 하지만 우량주식 장기복리 투자를 했을 때 벌 수 있는 돈에 비하면 새 발의 피 수준일 뿐이다. 이것이 내가 우량주식 장기복리 투자를 강조하는 이유다.

나는 당신이 그냥 부자가 되길 바라지 않는다. 엄청난 부자가 되길 바란다. 30년 후에는 누구도 가난의 늪에서 허덕이지 않는 세상, 모두가 부를 누리고 또 나누는 세상, 그리하여 모두가 인간의 존엄성을 누릴 수 있는 세상을 꿈꾸기 때문이다.

폭락을 견뎌낼 믿음 혹은 용기

앞에서도 말했지만 워런 버핏은 당시 세계 최고 부자였던 빌 게이츠가 마이크로소프트 주식을 권유했을 때 거절했다.

빌 게이츠가 워런 버핏에게 주식을 권유한 건 어떤 의미였을까? 시가보다 훨씬 저렴하게 주겠다는 뜻이다. 아마도 자기 주식을 주겠다는 뜻이었을 것이다. 30% 혹은 50% 정도 저렴하게 이야기했을 수도 있다. 하지만 워런 버핏은 단칼에 거절했다. 그에게는 돈보다 원칙이 중요했기 때문이다.

한 번의 투자를 위해 그가 공부한 시간, 50년

인터넷 뉴스 검색창에 워런 버핏을 치면 이런 기사가 쏟아진다.

"IT 기술주 거들떠보지도 않던 워런 버핏, 애플 주식으로 대박을 치다."

하지만 워런 버핏은 IT 기술주를 애플부터 시작하지 않았다. 최근에 갑자기 "어? 애플이 잘되잖아. 나도 한번 들어가 볼까?" 이렇게 시작한 것이 아니라는 뜻이다. 워런 버핏은 지금으로부터 약 10년 전인 2011년에 최초로 IT 기술주 투자를 시작했다. 바로 당시 최고의 IT 기술주 중 하나였던 IBM이다.

그는 언제나 "나는 IT 산업을 모른다. IT에는 관심 없다"라고 말했지만, 사실은 관심이 많았다. 그렇지 않다면 왜 빌 게이츠를 만나고, 스티브 잡스를 만났겠는가? 심지어 버핏은 당시 애플의 재무제표를 분석해 스티브 잡스에게 투자 조언까지 해주었다. 물론 잡스는 워런 버핏의 조언을 따르지 않았다. 잡스는 그야말로 사업 말곤 다른 모든 것에 무관심한 사람이었기 때문이다.

내가 조사한 바에 따르면 워런 버핏은 IT 기술주에 지대한 관심이 있었다. 닷컴버블 때도 IT 기업들을 면밀히 들여다보고, 평가 분석을 한 뒤 버블이 터질 수밖에 없다는 결론을 내렸을 정도다. 1990년대 후반부터 2000년대 초반까지 미국의 모든 주식 투자자들이 IT 기술주에 미쳐 있던 상황인데, 워런 버핏이 그때 IT 기술주를 왜 들여다보지 않았겠나. 만일 그가 정말 아무 분석도 하지 않았다면 오히려 시험 삼아 IT 기술주에 어느 정도 투자했을 것이다. 그런데 그 대열에 아예 동참하지 않았다는 건, 그만큼 잘 알고 있었기 때문이라는 의미다.

길을 가다 뱀을 만나면 무조건 피한다. 왜일까? 뱀에 대해 잘 알기 때문이다. 뱀이 위험한 동물이라는 사실을 알면 뱀을 피할 수 있다. 하지만 뱀을 잘 모르는 어린아이라면 지나가다 해를 당할 수 있다. 나는 이런 관점으로 워런 버핏이라는 사람을 본다. 1990년대 닷컴버블을 예측했던 버핏은 2010년에 이제는 IT 시대가 올 수밖에 없다고 판단한 것으로 보인다. 그는 가장 성장할 기업, 가장 안정적인 기업이 어디인가를 살펴봤고 IBM이라는 판단을 내렸다. 실제로 2011년에 워런 버핏은 IBM 주식을 대거 매입했다. 본격적인 IT 투자를 시작한 것이다.

사람들은 의아해했다. 닷컴버블 때만 해도 IT 기술주에 대해 비판하고, 닷컴버블 위기까지 잘 넘기더니 왜 이제 와 뜬금없이 IT 기술주를 사는 것인가? 그것도 IBM을 이렇게나 많이 사는가? 그러자 워런 버핏이 대답했다.

"내가 그동안 웰스파고나 코카콜라 같은 주식을 대량으로 산 이유는, 그 기업들을 매우 잘 알고 있었기 때문이다. 나는 IBM이라는 IT 기업의 사업구조를 완전히 이해했다. 그래서 IBM을 샀다. 나는 이해하기 어려운 사업에는 투자하지 않는다. IBM은 단순한 IT 회사가 아니다. IT 회사면서 동시에 다른 IT 회사를 지원할 수 있는 기업이다. 앞으로 미국의 IT 기업은 IBM이라는 시스템 위에서 성장하게 될 것이다.”

여기에 덧붙여 그는 애플이나 구글에는 관심이 없으며, 페이스북에 관해서는 관심을 끄라고 말했다. 대신 안전하고 매력적인 IBM을 선택하라고 조언했다. 버핏은 IBM 주식을 계속 샀고, 2012년에 IBM 2대 주주가 되었다. 당시 버핏은 117억 5천만 달러 규모의 IBM 주식을 사면서 인텔 주식은 미래가 불투명하다며 모두 팔아버렸다. 그렇게 2012년 버크셔해서웨이 주식의 15%가 IBM으로 채워졌다.

그런데 2014년 4월, IBM 주식이 10억 달러, 우리 돈으로 약 1조 2천억 원의 손해가 났다. IBM의 실적이 좋지 않은데, 엎친 데 덮친 격으로 코카콜라도 이때 약 1조 원 정도 손실이 났다. 워런 버핏이 그렇게 좋아하는 두 기업에서 2조 4천억 정도의 손실을 입은 것이다. 이때 버핏은 뭐라고 했을까.

“나는 IBM에 대해서 아무런 걱정도 하지 않고 있다. 오히려 IBM 주식을 추가 매수했다. 지금 IBM은 바겐세일 중이다.”

이 말을 듣고 사람들이 당황해하자 이렇게 덧붙였다.

“나는 지난 50년 동안 한 해도 빠지지 않고 IBM에서 발행하는 연차 보고서를 정독했다. 대기업 중에서 IBM처럼 지난 50년간 향후 계획과 목표를 달성해온 곳을 보지 못했다."

IT의 역사가 곧 IBM의 역사라고 말해도 무방할 정도로 IBM은 실로 엄청난 기업이었다. 마이크로소프트 창업자 빌 게이츠는 대학 시절 IBM에서 아르바이트를 했고, 스티브 잡스 역시 IBM에 자신이 만든 프로그램을 팔았다. 당시 IBM은 전 세계 100여 개국에 진출해 있던 글로벌 기업이었다. 워런 버핏은 이 IBM의 기업 보고서를 50년 동안 한 해도 거르지 않고 다 읽었고, 그렇게 모든 분석을 마친 후에 IBM 투자를 결정했다. 그래서 주가 하락에도 태연할 수 있었던 것이다.

사실 그는 IT에 대해 잘 알지 못했다. 콜라처럼 철도처럼 은행처럼 와닿지 않았기 때문이다. 철도나 은행을 굳이 설명할 필요가 있을까? 이해할 필요도 없다. 하지만 IT는 그렇지 않았다. 좋은 거라고는 하는데 어떻게 작동되고 만들어지는지 알 수 없는 분야였다. 그래서 워런 버핏은 IT를 콜라만큼 은행만큼 철도만큼 잘 알지 못한다고 이야기한 것이다. 하지만 언젠가는 IT 시대가 열릴 것을 알았기에 그 준비를 무려 50년 동안이나 한 것이다. 자신은 기계치라 컴퓨터에 대해서 전혀 모르지만 어떻게든 이해하고자 50년을 공부했다. 워런 버핏은 평생 이런 원칙을 지켜왔기 때문에 세계 최고의 투자자가 될 수 있었다.

당신은 어떤가? 지금 투자한 기업을 선택하기까지 5개월 아니 5일은 공부했는가? 제대로 공부하지 않으면 쉽게 흔들릴 수밖에 없다. 우량주식 장기투자를 실천하려면 적어도 자신이 투자하는 기업에 대해서만큼은 아주 깊이 알아야 한다는 사실을 명심하기 바란다. 그래야 어떤 상황이 닥쳐도 흔들리지 않고 자신의 선택을 밀고 나갈 수 있다.

모두가 버릴 때야말로 사랑할 때

2016년 5월, 애플 주식이 곤두박질쳤다. 4월과 비교해 무려 30% 대폭락했다. 애플이 파산한다는 이야기가 뉴스에 나오기도 했다. 애플 주식을 초기에 발견하고 일찍이 50억 달러, 즉 5조 원 넘는 돈을 투자했던 전설적인 투자자 칼 아이칸은 이때 애플 주식을 모두 팔아버렸다. 그런데 모두가 애플 주식을 부정적으로 바라보던 그때, 버핏은 애플 주식을 1조 원 넘게 사들였다.

그로부터 3개월 뒤 애플은 또 폭락했다. 워런 버핏은 그때 또 들어가서 1조 원 넘게 샀다. 다시 그로부터 3개월 뒤, 애플의 상황은 더 나빠졌다. 월스트리트 전문가들이 모두 '눈이 먼 사람만 애플에 투자하라' '애플은 망할 것이다'라고 말했다. 조지 소로스도 애플 주식을 모두 처분해버렸다. 그런데 버핏은 애플 주식을 무려 540만 주나 더 사들였다. 그다음 분기에도 시장은 애플을 외면했다. 하지만 버핏은 오히려 4,210만 주를 더 샀다. 결국 2016년 말에 워런 버핏은 총 5,740만 주의 애플 주식을 보유하게 되었다.

앞으로 4차 산업혁명 시대가 올 수밖에 없고 4차 산업혁명을 선도하는 기업 중에서 새로운 코카콜라를 찾아야 하는데, 버크셔해서웨이와 워런 버핏은 IT 업계의 코카콜라가 애플이라는 판단을 내렸던 것이다. 그리고 애플이 폭락하기를 기다렸다가 2016년 5월부터 폭락하자 '바겐세일 기간이다!'라면서 애플 주식을 샀다. 이게 바로 워런 버핏 투자법의 핵심이다.

워런 버핏은 애플이라는 기업의 가치를 보았다. 그는 애플을 사랑하기로, 애플과 결혼하기로 했다. 어떤 기업을 사랑하기로 마음먹었다면 그 기업이 실패하고 있을 때 더 많은 주식을 사서 응원해줘야 한다. 칼 아이칸과 조지 소로스마저 애플은 끝났다며 주식을 팔아버렸을 때 워런 버핏은 두 사람이 버린 주식을 샀다. 버핏은 모두가 애플을 버릴 때야말로 애플을 사랑할 때라고 생각했기 때문이다.

2017년 1월 워런 버핏은 제너럴일렉트릭GE 주식을 모두 처분했다. 제너럴일렉트릭은 1878년 토머스 에디슨이 설립한 전기조명회사를 모체로 성장한 세계 최대의 글로벌 인프라 기업이다. 전기, 전력은 물론 항공, 헬스케어, 운송 등 다양한 분야에서 사업하고 있으며, 3차 산업혁명의 상징과도 같은 기업이다. 그는 2차 산업혁명의 상징인 전기혁명으로 시작해서 인터넷 혁명이 일어난 3차 산업혁명까지, 지난 100년간 인류의 문명을 상징하는 이 기업의 주식을 모두 팔았다. 무슨 의미일까? 워런 버핏은 2017년 3차 산업혁명의 시대가 완전히 끝났다고 판단한 것이다. 그는 새로운 문명의 시대, 즉 4차 산업혁명의 시대가 열렸다고 판단하고 그것을 행동으로 실천한 것이다.

그리고 한 달 뒤인 2017년 2월, 버핏은 애플 주식 보유량을 2배로 늘렸다. 아이폰 판매량 하락으로 애플 주가가 또 한번 폭락했을 때 주식을 다시 2배로 늘린 것이다. 2018년에는 IBM 주식을 몽땅 처분하고는 애플 주식을 무려 7,500만 주 더 샀다. 그렇게 버크셔해서웨이는 미국의 대표적인 투자회사 뱅가드그룹VTI과 블랙록BLK에 이어 애플의 3대 주주가 되었다.

참고로 세계 1위 자산운용사 블랙록은 2013년에 "우리는 애플 대신 구글만 산다. 유튜브 덕에 구글의 사업 전망이 더 밝다. 우리는 구글을 두 번째로 많이 보유하고 있다. 애플 주식은 전혀 보유하지 않고 있다"고 말했지만 5년 뒤인 2018년, 애플의 2대 주주 즉 애플 주식을 지구에서 두 번째로 많이 가진 존재가 되었다. 이것만 놓고 봐도 애플이라는 주식이 얼마나 매력적인지 알 수 있다.

블랙록은 2020년에 애플의 3대 주주로 밀려났다. 워런 버핏의 버크셔해서웨이가 애플의 2대 주주로 올라섰기 때문이다. 블랙록은 마이크로소프트의 1대 주주이기도 하다. 또한 맥도날드MCD 1대 주주이며 삼성전자 3대 주주, LG화학 3대 주주다. 블랙록 같은 세계적인 투자회사의 포트폴리오를 봐도 애플, 구글, 마이크로소프트, 맥도날드, 삼성전자 등 우량주식을 가장 많이 보유하고 있다. 블랙록은 이런 우량주식들에 장기투자한다. 블랙록뿐만이 아니다. 세계 최고의 투자회사 버크셔해서웨이와 뱅가드그룹도 미국 우량주식에 장기투자하는 것을 기본 원칙으로 하고 있다.

2018년 4분기에 애플의 중국 판매가 20% 하락했다. 동시에 애플의 매출과 순이익이 급감했다. 2018년 도널드 트럼프 대통령이 미·중 무역전쟁을 본격적으로 시작했기 때문이다. 이때 버핏은 이런 질문을 받았다.

"지금 아이폰의 판매가 부진하고, 미·중 무역전쟁까지 시작됐는데 이러면 애플 주가가 더 내려갈 텐데 애플 주식을 왜 또 이렇게 많이 샀습니까?"

버핏은 이렇게 대답했다.

"그 어떤 농부도 다음 해 날씨를 생각하며 농장을 사지 않는다. 그들은 농장을 살 때 앞으로 10년, 20년 또는 평생 이 농장을 잘 가꿔 많은 소득을 얻어야겠다고 생각한다. 나는 농부의 마음으로 애플 주식을 사고 있다. 애플은 후발주자들과 매우 큰 격차를 내고 있다. 애플은 환상적인 기업이다. 나는 앞으로도 애플과 쭉 같이 갈 것이다. 나는 애플을 사랑한다."

2018년 8월, 전 세계 신문이 이런 기사를 내보냈다.

"애플 시총 1조 달러 돌파. 워런 버핏 애플로 이틀 사이 5조 돈방석 올라."

2019년 1월에는 이런 기사를 내보냈다.

"지난 6년 사이 애플 최대 폭락. 애플 시총 4위로 밀렸다. 4조 원 날린 버핏."

주식은 항상 출렁거린다. 버핏이 선택한 애플조차 주식이 하루아침에 1조 원이 없어졌다가 5조 원을 벌었다가 다시 4조 원이 빠지는 일이 반복된다. 하지만 결론은 우상향이다. 한 달, 분기, 1년 단위로 보면 30% 폭락했다가 40% 오르는 상황이 계속 연출되지만 5년, 10년, 15년, 20년, 30년을 놓고 보면 미국 우량주식은 끝없이 우상향한다.

철학을 가져야 하고, 원칙을 지켜야 한다. 그래야 주식이 폭락할 때 팔지 않는다. 워런 버핏은 우량주식이 폭락할 때 오히려 많이 산다. 워런 버핏의 투자법을 보면서 우리는 다시 한번 부자가 될 수 있는 미국 우량주식 장기투자법을 마음에 새겨야 한다. 애플도, 마이크로소프트도, 아마존도, 디즈니DIS, 월트디즈니 컴퍼니도, 나이키NKE도, 코카콜라도 떨어진다. 하지만 그렇다고 팔면 안 된다. 폭락할 때 오히려 더 사는 용기를 발휘할 수 있어야 한다.

부자는 결코 조급하지 않다

2020년 7월, 전 세계 신문은 이런 기사를 내보냈다.

"원칙 깬 버핏, 애플로 48조 원 벌었다."

코로나19로 인해 워런 버핏은 많은 손실을 봤다. 하지만 애플 주식 하나로 그 손실을 모두 회복했다. 사실 코로나19 이후로 많은 사람이 워런 버핏이 한물갔다며 무시하고 비아냥댔다. 전설적인 투자자들조차 나서서 워런 버핏이 나이가 들었으니 이제 은퇴해야 한다고 말하던 때였다. 하지만 나는 워런 버핏을 무시할 수 없다고 말했다. 그를 지켜봐야 한다고 했다. 실제로 워런 버핏은 코로나19로 인해 오히려 돈을 더 많이 벌었다. 그러자 워런 버핏에 대한 비아냥이 모두 사라졌다.

물론 버핏 역시 많은 실수를 한다. 심지어 사기를 당해 8천억 원을 날린 적도 있다. 그러나 그의 인생 전체를 놓고 봤을 때 인류 최고의 투자자라는 사실은 변함이 없다.

'주식이 올랐네, 떨어졌네' '나 주식으로 얼마까지 벌어봤네' '계좌 1억 인증하겠다'. 이런 것들은 너무 하찮다. 주식 유튜브 채널도 잘 선택해서 봐야 한다. 철학과 원칙이 없는 방송을 하는 사람들이 너무 많기 때문이다. 유튜브를 통해 '계좌 인증한다'고 하지만 얼마든지 조작할 수 있다. 슈퍼개미든 누구든 투자의 철학과 원칙을 봐야 한다. 철학과 원칙이 없는 사람은 언젠가는 망할 수밖에 없기 때문이다.

핵심은 철학과 원칙이다

나 역시 철학과 원칙을 정립하는 데 10여 년의 시간이 걸렸다. 초반에는 스타트업 투자를 많이 했는데 대부분 실패했다. 직접 창업한 스타트업 역시 망했다. 계속 실패하고, 망하기를 반복하면서 스스로에게 질문해보았다.

'왜 망하는 걸까?'

그러다 철학과 원칙을 다시 공부하게 되었다. 나는 투자의 고전과 인문 고전을 치열하게 읽으면서 계속해서 질문을 던졌다.

'앞으로 성공하려면 어떻게 해야 할까?'

사실 나는 여러 스타트업들 특히 청년들이 창업한 스타트업들의 멘토로 오랫동안 활동했다. 그들은 《리딩으로 리드하라》를 읽고, 이지성 작가라면 우리에게 철학과 원칙을 완벽하게 가르쳐줄 거라는 믿음으로 나를 찾아와서 가르침을 청했다. 나는 돈 버는 방법에 대해선 잘 모르지만, 철학과 원칙만큼은 상당하다고 자부하고 그들의 멘토가 되어주었다. 실제로 그때는 철학과 원칙을 잘 잡아주었다.

그런데 정작 내가 창업자가 되고 보니 철학과 원칙이 가장 부족한 사람은 다름 아닌 나라는 사실을 알게 되었다. 그리고 내가 그동안 철학과 원칙을 머리로만 알고 있었음을 깨닫게 되었다. 이후 나는 머리로만 아는 것을 내 몸의 한 부분처럼 받아들이고자 노력했고, 그렇게 철학과 원칙을 내 것으로 만들게 되었다.

다시 버핏 이야기로 돌아가자. 2020년 9월, 이런 기사가 나왔다.

"투자의 귀재 버핏, 애플주 급락으로 이틀 사이 180억 달러, 21조 4천억 원 손실."

앞으로 또 어떤 기사가 나올까? "버핏, 애플 주식으로 몇십조 원 벌어" "애플 주식으로 몇십조 원 날려" 이런 기사가 아마 계속 나올 것이다. 버핏이 사망한 후에도 버크셔해서웨이가 애플로 얼마를 벌고, 또 얼마를 잃는지에 대한 기사가 계속될 것이다. 하지만 버크셔해서웨이는 아마도 버핏이 세상을 떠난 뒤에도 애플을 코카콜라처럼 오래 보유하지 않을까 생각한다. 그래서 코카콜라로 대표되는 워런 버핏의 우량주식 장기투자의 기적이 애플로 인해 앞으로 수십 년 뒤 다시 재현되지 않을까? 물론 IBM처럼 중간에 애플의 시대가 저물고 새로운 IT 우량기업이 나타나면 그 주식으로 갈아탈 수도 있겠지만, 이들이 애플 주식을 30년 이상 보유한다는 가정 아래 이야기한다면 아마도 그럴 것이다.

버핏은 애플 주식을 2016년부터 지금까지 5년 넘게 보유하고 있다. 미국 애플 투자자들의 애플 주식 평균 보유 기간이 6개월이라고 한다. 6개월 정도 애플 주식을 가지고 있다가 주식이 떨어지면 파는 것이다. 그러다 애플 주식이 오르면 다시 돌아가 산다. 그렇게 다시 6개월을 가지고 있다가 주가가 하락하면 또 판다. 하지만 워런 버핏은 어떤가? 팔지 않고 쭉 가져간다. 주식이 떨어질 때 일반적인 투자자들은 팔고 나오지만, 버핏은 이때 들어가 주식을 더 산다. 이것이 반복된다. 그래서 버핏은 지금도 계속 부자다. 하지만 미국에서 주식 투자를 하는 일반인의 평균치를 내보면 버핏과 반대로 가고 있다.

애플 주식을 사라. 애플 주식 배당금을 모아서 다시 애플 주식을 사라. 그렇게 30년을 반복하면 100배 이상의 수익을 얻게 될 것이다. 그게 비록 1주라고 해도 말이다. 이것이 복리 투자의 기적이다. 이 사실을 마음과 뇌에 새기고 내 삶의 일부로 만들어야 한다.

애플 주식은 지금이 가장 쌀지도 모른다

2016년 버핏은 이렇게 말했다.

"애플을 IT 기업으로 보기 어렵다. 애플은 소비재 생산 회사다."

여기서 버핏이 말하는 IT 기업이란 기술의 발달이 있으면 언제든지 몰락할 수 있는 기업이다. 경쟁자가 나타나 시장을 압도하면, 즉 애플의 아이폰이나 아이패드보다 더 좋은 기술을 가진 기업이 나타나면 지금은 아무리 잘나가도 하루아침에 망한다는 의미다.

하지만 버핏은 미국을 비롯한 전 세계 사람들을 면밀히 관찰하고 아이폰은 이미 생활필수품이 되었다는 결론을 내린 것이다.

버핏은 코카콜라, 맥도날드, 이케아같이 우리 생활에 없어서는 안 되는 제품의 구매력을 이야기할 때 '끈끈하다'고 표현해왔다. 그런 버핏이 2017년 애플에 대해 '끈끈하다'는 표현을 썼다.

"애플 제품들은 '끈끈하다.' 한번 아이폰을 산 고객은 계속해서 아이폰을 산다. 내가 증손자들을 데리고 쇼핑몰에 갈 때 손자들이 가끔 친구들을 데려오는데 그들 모두 아이폰을 가지고 있다. 나는 그 아이들에게 아이폰을 갖고 뭘 하는지 물어보았다. 아이들은 아이폰으로 이걸 한다, 저걸 한다 말하지 않았다. 그저 '나는 아이폰 없이는 못 산다'라고 대답했다.

사람들은 아이폰을 한번 사기 시작하면 다시는 아이폰을 떠나지 못한다. 그리고 신형 아이폰이 나오면 반드시 그 아이폰을 산다. 지금

아이폰은 고객들의 삶에 '끈끈하게' 붙어 있다."

버핏이 말하는 아이폰은 아이폰 생태계를 의미한다. 아이폰으로 접속할 수 있는 놀라운 세계 말이다. 당신도 그 세계가 어떤 곳인지 잘 알고 있을 것이다. 그래서 아이폰 생태계는 다른 생태계로 대체될 수 없다. 이게 버핏이 말하는 아이폰의 '끈끈함'이다. 더불어 버핏은 아이폰의 가격 경쟁력에 대해 이렇게 말했다.

"아이폰은 애플이 책정한 가격 이상의 가치가 있다. 나에게 비행기 한 대가 있는데, 그 관리 비용이 연간 100만 달러 한화 약 11억 3천 6백만 원, 2021년 7월 기준 정도로 매우 비싸다. 그런데 나는 비행기보다 아이패드를 훨씬 더 많이 쓰고, 내 주변 사람들도 아이폰을 많이 사용하고 있다."

보통 전용기는 1천억 원을 호가한다. 물론 버핏이 리스를 하는지 일시불로 구매했는지 거기까지는 알 길이 없다. 아무튼 버핏은 비행기 관리 비용으로 1년에 11억 원이 넘는 돈을 쓰고 있다. 버핏이 만약 비행기를 30년간 보유했다면 이미 그는 비행기 관리비로만 약 360억 원을 썼다고 추정할 수 있다. 버핏은 사실 검소한 사람이 아니다. '버핏이 맥도날드 햄버거를 좋아하고 코카콜라를 마신다' '그가 사는 집이 서울 평균 아파트 가격보다 저렴하다' 등의 이야기가 있지만, 버핏은 전용기 관리 비용만 1년에 11억 원 넘게 지출하는 사람이다.

버핏은 애플 초창기에 투자하지 않았다. 어쩌면 버핏 역시 매우 고점에 들어갔다고 할 수 있다. 물론 애플 주식이 폭락할 때마다 들어가긴 했지만, 그것도 초창기와 비교하면 매우 높은 가격이다. 하지만 버핏은 애플 주식이 싸다고 생각했다. 왜 그랬을까? 아이폰을 전용기와 비교해보니 전용기 한 대에 1천억 원이고, 1년 관리 비용만 약 12억 원인데, 전용기에 비해 아이폰은 비교할 수 없을 만큼 생활 밀착형인 제품인 데다 애플의 성장은 이제 겨우 시작이라는 판단을 했던 것이다. 앞으로 애플이라는 기업이 어디까지 뻗어 나갈지 모른다는 게 당시 버핏이 애플 주식을 살 때의 마음이 아니었을까.

버핏의 판단은 옳은 것으로 증명되었다. 이후 애플 시가총액이 2조 달러를 돌파했다. 앞으로 20~30년 뒤에는 애플 시가총액이 1경 또는 2경 달러가 될 가능성이 충분하다. 20~30년 전 애플 시가총액이 2조 달러를 넘을 거라고 그 누가 예상했는가? 애플의 시가총액이 대한민국 기업 전체를 합친 것보다 더 높을 거라는 예상은 그 누구도 하지 못했다.

구글, 아마존, 마이크로소프트, 애플 등의 주식은 지금이 가장 싼 가격일 수 있다. 물론 내년에 IT 기술주가 대폭락해 갑자기 반 토막이 날 수도 있다. 하지만 애플 주식이 30% 대폭락했다는 뉴스, 하루만에 시총 절반이 날아갔다는 뉴스가 신문 헤드라인을 장식한 적이 여러 번 있었다는 사실을 기억하라. IT 우량주의 가치를 30~100년의 관점에서 볼 수 있어야 한다.

마이크로소프트, 애플, 아마존, 구글 등의 주식이 많이 올랐다. 하지만 워런 버핏의 관점에서 보면 이제 시작이다. 지난 30년간 미국 1등 주식들의 그래프가 장기 우상향한 모습을 보면 참 부럽다. 구글이나 애플, 마이크로소프트 등도 지금으로부터 30년 전인 1990년대 초반의 주가를 보면 정말이지 가격이 너무 저렴하다. 참고로 애플 주식은 초창기 주당 50센트였다.

지금 우리는 "그때 주식을 샀다면 내가 부자가 됐겠구나. 30년 전에 코카콜라 안 마시고, 코카콜라 주식 한 주를 샀더라면, 나이키 신발을 안 사고, 스타벅스 커피를 안 사 마시고 그 돈을 주식에 묻어뒀더라면, 그걸 복리 투자로 지금까지 끌고 왔다면 그 주식들이 지금 억대가 되었겠구나"라며 안타까워한다. 그럼 2050년에는 어떨까? 아마도 30년 전 오늘을 되돌아보며 또 후회하게 될 것이다. 그때 구글을, 아마존을, 애플을, 마이크로소프트를 왜 안 샀을까 하고 말이다.

지금은 늦지 않았다. 부자는 느긋하게 되는 것이다. 앞으로 30년을 내다보고 투자하라. 미국 우량주식은 결국 끝없이 우상향한다. 이 사실만 믿으면 누구나 미래의 부를 소유할 수 있다.

PART

3

이제, 어디에 투자할 것인가

'미래의 부'를 창출하는 10가지 방법

미래의 부 01

'투기'가 아닌 '투자'를 하라

만약 상대의 성격이나 가치관 같은 것은 전혀 고려하지 않고 오직 외모만 보고 결혼한다면 어떻게 될까? 막상 살아보니 서로가 추구하는 가치가 너무 달라, 이혼하게 될 가능성이 높다. 오로지 배우자의 돈만 보고 결혼을 한다면? 마찬가지 결과일 것이다. 주식의 원리도 이와 같다. '삼성전자 주식을 얼마 동안 갖고 있다가 차익 실현 후 매도해야지.' 이런 마음으로 주식을 사는 것은 투기다. 절대로 결과가 좋을 수 없다. 또 그런 마음으로는 부자가 되기 어렵다. 설령 돈을 많이 번다고 하더라도 진짜 부자라고 보긴 힘들 것이다. 물질의 부자는 될 수 있을지 몰라도 정신의 부자, 마음의 부자는 될 수 없기 때문이다. 그리고 정신과 마음이 빈곤한 사람은 자신이 지닌 물질적 부를 제대로 다루지 못해, 결국 빈자로 돌아가는 경우가 허다하다.

투자란 무엇인가. 그 기업이 어떤 일을 하는 곳인지 제대로 알고 주식을 사는 것이다. '지금까지 이 기업이 걸어온 길을 보니 가치 있는 일을 하는구나'라는 나름의 평가를 내린 후 매수를 결정하는 것이다. 우리나라 대표 기업인 삼성전자에 대해 생각해보자.

"삼성전자가 세계적인 기업으로 성장해 현재 우리나라 수입의 25%를 차지하고 있구나. 이 기업 하나가 대한민국을 먹여살려왔고, 앞으로도 그렇겠구나. 삼성이라는 기업 덕분에 우리나라가 이렇게 큰 나라가 되었구나. 삼성 창업주 이병철 회장의 모토가 '나라를 위해 사업한다'였다고 하던데, 정말 멋지고 고마운 기업이 아닌가. 이 기업이 잘됐으면 좋겠다. 설령 이 기업이 잠깐 망하더라도 나는 이 기업과 평생 함께 가겠다."

이런 마음으로 삼성전자 주식을 사면 투자다. 그저 삼성전자는 망하지 않으니까, 삼성전자로 돈 번 사람이 많으니까 하면서 삼성전자 주식을 사는 것은 투기에 가깝다.

구글도 마찬가지다. 구글이 만드는 자율주행 자동차가 세상에 나오면 교통사고 발생률이 0%에 가까운 수치로 떨어진다고 한다. 아니 미래로 갈 것도 없다. 우리는 지금 구글 검색창을 무료로 이용하면서 자료를 찾고 있지 않은가. 이런 점들을 생각하면 구글은 인류의 미래에 정말 필요한 기업이라고 판단할 수 있다. 즉 주식을 사는 것으로 응원할 수 있다. 이런 마음은 애플에도 적용할 수 있다. 아이폰 덕분에 세상이 바뀌었고, 그것이 참 고맙다는 마음이 들지 않는가? 그 마음으로 주식을 사고 주주가 되는 것, 나는 그것을 투자라고 말한다.

사랑한 만큼 돌려받는다

나는 현재 여러 스타트업에 엔젤투자자로 참여하고 있다. 나는 투자할 때도 그렇고 지금도 해당 기업들로부터 시세차익은 물론이고 배당금을 받겠다는 생각이 없다. 내가 투자한 대표적인 곳은 '메디컬오'라는 기업이다.비상장 기업이다. 이곳은 바이오 기업이자 화장품 기업이기도 한데 특이하게도 강남구 청담동에서 한방병원을 운영하고 있다. 이 기업은 특히 자연친화적인 한방 화장품 '하니술'로 유명하다. 우리나라의 내로라하는 재벌가 사모님들에게도 관심을 받고 있고 태국, 베트남, 중국 등에도 고객이 많다.

내가 메디컬오와 인연이 닿은 것은 우리나라 최고의 영어 교육 전문가 영나한 정회일 대표 덕분이다. 나는 20년 넘게 비염과 축농증으로 고생하고 있었는데 미세먼지가 기승을 부리면서 후비루 증상이 악화되었다. 호흡곤란 증세까지 생겼을 정도였다. 그때 정회일 대표가 자신이 오랫동안 앓고 있던 원인 모를 불치병이 호전되었다며 메디컬오 한방병원에 가서 치료를 받아볼 것을 권했다. 나는 처음에는 대형병원에서 축농증 수술을 받으려고 했다. 그런데 의사가 재발할 확률이 60%라고 해서 정회일 대표를 믿고 메디컬오를 찾았다. 그렇게 치료가 시작되었는데 놀랍게도 몇 달 만에 비염과 축농증이 완치에 가깝게 치료되었다. 이후 '하니술'이라는 한방 화장품도 써보고 기타 다른 치료도 받은 뒤 메디컬오의 팬이 되었다. 그리고 엔젤투자자로 참여했다. 즉 나는 메디컬오라는 기업에 대한 사랑과 감사의 마음으로 주주가 되었다.

투자하려는 기업에 진심 어린 마음을 갖지 않으면 결코 장기투자자가 될 수 없다. 10년 이상 한 기업의 주식을 보유하는 건 결코 쉬운 일이 아니다. 그 기업을 진짜로 좋아해야, 아니 사랑해야 오랜 기간 그 기업의 주식을 보유할 수 있다. 10년, 20년, 30년, 장기로 주식을 가져가야 한다는 사실을 누가 모르겠는가. 주식에 관해 조금이라도 아는 사람이라면 모두가 인지하고 있는 사실이다. 하지만 99%의 사람이 알면서도 실천에 옮기지 못한다. 왜 그럴까? 그 기업을 이해하고 사랑하는 마음이 없기 때문이다. 한마디로 기업을 돈으로만 보기 때문이다. 삼성을, 구글을, 애플을 오직 돈으로 보는 것이다. 그러니 주가가 조금만 떨어져도 매도를 고민하게 된다. 혹은 어느 정도 수익을 올리면 가차 없이 팔고 뒤돌아선다. 이런 마음으로는 절대 장기투자를 할 수 없고, 당연히 큰돈을 벌기도 어렵다.

이 책을 읽는 독자들은 부디 부자가 되었으면 좋겠다. 그러기 위해서는 우량주식을 장기 보유해야 하고, 그러려면 기업을 이해하고 사랑하는 마음이 있어야 한다. 기업을 이해하고 사랑하면 코로나19 같은 사태로 내가 가진 주식이 30% 이상 폭락해도 절대 팔지 않는다. 오히려 이 난관을 헤쳐가길 응원하는 마음으로 그 기업의 주식을 더 사게 된다.

결국 내가 깨달은 주식 투자의 비결은 '사랑'이다. 당황스럽게 들릴지 모르겠지만 사실이 그렇다. '부자가 되는 비결도 사랑이라니!' 나 역시 놀라웠다. 기업을 이해하고 사랑해야 하는구나, 그 기업과 결혼해야 하는구나. 이것이 내가 많은 공부 끝에 내린 결론이다.

1억이 804억이 되는 데 걸린 시간

지금보다 돈을 100배 더 많이 버는 가장 쉬운 방법은 이렇다. 타임머신을 탄다. 시간은 '1970년', 장소는 '강남'으로 설정한다. 1970년 강남에 도착한다. 최대한 많은 땅을 산다. 그리고 다시 현재로 돌아온다. 실제로 강남 부동산의 대표적 지표라고 할 수 있는 은마아파트는 지난 40년 동안 96배 상승했다. 역시 부자가 되려면 강남 부동산밖에 답이 없다는 생각이 드는가? 속단은 이르다.

같은 기간 강남 은마아파트보다 8배 이상 오른 것이 있다. 삼성전자 주식이다. 당신이 타임머신을 타고 1970년대로 돌아가 삼성전자 주식을 1억 원어치 샀다고 가정해보자. 그 1억은 현재 얼마로 불어나 있을까? 약 804억 원이 돼 있을 것이다. 놀랍지 않은가? 은마아파트가 96배 오르는 동안, 삼성전자는 무려 804배 올랐다. 은마아파트를 1억 주고 샀다면 그 1억이 현재 96억이 돼 있지만, 삼성전자 주식을 1억 원어치 샀다면 지금 당신의 자산은 804억이 돼 있는 것이다. 만약 10억을 넣었다면? 지금 당신의 자산은 8,040억, 아니 배당금과 배당금 재투자까지 생각하면 천문학적인 금액일 것이다. 이것이 바로 우량주식, 그중에서도 1등 주식의 힘이다.

평범한 일반인이 강남 아파트를 어떻게 사겠는가. 하지만 우리는 지금 당장이라도 삼성전자 주식을 살 수 있다. 1주에 7만~8만 원이기 때문이다.2021년 기준 10주를 사도 70만~80만 원이면 되고, 100주도 700만~800만 원으로 살 수 있다. 자동차 한 대를 사는 비용을 2천만 원이라고 해보자. 그리고 자동차를 사는 대신 대중교통을 이용하고, 그 돈을 삼성전자에 집어넣고 30년을 기다린다고 해보자. 그 사이 삼성전자가 망하지 않는다는 전제로 하는 이야기다.

30년 후 당신의 자산은 얼마가 되어 있을까? 과거에 비추어볼 때 아마도 주식이 기본 100배는 올라 있을 테니, 기본적으로 2천만 원은 20억 원이 돼 있을 것이다. 이게 전부가 아니다. 삼성전자의 배당률은 3%대인데, 이 배당금을 계속 넣는다면 당신은 2천만 원으로 30년 뒤 상상을 초월하는 부를 얻을 수 있다. 그저 30년만 삼성전자를 사랑하면 누구나 거부가 될 수 있는 것이다.

이것은 예측이나 가정이 아닌 '공식'이다. 누군가는 이런 말이 사기라고 생각할지도 모른다. '아무리 1등 주식이 대단하다고 해도 2천만 원을 넣고 30년을 기다리면 20억 원이 된다고? 그게 말이 돼? 이건 거짓말이야.' 도무지 믿기 어려운 일이니, 이렇게 생각하는 것도 이해한다. 하지만 지나온 역사를 놓고 생각해보자. 30년 전 삼성전자 주식을 1억 원어치 샀으면 현재 804억 원의 가치가 된다. 물론 앞으로 30년 뒤 삼성전자가 또다시 804배 상승할까란 부분에 대해서는 나 역시 부정적이다. 하지만 기본 100배는 오를 거라고 생각한다.

그럼 구글이나 애플 같은 기업은 어떨까? 4차 산업혁명 인공지능 시대가 이제 막 시작했다. 구글이나 애플 같은 기업은 30년 뒤 지금보다 최소 100배 이상 오를 것이다. 이것은 나 혼자 주장하는 이야기가 아니다. 워런 버핏을 비롯한 전설적인 투자자들이 모두 같은 이야기를 하고 있다.

"일반인이라면 구글, 애플 같은 우량주식을 사서 30년 동안 묻어두고 자식에게 물려줘라. 그럼 30년 뒤 당신의 아이는 100배 이상의 수익을 얻는다."

이런 이야기를 입버릇처럼 말하는 사람들이 버핏과 그의 친구들이다. '1+1=2'라는 공식처럼 '1등 주식×30년=100배 수익'을 우리 뇌에 새겨넣어야 한다. 그럼 당신은 반드시 부자가 된다.

그런데 이쯤에서 궁금한 점이 생긴다. 30년 전 사람들은 왜 삼성전자에 투자하지 않았을까? 가장 큰 이유로 당시 주식 투자가 대중적이지 않았다는 점을 꼽을 수 있다. 하지만 그 뒤에도 기회가 없었던 건 아니다. 2000년대 초반에는 주식 투자가 어느 정도 대중화되었고, 그때 삼성전자는 1970년대에 비해 몇십 배 성장해 있었다. 하지만 2000년 초반 무렵에도 사람들은 삼성전자를 장기 보유하지 않았다. 왜일까? 간단하다. 삼성전자라는 기업을 사랑하지 않았기 때문이다. 돈을 벌기 위한 탐욕으로만 접근했기 때문이다. 그래서 주식을 조금 샀던 사람도 이후 주가가 폭락하자 매도하고 말았던 것이다.

만일 당신이 타임머신을 타고 1970년대로 가서 할아버지나 아버지에게 삼성전자 주식이 앞으로 이만큼 오를 테니 주식을 사서 장기 보유하라고 알려줘도 당신의 할아버지나 아버지는 사지 않을 가능성이 90% 이상이다. 왜냐면 1970년대의 삼성전자는 지금과는 전혀 다른 기업이었기 때문이다. 당시 삼성전자는 조악한 전자 손목시계나 만드는 동아시아 삼류 기업이었다. 세탁기 뚜껑이 맞지 않아 서비스 직원을 부르면 새 뚜껑으로 교체해주는 것이 아니라 칼로 뚜껑 가장자리를 긁고 사포질하던 기업이었다. 국내에서는 나름 1등 기업이었지만 세계 시장에서는 결코 아니었다. 삼성전자가 비약적으로 성장한 것은 1993년 이건희 회장이 프랑크푸르트 신경영 선언을 하면서부터다.

1등 기업을 미리 알아본다는 것은 절대 쉽지 않은 일이다. 그래서 일반인이 이런 투자를 하는 것은 어려운 일이기도 하다. 물론 방법이 전혀 없는 것은 아니다. 이에 대해서는 뒤에서 설명하도록 하겠다.

돈이 돈을 낳는 마법

영국 속담에 '부자가 되려면 부자에게 점심을 사라'라는 말이 있다. 풀어 말하면 부자가 되고 싶다면 부자를 따라 하라는 뜻이다.

우리나라 최고 부자는 누굴까? 얼마 전까지는 고故 이건희 삼성전자 회장이었을 것이다. 물론 그의 아들 이재용 부회장도 있고, 현대자동차나 LG 회장도 있을 것이다. 그런데 이들처럼 우리나라 최고 부자라 불리는 사람들은 과연 주식 투자를 할까? 만약 한다면 주식을 얼마나 오랫동안 가지고 있을까?

이건희 회장은 1등 주식 삼성전자를 비롯해 삼성 계열사 주식 대부분을 갖고 있었다. 그것도 평생. 물론 이건희 회장은 기업의 오너였으니 삼성 주식을 소유한 건 당연한 일이다. 하지만 다른 관점에서 보면, 우리나라 최고의 부자와 그의 아들 두 사람 모두 우리나라 1등 기업의 주식을 사서 평생 보유하고 있었다는 말이기도 하다. 이들이 자기 회사 주식을 보유하는 게 당연하다는 사실은 잠시 제쳐두고 우리에게 적용할 수 있는 방식으로 이들의 투자를 바라봐야 한다.

여기서 놀랄 만한 이야기를 해보자. 삼성전자 주식을 사면 배당을 받는데 이건희 회장의 2019년 배당금은 얼마였을까? 그가 보유하고 있던 삼성전자 주식은 약 14조 원이었는데, 2019년 기준 1년 배당수익이 3,538억 원이었다.

이재용 부회장은 어떨까? 2019년 이재용 부회장의 삼성전자 배당수익은 600억 원이었다. 다른 삼성 계열사까지 합치면 약 1,420억 원이다. 그러니까 이재용 부회장 역시 아무것도 하지 않아도 배당수익만 매년 1,400억 원이 나오는 것이다. 이쯤 되니 이재용 부회장의 어머니 홍라희 여사의 배당수익도 궁금해진다. 그녀는 2019년 삼성 전체로부터 배당금 776억 원을 받았다. 이건희 회장과 이재용 부회장은 어느 정도 짐작 가능했지만, 이건희 회장의 아내이자 이재용 부회장의 어머니 역시 이토록 많은 배당금을 받는다는 사실이 놀랍지 않은가.

이제 부의 흐름이 보이는가? 얼마 전까지 우리나라 최고 부자였던 이건희 회장 역시 1등 주식을 평생 보유하고 있었고, 그 배당수익만 1년에 4천억 원에 육박했다. 10년이면 배당수익만 4조 원이다. 이것이 바로 부의 비밀이다. 주식을 보유해 배당금을 받고, 그걸 다시 주식에 투자하고, 그럼 더 많은 배당금을 받고, 또 그걸 주식에 투자하고, 이러다 보면 자산은 기하급수적으로 늘어난다. 배당금으로 계속 부를 불려나가는 구조다. 물론 우리가 이건희 회장처럼 주식을

14조 원어치나 보유할 수는 없다. 하지만 우리가 이건희 회장처럼 할 수 있는 일이 있다. 바로 1등 주식을 사서 팔지 않고 평생 보유하는 것이다. 이 비밀을 누구에게 알려줘야 할까? 내 자녀에게 알려줘야 한다. 내가 사랑하는 사람들에게 알려주고 깨우쳐줘야 한다. 돈이 돈을 낳는 마법을 말이다.

이왕 이야기를 시작했으니 다른 재벌들의 배당 상황도 한번 살펴보자. 정몽구 현대자동차 회장은 2019년 993억 원을 배당수익으로 받았다. 정몽준 아산재단 이사장은 777억 원, 최태원 SK 회장은 649억 원, 정의선 현대자동차 수석 부회장은 608억 원, 구광모 LG 회장은 569억 원, 조정호 메리츠금융지주 회장은 배당수익으로 545억 원을 받았다. 재벌들의 배당 수익에 놀라자고 하는 얘기가 아니다. 우리 가족도 이렇게 바뀌어야 한다는 것이다. 나도 1등 주식을 갖고, 아내도, 자식도 1등 주식을 평생 보유하는 문화를 우리 집안 고유의 문화로 만들어야 한다. 이 문화야말로 세계 최고 미국 부자 가문들이 운영하는 패밀리 오피스 사업의 가장 큰 핵심이다. 이것을 우리에게도 적용하자는 것이다. 할아버지부터 자식까지 1등 주식을 보유하면 그 배당금만 합쳐도 엄청난 돈이다.

우리는 미래의 1등 기업을 찾을 수 없다

삼성전자는 지난 20년 동안 대한민국 1등 기업이었다. 그리고 앞으로도 대한민국 1등 기업으로 자리할 것이다. 그렇기에 삼성전자 주식 투자는 무조건 추천한다. 국내 주식에 투자할 생각이라면 삼성전자를 사라. 국내 주식은 삼성전자가 가장 안전하다. 그럼 왜 앞으로도 삼성전자가 국내 1등 주식일 것인가에 관한 이야기를 해보자. 삼성전자뿐 아니라 미국 주식까지 함께 생각해볼 것이다.

우리 같은 일반인에게는 1970년대의 삼성전자 같은 기업을 찾아낼 수 있는 능력이 없다. 그렇기에 지금은 1등이 아니지만, 앞으로 1등이 될 기업이 어디인가에 대해 나는 관심이 없다. 워런 버핏 같은 사람이야 대형 회사를 경영하고 있고, 전 세계의 온갖 고급 정보를 갖고 있기에 잠재력을 가진 기업을 발굴해내고 투자할 수 있다. 하지만 우리는 불가능하다. 앞으로 세계 1등이 될 제2의 구글, 제2의 애플, 제2의 마이크로소프트가 지금 저 먼 실리콘밸리의 어느 작은 차고에서 무언가를 만들고 있을지도 모른다. 그런데 그런 기업이 정확히 어디 있는지는 우리는 알 수 없고, 알 필요도 없다. 너무 복잡하기 때문이다. 냉정하게 현실을 인정하자. 우리는 미래의 1등 기업을 찾을 수 없다.

내겐 주식 투자 관련 전제조건이 하나 있다. 이미 최고인, 이미 세계 1위인 기업이어야 한다는 것이다. 하지만 단순히 현재 1등에 그

쳐서는 안 된다. 지금은 시작일 뿐 10년 후에도 10~20배 성장할 전망이 있고, 30년 뒤에는 50~100배 성장해 있고, 100년 뒤에도 최고의 자리를 유지할 가능성이 70~80%인 기업이어야 한다. 지금 1등이면서 미래에도 100년 동안 계속 1등 자리를 유지하고 있을 그 기업을 찾아서 투자해야 한다는 것이다.

이런 기업을 찾으려면 앞으로 우리가 어떤 시대에 살게 될지 살펴봐야 한다. 《에이트》에서 말했던 것처럼 인공지능 시대가 임박했다. 인류는 이제 인공지능 문명 시대로 들어선다. 인공지능은 5G, 자율주행차, 사물인터넷 등의 시장을 포함하는 4차 산업혁명의 대표적인 기술이다. 비유하자면 지금은 1970년대 강남과 비슷하다. 논과 밭, 과수원이 대부분이었던 그때 은마아파트가 생겼다. 앞으로 인공지능 시대가 본격적으로 시작되는데, 지금은 1970년대 강남에 처음 도로를 깔기 시작하고 은마아파트 하나가 겨우 생긴 상황이라고 할 수 있다. 이 은마아파트가 구글, 주공아파트가 애플이라고 하면 이제 좀 그림이 그려지는가?

처음에 은마아파트 하나만 덜렁 있던 강남이 어떻게 됐는가? 대형 빌딩으로 가득 차고, 도로가 촘촘해졌다. 1970년대 허허벌판이었던 강남이 현재의 모습으로 변한 것처럼, 1920년대 뉴욕이 지금의 메트로폴리탄으로 성장한 것처럼, 앞으로 100년 동안 4차 산업혁명은 이보다 더 큰 변화를 그려나갈 것이다. 그렇다면 그때 마이크로소프트,

구글, 애플, 아마존 같은 기업들은 어떻게 될까? 지금보다 무려 천 배 성장할 수 있다. 삼성전자 역시 마찬가지다.

우리는 간혹 부모님을 향해 이런 원망을 하곤 한다.

'우리 아버지는 왜 그때 강남 아파트를 사지 않았을까?'

당신이 지금 1등 주식에 투자하지 않으면, 당신의 아이가 30년 뒤에 같은 원망을 할 것이다.

'우리 아빠는, 우리 엄마는 왜 그때 삼성전자를, 구글을, 애플을 사지 않았을까?'

뒤늦게 후회하지 마라. 내가 지금 미국 1등 주식을 사면, 삼성전자 주식을 사면 1970년대 강남 아파트를 산 것과 똑같은 투자다. 30년 뒤 나 아닌 누군가가 나타나 경제 유튜브나 책을 통해 "2021년에도 사람들은 구글 주식이 비싸다고 했지만, 그때 구글 주식을 샀더라면 지금은 어떻게 되었을까요?"라며 백 배 이상 상승한 구글 주식을 보여줄 것이다. 뉴스에서도 "2021년에 미국 1등 주식을 샀더라면!"이란 타이틀을 단 기사들을 쏟아낼 것이다. 이건 예측이 아니라 정해진 미래다. 과거의 데이터들이 알려주는 진실이다. 그래서 미국 1등 주식을 사면 30년 뒤 당신은 부자가 될 거라고 이렇게 자신 있게 말하는 것이다.

인공지능 문명 시대와 더불어 프레카리아트 시대 역시 앞당겨졌다. 앞서 설명했던 서울대 유기윤 교수의 2017년 보고서[16]에 따르면 2016년부터 2090년까지 우리나라 인구가 점점 프레카리아트 계급으로 떨어져 2040년에 정점을 찍는다. 2040년이면 한국 인구의 약 60~70%가 프레카리아트 계급으로 떨어지고, 2090년에는 99.97%의 사람들이 프레카리아트 계급으로 추락한다. 프레카리아트 계급은 난민 수준의 사회적·경제적 삶을 사는 사람들이다. 아직 이해가 되지 않는가? 미래에 바로 당신이 난민이 될 수 있다는 뜻이다. 이 비극을 피하려면 어떻게 해야 할까? 지금부터 인공지능 기업에 투자해야 한다.

이제 곧 억만장자를 뛰어넘는 조만장자가 탄생할 것이다. 세계 최초의 조만장자는 2026년 아마존 CEO 제프 베이조스가 될 거라고 한다. 그리고 인공지능 기업의 오너 대부분이 조만간 조만장자로 변신할 거라고 한다. 조만장자가 탄생한다는 건 무슨 뜻일까? 인류 전체의 부가 그들에게 흡수된다는 뜻이다. 조만장자가 빨리 탄생할수록 우리가 프레카리아트가 될 가능성은 그만큼 커지고 빨라진다. 테슬라TSLA CEO 일론 머스크는 자신의 다섯 아들을 모두 다니던 학교에서 중퇴시키고 '애드 아스트라자신의 회사인 스페이스X 내부에 만든 사립학교'에 입학시켰다. 인공지능 시대에 맞는 리더를 양성하는 특별한 교육을 통해 아이들을 조만장자로 만들기 위해서다.

우리는 인공지능 기업의 CEO가 될 수도 없고, 자녀를 애드 아스트라 같은 특별한 학교에 보낼 수도 없다. 그럼 어떻게 해야 할까? 인공지능 기업의 주식을 사야 한다. 아마존으로 물건을 쇼핑하는 게 아니라 아마존 주식을 쇼핑해서 주주가 되어야 한다. 제프 베이조스의 자산은 지난 5년 동안 매년 34%씩 늘었다. 그의 재산이 1억 원이라면 매년 3,400만 원씩 늘어난 것이다. 물론 제프 베이조스의 주식은 1억 정도가 아니다. 베이조스의 자산 증가는 세계의 부가 인공지능 기업에 집중되고 있음을 보여주는 단적인 예다. 스펀지가 물을 빨아들이듯 4차 산업혁명과 관련한 기업들이 전 세계의 부를 흡수하고 있다. 이 부의 흐름에 올라타려면 이들 회사의 주주가 되어야 한다.

1등 주식은 늘 비싸게 느껴진다. 그래서 사지 않는다. 하지만 지금 사지 않으면 10년 뒤에 또 후회할 것이 분명하다. 구글 검색창에 구글, 애플, 아마존, 마이크로소프트 주식이라고 쳐보자. 그럼 지난 20~30년의 주가 그래프가 나온다. 그런데 이 네 기업의 특징이 무엇인지 아는가? 우상향이다. 그래프가 정말 이쁘다. 나이키, 코카콜라, 스타벅스, 디즈니, LVMH 등의 기업 역시 20~30년 동안 꾸준히 오른, 아름다운 그래프를 가지고 있다. 지난 20~30년간 우상향의 그래프를 그려온 기업들은 앞으로도 30년간 이렇게 끝없이 올라갈 것이다. 미국 전체 주식시장 역시 30년 동안 우상향이었다. 하지만 대한민국 코스피 시장의 그래프는 그렇지 않다. 태국, 베트남, 브라질 등 신흥국의 주식시장 그래프 역시 우리와 비슷하다.

이 사실을 잘 기억하기 바란다. 구글, 애플, 마이크로소프트, 아마존은 지금이 가장 쌀 수 있다는 사실 말이다. 이런 주식들은 그냥 오늘부터 사면 된다. 1등 주식은 어차피 평생 사야 하기 때문이다. 구글을, 애플을, 마이크로소프트를, 아마존을, 그러니까 미국 IT 우량기업의 주식을 오늘 당장 사라. 물론 이들 기업을 사랑하고 응원하는 마음으로 사야 한다. 이렇게 투기가 아닌 투자를 한다면, 30년 후 당신은 놀라운 숫자를 보게 될 것이다. 부자들의 통장 잔고에나 찍힐 것이라 여겼던 그 숫자가 당신의 통장에 찍혀 있을 것이다.

미래의 부 02

'인공지능의 두뇌' 비메모리 반도체를 주목하라

이제부터는 세계 1등 주식에 어떤 것들이 있는지, 분야별로 살펴볼 것이다. 인공지능 시대를 맞아 폭발적으로 성장할 분야를 주목하고, 그 분야의 1등 기업들을 알아보자. 먼저 반도체다.

반도체 설계 넘버원은 미국이다. 스마트폰 애플리케이션을 비롯해 인공지능 칩, 자율주행 자동차 칩 설계에서 세계 최고를 자랑한다. 중국도, 일본도, 한국도 미국을 결코 따라가지 못할 만큼 격차가 크다. 올림픽 금메달리스트와 동네 체육관 1등 정도의 수준 차이랄까. 사실 반도체 칩을 설계하는 이 시장에서는 넘버원만 존재한다. 2위도, 3위도 없다. 미국이 독주하는 시장인 것이다.

즉 인공지능 시대가 강제적으로 시작된 지금, 절대강자는 바로 미국이다. 이 사실을 반드시 기억하기 바란다. 뇌에 꼭꼭 새겨 넣어야 한다. 더욱이 미국은 세계 시장에서 완벽한 격차를 만들어놓았기에 앞으로 100년 동안 1등이다. 인공지능 문명 시대, 4차 산업혁명에서 돈을 가장 많이 버는 국가, 최고의 부를 쌓는 국가는 분명 미국이 될 것이다. 프랑스도, 독일도 아니고 미국이다. 앞으로 미국은 지금보다 100배 이상 강해질 것이다. 그러니 차라리 경제 가훈으로 '미국이 계속 1등이다. 미국과 함께 가라. 미국 우량주식을 사라'를 정하라.

노동자 반도체 vs 천재 반도체

반도체 기업에 투자하려면, 우선 반도체 업계의 전반적인 구조와 흐름을 알아야 한다. 이를 이해하는 것이 중요한 만큼 자세히 다뤄보려고 한다.

먼저 살펴볼 것은 TSMC[TSMC]라는 대만의 반도체 기업이다. 일명 대만의 삼성전자로 불리는 TSMC는 대만 주식시장과 나스닥 두 곳에 상장돼 있다. 현재 우리는 대만에 큰 관심이 없지만, 과거에는 대만이 우리보다 잘살던 때가 있었고 당시 무척 가난했던 우리는 대만의 원조를 받기도 했다. 그때만 해도 대만은 우리가 부러워하는 나라였다. 그러다 국내에 삼성, LG, 현대 같은 세계적 기업들이 생기면서 상황이 완전히 뒤바뀌었다. 이제는 한국이 대만이 부러워하는 나라가 되었다. 하지만 다른 건 몰라도 반도체에서만큼은 대만의 자부심이 여전히 대단하다. TSMC 때문이다.

TSMC는 1987년 장중머우가 창업한 기업이다. 중국 저장성 출신인 그는 2차 세계대전 때 일본이 중국을 폭격했을 당시, 많은 중국인이 그랬던 것처럼 광저우에서 홍콩을 거쳐 미국으로 갔다. 머리가 좋았던 그는 하버드에 입학했다가 MIT로 옮겨 그곳에서 학사와 석사 학위를 받았다. 졸업 후에는 미국의 반도체 기업 텍사스 인스트루먼트TXN에 입사해 20년간 근무했다. 평사원에서 시작해 부사장으로 승진할 만큼 능력이 뛰어났던 장중머우는 회사의 지원을 받아 스탠퍼드대학원에서 전자공학 박사 학위를 받는다. 이후 대만으로 건너간 장중머우는 TSMC를 설립하고 대만을 대표하는 반도체 기업으로 성장시킨다.

여기서 잠깐 텍사스 인스트루먼트에 대한 이야기를 해보자. 이 기업은 아날로그 반도체를 만드는 기업으로, 아날로그 반도체란 쉽게 말해 센서에 해당한다. 앞으로 펼쳐질 자율주행 자동차 시대에는 인공지능 센서를 활용해 사람과 도로, 차선과 신호 등을 감지해야 하는데 그에 필요한 센서를 만드는 것이다. 텍사스 인스트루먼트는 이러한 센서 기능을 가진 아날로그 반도체 부문에서 세계 넘버원 기업이다. 매우 특수한 기술을 가지고 있어서 인공지능 시대가 본격적으로 시작되면, 아날로그 반도체를 만드는 이 기업은 크게 성장할 것이다.

실제로 텍사스 인스트루먼트는 텍사스의 자존심이다. 1941년에 만들어진 이 기업은 한때 인텔INTC, 삼성전자와 어깨를 나란히 하며 세계 3대 반도체 기업으로 손꼽히기도 했다. 현재는 7~8위 정도에 그친다.2020년 기준 이 기업이 흥미로운 이유는 2004년 이후 3%의 배당률을 한 번도 줄인 적이 없기 때문이다. 지속적으로 성장하는 기업이라 할지라도 계속해서 배당률을 올리는 것은 결코 쉬운 일이 아니다. 물론 대부분의 미국 기업들이 배당에 호의적인 편이지만, 그중에서도 텍사스 인스트루먼트의 배당은 매우 놀랍다. 하지만 주가 그래프는 그리 예쁘지 않다. 쭉 우상향이었다가 2000년대 초반 폭등 후 떨어지고, 다시 우상향하는데 개인적으로 이런 그래프는 좋아하지 않는다. 엔젤투자는 그렇지 않지만, 상장주식을 대상으로 하는 1등 주식 투자에서는 굉장히 엄격하게 판단하기에, 텍사스 인스트루먼트의 주식은 추천하지 않는다. 물론 선택은 각자의 몫이다.

반도체는 메모리 반도체와 비메모리 반도체로 나뉜다. 우리에게 익숙한 메모리 반도체는 삼성전자와 SK하이닉스가 만드는 제품이다. 뉴스를 보면 하얀 가운을 입고 안경을 쓴 연구원이 동그란 원판에 들고 있는 반도체 D램이 나오곤 하는데, 이것이 바로 메모리 반도체다. 두 반도체의 차이를 간단하게 설명하면, 메모리 반도체는 노동자 반도체, 비메모리 반도체는 천재 반도체라고 할 수 있다. 비메모리 반도체는 논리와 논리적 연산을 담당하는 칩으로, 컴퓨터의 두뇌에 해당하는 부품이다. 우리나라에서는 시스템 반도체라 표현하고, 미국이나 영국에서는 로직 칩이라고 부른다. 삼성전자가 만드는 메모리 반도체는 비교적 진입하기가 쉬워 경쟁이 치열한 반면, 비메모리 반도체는 고도의 기술력이 필요해 기술 장벽이 매우 높다. 더욱이 비메모리 반도체는 앞으로 5G, 인공지능, 자율주행, 사물인터넷 등 4차 산업혁명 시대의 핵심이다.

TSMC는 비메모리 반도체 제조를 전담하는 생산 전문 기업인 파운드리Foundry다. 반도체 기업은 반도체 설계와 생산, 판매가 모두 가능한 종합 반도체 업체인 IDMIntegrated Device Manufacturer 기업과 자체적인 생산 시설을 갖추지 않고 시스템 반도체의 설계와 개발만 전문으로 하는 팹리스Fabless 기업이 있다. 삼성전자, SK하이닉스 등은 대표적인 IDM 기업이며, AMDAMD, 엔비디아NVDA, 퀄컴QCOM, 애플 등은 팹리스 기업이다. 반도체를 설계하는 팹리스 분야는 사실상 천재의 영역으로 불린다. 그리고 이런 팹리스 기업 대부분이 미국 기업이다. 삼성전자 역시 반도체 설계를 하지만 미국 기업들과 비교하면 명함을 내밀기 어려운 수준이다. 파운드리 기업은 애플 등으로 대표되는 팹리스 기업이 반도체를 설계하면, 이 설계도대로 반도체를 만들어준다. 앞으로 다가올 인공지능 시대, 4차 산업혁명 시대에는 파운드리 분야가 매우 중요한 만큼 삼성도 막대한 투자를 하고 있는데,

이 파운드리 분야의 절대강자가 바로 TSMC다.

종합하면 TSMC는 대만은 물론 세계를 대표하는 비메모리 파운드리 반도체 기업이다. 4차 산업혁명의 핵심으로, 인공지능의 두뇌에 해당하는 핵심 반도체를 생산한다. 파운드리 분야만 놓고 보면 안타깝게도 삼성전자는 TSMC에 비해 턱없이 부족하다. 삼성전자는 2인자의 자리에서 추격해야 하는 처지다. 즉 삼성전자는 우리가 알고 있듯 세계 반도체의 넘버원이 아니다. 이게 무슨 의미인지 좀 더 구체적으로 알아보자.

삼성전자는 세계 넘버원이 아니다

'삼성은 세계 반도체 넘버원이다.'

뉴스에서 무척 자주 나오는 헤드라인이다. 물론 국가는 언제나 국민에게 우리가 세계 1등이라는 희망적인 메시지를 전해야 한다. 하지만 삼성전자가 세계 반도체 넘버원이라는 말은 시쳇말로 '국뽕'이다. 삼성전자가 세계 반도체 시장에서 높은 성적을 거두고 있긴 하지만 삼성전자가 최고라는 건 맞기도 하고 틀리기도 하다. 그 자세한 내막을 들여다볼 필요가 있다.

반도체는 크게 메모리 반도체 시장과 비메모리 반도체 시장으로 나뉜다고 했는데, 삼성전자는 이 중 메모리 반도체 시장에서 넘버원이다. 그런데 전 세계 반도체 시장 규모를 100으로 놓고 보면, 삼성전자가 1등이라고 하는 메모리 반도체 시장은 전체의 26.7%밖에 되지 않는다. 30%에도 미치지 못하는 숫자다. 삼성전자는 고작 26.7%의 시장에서 세계 1등을 하고 있는 것이다.

그렇다면 한국은 나머지 73.3%에 해당하는 비메모리 반도체 시장에서 점유율이 얼마나 될까? 2020년 기준 고작 4%에 불과하다. 나머지 96%는 외국 기업이 갖고 있다. 인공지능 시대의 반도체는 비메모리 반도체다. 앞으로 열릴 4차 산업혁명 시대, 자율주행차 시대에는 비메모리 반도체가 시장을 주도한다. 즉 앞으로 부자가 될 기업이나 국가는 메모리 반도체에 의존하는 곳이 아니다. 최소한 1970년대부터 지금까지 국력을 쏟아부어 키운, 그래서 현재 세계 1위에 올라선 삼성전자의 메모리 반도체는 아니라는 것이다.

만약 비메모리 반도체 시장에서 삼성전자가 TSMC를 이기지 못하면 삼성전자도 끝날 수 있다. 물론 나는 믿는다. 비록 삼성전자가 TSMC를 이기지 못하더라도, 점유율의 절반 이상을 가져올 것이라고 말이다. 삼성이 어떤 기업인가? 대한민국 넘버원 기업이며, 우리나라 최고 부자였던 이건희 회장의 1년 배당금만 4천억 원 가까이 나온 기업이다. 대한민국 국민이 삼성전자의 가능성을 믿지 못하면 도대체 어느 기업을 믿겠는가? 하지만 냉정히 현실을 말하자면, 4차 산업혁명 시대의 핵심인 비메모리 반도체에서 삼성전자는

100점 만점에 10점도 채 되지 않는다.

물론 메모리 반도체 시장, 즉 전체 반도체 시장의 26%를 차지하는 시장에서는 삼성전자와 SK하이닉스가 70%의 점유율을 자랑한다. 하지만 앞서 설명한 것처럼 비메모리 반도체가 천재의 영역이라면 메모리 반도체 시장은 노동자의 영역이다. 물론 삼성전자에도 세계적인 개발자들이 있지만, 미국의 전문기업과 비교하면 초라한 수준이다. 진입 장벽이 높은 비메모리 시장이 건물주라면 삼성전자는 월급만 받는 회사원인 셈이다. 이쯤에서 이런 질문이 생겨날 것이다.

'그런데 한국은 왜 애초에 비메모리가 아닌 메모리 위주로 갔을까?'

답은 간단하다. 국력이 약했기 때문이다. 반도체 사업을 시작할 당시 우리보다 잘살았던 대만은 비메모리 시장으로 갈 힘이 있었고, 정부 차원에서 많은 돈을 쏟아부어 회사를 만들었다. 덕분에 초창기 TSMC는 국영 기업으로 성장했고, 이후 민간으로 넘어왔다. 하지만 당시 우리나라는 이제 겨우 가난에서 벗어나고 있던 시절이었다. 상대적으로 막대한 비용이 필요한 비메모리 시장에는 투자할 여력이 없었다. 결국 초창기 국력의 차이가 이런 결과를 초래했다고 할 수 있다.

반도체 시장의 절대강자는 누구인가

비메모리 반도체 시장을 좀 더 자세히 살펴보자. 비메모리 시장 점유율 1위는 인텔이다. 전체 시장의 22%를 차지한다. 흔히 반도체를 이야기할 때 미국을 간과하는 경우가 많다. 설령 미국을 생각하더라도 구글, 애플 같은 이름 있는 IT 기업을 떠올릴 뿐이다. 하지만 비메모리 반도체 넘버원은 인텔이다. 2위는 TSMC로 11%를 차지한다. 3위는 퀄컴, 4위는 브로드컴, 5위가 삼성전자다. 앞서 언급했던 텍사스 인스트루먼트 역시 4%를 차지한다. 상위 5개 기업 중 3곳인텔, 퀄컴, 브로드컴이 미국으로, 비메모리 반도체 시장의 절대강자는 미국 기업이다. 즉 반도체 시장 넘버원은 대한민국이 아니라 미국이다.

비메모리 반도체 역시 각각의 영역이 있다. 컴퓨터의 두뇌로 불리는 CPU 분야의 1위는 인텔이다. 스마트폰 애플리케이션 분야의 1위는 퀄컴이다. 대부분의 사람들은 퀄컴이란 기업에 대해 잘 모른다. 반대로 삼성은 북한 사람도 알 만큼 브랜드 가치가 높다. 하지만 이름도 잘 모르는 퀄컴이라는 기업이 삼성으로부터 매년 받아가는 돈이 얼마인지 아는가? 무려 1조 원이다. 기술의 힘, 기초과학의 힘이 이렇게 대단하고 중요하다. 물론 우리나라의 스마트폰 기업은 세계적인 수준이다. 갤럭시를 비롯한 휴대폰들이 세계에서 큰 사랑을 받고 있고, 갤럭시는 가끔 애플을 제치기도 한다. 그런데 그렇게 힘들게 번 우리나라 기업의 스마트폰 판매 수익의 상당 부분을 미국 기업에 기술료로 낸다. 사실 우리는 소작농 같은 처지인 셈이다.

이어서 살펴보면 네트워크 칩 1위 기업 역시 브로드컴이라는 미국 기업이다. 이미지 센서 1위는 일본의 소니이고, 파운드리 분야 1위는 대만의 TSMC다. 이렇게 비메모리 반도체 기업 중 한국 기업은 눈 씻고 찾아봐도 없다.

그럼 메모리 시장과 비메모리 시장을 합쳤을 때 1등은 누구일까? 미국이다. 두 시장을 합쳐 무려 55%의 점유율을 차지한다. 2위는 21%로 한국이다. 3위는 유럽연합으로 6%다. 공동 4위는 일본과 대만이고, 6위는 중국이다. 물론 우리의 점유율 21%는 대단한 수치다. 유럽연합과 일본, 대만을 합친 것보다 많고 중국보다는 무려 3배 이상 높다. 이렇게 대단한 나라가 바로 한국이고, 한국의 기업 삼성전자다. 문제는 삼성전자에서 반도체를 만들 때 사용하는 장비와 기술 대부분이 '메이드 인 아메리카'로 80%에 육박한다는 사실이다. 그래서 삼성전자를 소작농이라고 하는 것이다. 단적으로 미국이 반도체 기술과 장비를 끊어버린다면 삼성전자는 그날로 폐업이다.

만약 당신이 애국이라는 건 잘 모르겠고, 냉정하게 나만 생각해야겠다고 한다면 사실 삼성전자에 투자하는 건 그리 좋은 생각이 아니다. 미국 1등 주식으로 가야 한다. 아마존, 애플, 퀄컴 등이 지주라면 삼성전자는 소작농이기 때문이다. 조선 시대로 비유하자면 이들은 양반계급이고, 삼성전자는 평민계급일 뿐이다. '아니, 앞에서는 삼성전자를 사면 30년 후 적어도 100배 이상의 수익을 올릴 수 있다고 하더니 이제는 삼성전자에 투자하는 건 그리 좋은 생각이 아니라고? 대체 어느 장단에 맞추라는 거야?'라는 의문을 표하는 사람이 있을 수 있다. 물론 삼성전자에 장기투자하면 분명 100배 이상의 수익을 올릴 수 있다. 하지만 미국의 반도체 1등 주식에 장기투자하면 그보다 더 큰 수익을 올릴 수 있다. 그래서 애국심 같은 건 생각하고 싶지 않다면, 삼성전자를 사랑할 마음이 없다면 삼성전자 투자를 권하지 않는 것이다. 하지만 나는 앞으로 계속 삼성전자를 살 것이다. 솔직히 당신도 그렇게 하기를 빈다.

미국의 막강한 힘은 TSMC의 전략에서도 확인된다. 많은 사람들이 중국과 대만은 평생 원수일 거라고 생각하지만 사실은 그렇지 않다. 적대적인 관계이지만 같은 민족이어서인지 묘한 협력 관계를 이루기도 한다. 대표적으로 중국에 SMIC라는 파운드리 기업이 있는데 화웨이를 비롯한 이런 중국 반도체 기업들의 뿌리가 대부분 대만에 있다. 대만 기업인들이 본토에 가서 회사를 세우거나, 중국에서 대만으로 와 기술을 배운 뒤 다시 중국으로 돌아가 창업한 경우가 많다. 즉 본류가 같다.

하지만 TSMC는 절대적으로 미국 중심이다. 미국 말을 듣지 않으면 공장 문을 닫을 수밖에 없는 구조이기 때문이다. 퀄컴, 애플을 비롯한 반도체 설계 기업들의 주문을 받아 반도체를 제작하는 파운드리 기업인 TSMC는 대표적인 비메모리 반도체 소작농이다. 그러니 지주인 미국 기업의 말을 듣지 않을 수 없다. 다시 한번 반도체 시장의 절대강자는 미국임을 확인할 수 있는 대목이다. 실제로 TSMC는 살아남기 위해 '화웨이와의 관계를 끊어라'는 미국의 통보에 곧장 관계를 끊는 것으로 화답했다. 어찌 보면 사태를 정확하게 보고 내린 결정이다. 겉으로는 미국과 중국의 힘 겨루기로 보이지만 실은 중국이 일방적으로 지고 있는 상황을 제대로 읽어낸 것이다.

앞으로 4차 산업혁명의 절대 강국이 미국이라는 것을 파운드리 기업인 TSMC는 일찌감치 알아차렸다. 그 중요성을 너무 잘 아는 TSMC는 단번에 화웨이와의 관계를 끊고 미국에 150억 달러를 투자해 공장을 짓고 있다. 이 공장은 앞으로 2년 후에 완공된다고 한다. 어쩌면 우리는 오래전에 그랬던 것처럼 대만을 부러워하게 될지도 모른다. 왜냐하면 대만이 화웨이와 관계를 끊고 있을 때, 즉 중국과의 관계를 단절하고 있을 때 삼성전자는 중국 시안에 90억 달러, 약 10조 원을 들여 새로운 공장을 지었기 때문이다. 인공지능 시대에 삼성이 더 크게 성장하려면 답은 비메모리 반도체, 그것도 파운드리뿐이고, 여기서 절대강자가 되기 위해서는 무조건 미국과 함께해야 한다. 그런데 삼성전자는 어떻게 하고 있는가? 중국에 공장을 추가로 짓고 있다.

현재 삼성은 현 정부의 뉴딜정책으로 평택에도 15조 원을 들여 나노 공장을 짓고 있다. 물론 한국에 반도체 공장을 짓는 것은 환영할 일이다. 하지만 세계 4차 산업혁명 패권이 돌아가는 상황을 봤을 때, 굳이 중국에 막대한 투자를 해서 공장을 지을 일인지는 정말 의문이다. 중국에 지을 공장을 TSMC처럼 미국에 지어야 하지 않겠냐는 말이다. 사실 미국은 TSMC보다 한국과 함께하고 싶어한다. 종합적인 역량을 따져보면 대만의 TSMC보다 삼성전자가 더 뛰어나기 때문이다. 하지만 문재인 정부의 친중 정책으로 삼성전자의 발이 중국에 묶여 있으니 답답한 노릇이다. 물론 삼성전자도 미국 투자를 지금보다 더 늘리겠다는 입장이고, 최근 한미정상회담2021년에서도 삼성전자의 미국 투자 계획이 크게 발표되었지만 대만, 호주, 일본 이상의 강력한 반중 정책이 뒷받침되지 않고서는 미래가 그리 밝지 않다고 보는 게 맞을 것이다.

TSMC는 시장 점유율 54.1%를 자랑하는 비메모리 반도체 파운드리 넘버원 기업이다. 2위는 15.9%로 삼성전자가 차지하고 있고, 3위는 7.7%인 미국 기업 글로벌파운드리스다. 4위는 대만 기업 UMC로 7.4%의 시장 점유율을 차지한다. 종합해보면 현재 4차 산업혁명 반도체를 위탁 생산하는 시장에서 대만이 무려 70% 가까운 점유율을 차지하고 있다. 삼성전자는 고작 15.9%이다. 계속 강조하지만 파운드리 기업은 미국 기업들의 설계 주문이 있어야만 공장을 돌릴 수 있다. 우리나라가, 삼성전자와 SK하이닉스가 4차 산업혁명 시대에 큰 부를 쌓기 위해서는 파운드리 시장에서 대만을 앞질러야 한다. 15.9%를 70%까지 끌어올려야 한다. 이를 위해서는 절대적으로 미국과 함께해야 하는데 현실은 그 반대이니 안타까움을 금할 수 없다.

문제는 이것뿐만이 아니다. 비메모리 반도체 파운드리 시장에서는 나노 공정이 매우 중요하다. 10나노에서 7나노, 5나노 등 숫자가 점점 줄어들수록 공정이 더욱 미세해지고 성능과 효율도 더 좋아진다. 그런데 5나노 파운드리 반도체를 먼저 대량생산하고 있는 기업도 TSMC다. 삼성전자 역시 5나노를 개발했지만, 2020년 하반기에야 대량생산을 시작했다. 먼저 치고 나가는 게 중요한데, 이 싸움에서는 삼성전자가 진 셈이다. 물론 삼성전자가 5나노 공장을 확대하고 가격을 내리면 역전할 기회가 생길 수도 있다. 그런데 5나노 이후에도 4나노, 3나노, 2나노가 이어질 것이다. 3나노는 삼성전자가 먼저 개발했다고 한다. 이것만 놓고 봐도 삼성전자의 기술력이 TSMC보다 낫다는 사실을 알 수 있다. 하지만 이번에도 마찬가지로 개발은 삼성전자가 앞섰지만 대량생산은 TSMC가 먼저 하게 된다고 한다. 심지어 TSMC는 현재 2나노까지 개발을 마쳤으며, 1나노도 거의 개발 직전 단계에 이르렀다고 발표한 바 있다. 진위가 의심되긴 하지만, 그만큼 TSMC가 이 시장에서 1위 자리를 놓치지 않기 위해 적극적으로 대처하고 있음을 확인할 수 있는 대목이다. 삼성전자로서는 여러

모로 힘든 싸움일 수밖에 없다.

하지만 삼성전자가 TSMC에 비해 비메모리 반도체 시장에서 절대적으로 불리한 위치에 놓여 있는 이유는 따로 있다. TSMC 본사에는 커다란 표어가 걸려 있다.

'우리는 고객과 경쟁하지 않습니다.'

여기서 말하는 고객이란 미국의 반도체 설계 기업들이다. 대표적으로 애플, 엔비디아, 퀄컴 등이다. 쉽게 말해 TSMC는 '우리는 애플과 경쟁하지 않겠습니다'라고 한 것이다. 무슨 의미일까? TSMC는 순수하게 소작농의 길을 추구하겠다는 것이다. 그래서 이들은 반도체 설계 분야에는 투자하지 않는다. 자신들은 절대 지주의 세계로 들어가지 않겠다고 선언하면서 대신 소작할 수 있는 땅을 더 많이 달라고 하는 것이다.

반면 삼성전자는 반도체 설계 능력을 가지고 있다. 과거에 IT 기술이 많이 부족했던 삼성전자는 애플의 아이폰을 하나부터 열까지 다 뜯어보았다. 냉정히 말해 모방을 통해 갤럭시를 만들어냈다. 이 사실을 안 애플이 화가 난 것은 당연하다. 애플 입장에서는 "내가 너희를 믿고 아이폰은 물론 아이패드와 각종 앱 관련 반도체 설계 생산을 맡겼는데, 이걸 모방해서 갤럭시를 만들다니!"라며 괘씸한 기분이 들었을 것이다. 게다가 갤럭시S가 아이폰보다 많이 팔릴 때도 있었다. 미국 기업은 천재의 영역이라 불리는 분야에 엄청난 돈을 쏟아부어 죽기 살기로 기술을 만들어냈고, 그렇게 만든 설계도 도면을 삼성전자에 주면서 "이대로 만들어주세요. 믿어요"라고 했는데 삼성전자가 이 도면으로 몰래 공부를 한 것이다. '아, 이것이 바로 전교 1등의 노트구나!'라면서 말이다. 그리고 비밀의 노트를 복사해서 엄청나게 판 것이다.

단단히 열받은 애플은 어떻게 했을까? 삼성전자에 주던 물량을 모두 정리하고 TSMC에 넘겼다. TSMC는 설계를 하지 않기 때문이다. 다시 말해 애플의 기술을 베끼지 않기 때문이다. 삼성전자 입장에서는 '언제까지 소작농만 해야 하는가. 나도 한번 당당한 지주가 되어보자. 노예의 사슬을 끊고 비상하자!'라는 마음이었을 것이다. 그렇기에 누가 옳고 누가 그르다고 할 수는 없다. 하지만 이 시장에서 삼성전자가 TSMC보다 불리한 건 자명한 사실이다. 현재 애플, 퀄컴, 브로드컴, AMD, 엔비디아 등 세계 최고의 미국 반도체 설계 기업들은 TSMC에게 일감을 몰아주고 있다. 그래서 TSMC의 점유율이 이렇게 높은 것이다. 이 문제는 삼성전자가 극복해야 할 부분이다. 지금껏 잘해온 만큼 앞으로도 좋은 해결책을 가지고 나오리라 믿는다. 나는 대한민국의 한 국민으로서 삼성전자를 진심으로 응원한다.

이재용 부회장은 2019년 '시스템 반도체 비전 2030'을 처음 발표했다. 2030년까지 133조 원을 투자해 파운드리를 포함한 비메모리 반도체 분야에서 1위를 달성하겠다는 비전이었다. 이어서 2021년

5월에는 여기에 38조 원을 더한 171조 원으로 투자 금액을 올려 잡았다. 지난 2020년 삼성전자의 연구개발비는 21조 2천억 원으로 사상 최대를 기록했다. 시설 투자비 또한 38조 5천억 원으로 전년대비 11조 6천억 원 증가했다. 이 목표를 달성하기 위해서는 인공지능 반도체 칩을 설계할 수 있는 고급 인력들을 외국에서 가능한 한 많이 데려와야 한다. 삼성전자는 앞으로 10년 동안 약 2천여 명의 반도체 천재들을 영입하겠다고 발표했다. 삼성전자는 이 프로젝트에 사활을 걸었다. 4차 산업혁명 시대에 1등을 하지 못하면 삼성전자라는 기업의 생명이 끝난다는 사실을 누구보다 잘 알고 있기 때문이다. 기업은 투자하면 그 결과가 나온다. 최근 세계 1위 투자회사 JP모건에서 앞으로 3~5년 사이 삼성전자 주가가 2배 이상 상승할 것이라는 보고서를 발표했다. 나 역시 그렇게 될 거라고 생각한다. 충분히 가능성이 있다.

4차 산업혁명 패권을 위한 미국과 중국의 힘겨루기

2018년부터 본격적으로 시작된 미·중 무역전쟁으로 전 세계 경제가 긴장을 늦출 수 없는 상태다. 2018년 3월 도널드 트럼프 미국 대통령이 중국 제품에 고율 관세를 부과할 수 있는 행정명령에 서명하면서, 관세로 시작된 양국의 무역전쟁은 그 규모가 점점 커졌다.

특히 미국은 화웨이를 비롯한 여러 중국 기업이 다양한 방식으로 자국 기술을 빼돌리자 중국 기업 35개를 블랙리스트에 올렸다. 이 블랙리스트에 오른 기업들은 강력한 제재를 받고 있어 미국과의 거래가 불가능하다. 참고로 이 35개 기업 중 절반 이상이 인공지능, 자율주행차, 5G 등 4차 산업혁명과 관련된 기업들이다.

지금도 진행 중인 미·중 무역전쟁의 근원에는 4차 산업혁명의 절대 패권을 차지하려는 의도가 가장 크게 깔려 있다. 미국으로서는 중국이 미국 기업의 기술을 마음대로 훔쳐가 단기간에 급성장을 이뤄내는 걸 용납할 수 없다. 4차 산업혁명의 패권을 독차지하고 싶은 미국은 이미 다른 국가들 모두를 소작농으로 만들어 나름의 질서를 세워뒀는데, 중국은 자기들도 지주를 하겠다며 미국이 가지고 있는 땅을 반이나 내놓으라고 한다. 이것이 바로 미·중 무역전쟁이 시작된 가장 큰 이유다.

트럼프 행정부 시절 미국이 블랙리스트에 올린 기업 중 완전히 박살을 내야겠다고 결심한 기업이 바로 화웨이다. 미국은 2020년 5월 제3국에서 제조한 반도체라도 미국 기술이나 장비를 활용한 제품일 경우 화웨이에 공급하려면 미국 수출 면허를 받아야 한다는 조치를 발표했다. 이 제재에 의하면 미국 장비나 기술을 10%만 이용해도 수출이 금지된다. 이것은 사실상 화웨이에 그 어떤 제품도 팔지 못하도록 하는 것이나 마찬가지다. 왜냐하면 반도체 생산과 관련한 장비와 기술의 70% 이상이 미국 제품인데, 이것을 10% 이하로 이용해 반도체를 설계하거나 생산하는 것은 불가능하기 때문이다.

다행스럽게도 한국은 비메모리 반도체를 전체 생산량의 4%만 제조하고 있어 이번 제재에는 큰 영향을 받지 않았다. 좀 더 구체적으로 살펴보자. 삼성전자는 2020년 현재 화웨이에 약 8조 원어치 메모리 반도체를 판매했는데, 이는 삼성전자 전체 매출의 약 3%에 해당한다. SK하이닉스가 화웨이에 판매하는 약 5조 원어치 메모리 반도체 판매량은, SK하이닉스 전체 매출의 18%에 해당한다. 미국은 현재 비메모리 반도체만 규제하고 있다. 앞서 살펴봤듯 TSMC가 단번에 화웨이와의 관계를 끊고 미국 편에 선 것은 비메모리 반도체 파운드리 기업으로서 당연한 결정이었다. 하지만 비메모리보다는 메모리 분야의 강자인 삼성전자로서는 지금 당장 굳이 TSMC 같은 행보를 취할 필요가 없다.

그런데 만약 미국이 삼성전자와 SK하이닉스가 70% 점유율을 차지하고 있는 메모리 반도체 시장까지 규제한다면 어떻게 될까? 삼성전자와 SK하이닉스 역시 화웨이에 제품을 납품하지 못하게 될 것이다. 삼성전자라면 전체 매출의 3%에 불과한 물량을 화웨이에 보내지 않더라도 큰 타격은 없을 것으로 보인다. 하지만 SK하이닉스의 경우 전체의 18%, 즉 5분의 1을 차지하는 매출이 날아가는 셈이다. 현재 SK하이닉스 역시 삼성전자처럼 장기 우상향하는 좋은 주식이다.

하지만 중국과의 관계, 미·중 무역전쟁의 반도체 전쟁을 생각하면 SK하이닉스의 경우 불안 요소가 많다.

다시 미국과 화웨이의 이야기로 돌아가보자. 미국은 왜 이렇게 화웨이를 미워할까? 화웨이는 우리가 아는 것처럼 그저 단순한 스마트폰 기업이 아니기 때문이다. 사실 스마트폰 제조 기술은 통신 기술인데 이는 국가 안보 핵심 기술이다. 만약 통신 기술을 이용해 군사 관련 기밀을 엿듣는다면? 어떤 무기를 만들고 있고, 잠수함이 어디로 이동하는지 다 알 수 있다면 문제가 심각해진다. 그런데 화웨이가 통신 기술을 활용해서 미국의 군사 기밀을 도·감청할 수 있다. 즉 미국은 화웨이를 무너뜨리지 않으면 국가 존립 자체를 위협받게 되는 것이다.

최근 미국은 EPN이라는 경제번영네트워크를 발표했다. 4차 산업혁명을 앞으로 더 크게 주도할 예정이니 여러 국가에 함께하자는 것이다. 비유하자면 "우리 미국은 1970년대 강남에 은마아파트, 주공아파트를 짓고 있어. 앞으로 우리는 강남을 엄청나게 키울 생각인데, 우리만 갖지 않을게. 강남 땅 몇천 평과 건물 몇십 개, 아파트 단지 몇 개 정도는 나눠줄게. 그러니 함께하자"라는 뜻이다. 미국이 이런 제안을 전한 나라는 호주, 인도, 뉴질랜드, 베트남, 그리고 한국이다.

미국은 이것을 반도체 주권 회복 프로젝트라고 이야기한다. 중국이 반도체의 주권을 빼앗아가고 있다는 것을 의미하는 네이밍이다. 미국의 이 프로젝트는 트럼프 대통령 때 시작된 것이 아니다. 오바마 정부에서 시작했다. 공화당에서 민주당으로 정권이 넘어가면 화웨이가 다시 살아날 거라고 생각하는 사람들도 있지만, 트럼프에서 바이든으로 정권이 교체되었어도 화웨이로 상징되는 중국 무너뜨리기는 계속되고 있다. 아니 더 강력해지고 있다.

ASML이라는 외계 기업

지금까지 세계 반도체 시장의 구조와 흐름을 속속들이 살펴봤다. 결론은 4차 산업혁명 절대강자는 미국이고, '인공지능 두뇌'인 비메모리 반도체 시장 역시 미국이 점령하고 있다는 것이다. 그래서 답은 미국 1등 주식이라는 것이다.

그런데 여기에 더해 함께 살펴볼 기업이 있다. 반도체 시장에는 반도체 장비 제조 기업이 있는데, 넘버원이 ASML ASM Lithography, 이지성TV 유튜브 멤버십 초기 회원들에게 강력 추천한 주식 이다.

왜 이 회사를 강력 추천하는가. 이유는 간단하다. 대체 불가능한 기업이기 때문이다. 세계 반도체 시장에서 삼성전자가 이기든, TSMC가 이기든 상관없이 돈을 버는 기업이 ASML이다. 대체 비결이 뭘까? 삼성전자든 TSMC든 ASML의 장비가 없으면 반도체를 만들 수 없다.

ASML은 극자외선 노광기 EUVExtreme Ultraviolet 제조업체로, 세계 유일의 독점 기업이다. 전 세계 어떤 기업에서도 이들이 제조하는 기계를 만들지 못해 일명 '외계 기술'로 불린다.

이 '외계 기업' ASML은 1984년 네덜란드의 대기업인 필립스와 ASMAdvanced Semiconductor Materials 인터내셔널이하 ASMI이 합작해서 만들었다. 당시 필립스는 노광 기술을 가지고 있는 대신 반도체 시장에서 전혀 힘을 쓰지 못했고, ASMI는 노광 장비는 없지만 반도체 장비 시장에서 두각을 드러내고 있었다. 이 두 기업이 만나 탄생한 게 바로 ASML이다. ASML 본사는 네덜란드 에인트호번에서 차로 90분 정도 걸리는 거리에 있다. 에인트호번은 히딩크의 도시다. 2002년 월드컵에서 우리를 4강까지 가게 해준 히딩크처럼 ASML 역시 나를 부자로 만들어줄 것 같은 느낌이 들지 않는가? 한국에도 ASML 지사가 있는데 1996년에 세워졌다. 당시만 해도 전체 직원이 고작 10명인 작은 회사였지만 지금은 1천 명으로 100배가 불어났다. 삼성전자 역시 ASML의 지분 1.5%를 가지고 있다. 삼성전자는 주식 투자를 많이 하지 않는 편인데, 그 와중에 가장 많은 투자를 한 곳이 바로 ASML이다. 참고로 삼성전자는 2012년에 3,630억 원을 투자했는데 2020년 기준 3조 3,505원으로 불었다. 8년 만에 무려 9배 이상의 수익을 낸 것이다.

잠시 시간을 과거로 돌려보자. EUV가 사용되기 시작한 건 2018년부터다. 이전까지는 DUV Deep Ultraviolet로 반도체를 만들었다. 하지만 미래에는 EUV로 가야 한다는 사실을 모두 인지하고 있었다. 그래서 ASML을 필두로 여러 선진국 기업이 EUV 개발에 뛰어들었다. 대표적으로 반도체 강국인 일본의 캐논과 니콘이 ASML과 비슷한 시기 개발에 착수했다. 하지만 포기하고 만다. 과학 분야 노벨상 수상자만 20명 넘는, 명실공히 세계적 과학 강국인 일본의 대표적인 두 기업이 달려들었는데 실패한 것이다. 세계 1위 반도체 기업인 인텔도 무려 15년 넘게 EUV 개발에 도전했다. 하지만 최근에 개발을 포기한 것으로 보인다. ASML로부터 EUV를 대량으로 구매하는 계약을 체결했기 때문이다. 그래서 세계는 ASML을 가리켜 '외계 기업'이라 부른다.

ASML의 전신인 ASMI의 1978년 매출액은 1억 4천만 달러였다. 5년 후 매출은 7배 성장했고, 2005년 이후 시장 점유율은 2배 늘어났다. 여기서 우리가 눈여겨 보아야 할 부분이 있다. 반도체 시장은 경기에 매우 민감한데, 2019년 반도체 기업들의 실적은 대체로 부진했다. 삼성전자 역시 성적이 좋지 않았다. 하지만 ASML은 오히려 매출이 8% 상승했다.

사실 2017년만 해도 ASML은 EUV를 한 대도 팔지 못했다. 기계의 완성도도 떨어졌지만, 당시 반도체 생산 기업들 역시 EUV의 필요성을 제대로 느끼지 못했기 때문이다. 그런데 2018년에 처음으로 18대를 판매했다. 참고로 EUV 기계 한 대당 가격은 2천억 원 이상이다. 2019년에는 26대를, 2020년에는 35대를 판매했다. 앞으로 이 숫자는 점점 더 늘어날 것이다. 우리가 ASML을 주목해야 하는 이유다.

ASML의 시장 점유율은 무려 62%다. 4차 산업혁명 시대가 본격화할수록 ASML의 EUV는 더 많이 팔릴 것이다. 2023년에는 차세대 EUV가 출시된다고 한다. 그러면 삼성전자, 인텔, TSMC 같은 기업들은 장비를 새로 교체해야 한다. ASML은 앞으로도 계속 장비를 업그레이드할 것이다. 그러면 어떻게 될까? 그때마다 주식이 치솟게 된다. 당신이 지금이라도 ASML을 사야 하는 이유다.

반도체 시장에서 주의해야 할 부분이 있다. 바로 국제 정치다. 대표적인 것이 앞서 살펴본 미·중 무역전쟁으로, 현재 미국은 반도체 기업들에게 중국과의 관계를 끊으라고 압박하고 있다. 중국에게 ASML은 목숨줄이나 마찬가지다. EUV 기술이 있어야 4차 산업혁명 시대에서 살아남을 수 있기 때문이다. 중국은 제발 EUV 기계를 팔아달라고 ASML에 매달렸다. ASML은 "좋다. 그런데 우리는 정부의 허가를 받아야 한다"며 그 공을 정부에 넘겼다. 네덜란드 정부는 '검토 중'이라며 매우 현명하게 대처하고 있다. 아마 앞으로도 영원히 검토만 하지 않을까 생각된다. 미국과 중국 사이에서 반도체 장비 기업인 ASML이 중국과 엮이면 큰 문제가 될 수 있지만, 지혜로운 대처 능력으로 국제 정치적으로도 매우 안정적인 미래를 만들어가고 있다.

삼성전자도 ASML의 EUV를 주력으로 하는 반도체 공장을 계속 지을 예정이다. TSMC도 마찬가지다. 앞서 말한 5나노 공정은 ASML의 EUV 기술이 없으면 불가능하기 때문이다. 앞으로 5나노에서 3나노, 2나노, 1나노로 넘어갈수록 ASML의 기업 가치는 더 치솟을 것이다. 이 외계 기업이 정말 외계에서나 가능할 법한 수익을 가져다줄 수 있을지도 모른다는 기대감이 치솟는 이유다.

미래의 부 03

버핏은 왜 그토록 애플을 사랑하는가

앞서 버핏은 애플을 사랑하기로 결심하고 애플과 결혼하기로 했다고 말했다. 실제로 버핏의 버크셔해서웨이는 애플의 2대 주주라고도 했다. 대체 버핏은 왜 애플을 그토록 사랑하는 걸까? 간략히 살펴봤던 그 이유를 보다 구체적으로 파헤쳐보자. 한 가지 약속한다. 아마 이 파트를 다 읽고 나면 분명 당신도 애플을 사랑하게 될 것이고, 애플과 결혼해야겠다고 결심하게 될 것이다.

잡스의 '현실 왜곡장'과 'R=VD'

애플을 이야기할 때 결코 빼놓을 수 없는 인물이 있다. 그렇다. 스티브 잡스다. 잡스는 애플의 뿌리이자 정체성이기에, 애플에 대해 본격적으로 살피기 전에 우선 그의 이야기를 해보려 한다.

모두가 잘 알고 있듯이 스티브 잡스는 차고에서 애플을 창업해 세계적인 기업으로 만들었다. 월터 아이작슨은 이 대단한 인물을 직접 인터뷰해 유일한 공식 전기《스티브 잡스》를 썼다.

《스티브 잡스》를 읽으면서 가장 인상 깊었던 부분은 '현실 왜곡장Reality distortion field'이다. 아이작슨은 잡스와 오랫동안 일하면서 그의 기적 같은 성공을 지켜본 모든 이들이 공통적으로 현실 왜곡장에 대해 이야기했다고 설명한다. 이 현실 왜곡장이 한번 발동되면 반드시 잡스의 성공 신화가 열렸다는 것이다. 대체 현실 왜곡장이 무엇이기에 아이폰, 아이패드 같은 엄청난 결과물을 탄생시킬 수 있었던 걸까?

현실 왜곡장은 나의 책《꿈꾸는 다락방》에서 이야기했던 'R=VDRealization=Vivid×Dream'와 비슷한 개념이다. R=VD는 '생생하게 꿈꾸면 현실로 이루어진다'는 뜻인데, 잡스의 현실 왜곡장 역시 '잡스가 상상하는 것은 함께 일하는 사람들에게 전염되고, 정말 그것이 가능할 것 같은 확신을 만들어, 결국 이루어낸다'는 의미다. 현실 왜곡장이 진행되는 과정을 설명하기 위해, 잠시 시간을 과거로 되돌려보자.

1985년 자신이 창업한 애플에서 쫓겨난 잡스는 픽사에서 〈토이스토리〉 등의 영화를 제작하다가 12년 후에 다시 애플로 복귀했다. 파산 직전의 위기에 처한 애플 경영진이 법원에 파산 신청을 할 것인지, 잡스에게 다시 한번 맡겨볼 것인지를 두고 고민하다 후자를 택했기 때문이다. 여기에는 만약 잡스가 경영에 복귀해 파산을 막지 못하면, 실패의 책임을 그에게 뒤집어씌울 수 있다는 계산도 깔려 있었다. 그 의도가 어쨌든 경영진의 판단은 옳았다. 잡스는 파산을 앞둔 애플을 다시 세계 최고의 기업으로 만들었으니 말이다. 그리고 그 비결은 역시나 현실 왜곡장이었다.

잡스는 '아이폰을 만들어서 애플을 세계 1등 기업으로 만들겠다'는 목표를 설정했다. 하지만 이건 불가능한 명제였다. 당시 기술로는 잡스가 원하는 아이폰의 디자인을 구현할 수 없었기 때문이다. 디자이너를 비롯해 기술자, 프로그래머 모두가 할 수 없다고, 이루어질 수 없는 일이라며 반대하던 그때, 잡스의 현실 왜곡장이 펼쳐졌다.

"100% 가능한 일이다. 무조건 만들어라."

'불가능'을 '가능'으로 만들라고 주문한 게 아니다. 무조건 가능하다고 한 것이다. 자신도 미심쩍어하면서 직원들에게만 강요한 것도 아니다. 100% 가능하다는 데 한 치의 의심도 없었기에 밀어붙인 것이다. 조금의 미동조차 없는 잡스의 확신은 빠르게 전염돼 모두를 중독시켰고, 결국 직원들은 잡스처럼 100% 가능한 일이라고 믿게 되었다. 잡스는 마치 타임머신을 타고 미래로 가서 아이폰을 미리 보고 온 사람처럼 100% 확신에 차 말했다. 그러자 애플 전체가 그와 함께 현실을 왜곡하고, 그 왜곡된 현실을 전적으로 믿게된 것이다.

결과는? 우리가 아는 대로다. 그동안 세상에 존재하지 않았던 새로운 기술이 만들어졌고 아이폰이 탄생했다. 기존에 존재하지 않았던 그 어떤 것도 '가능하다'는 신념을 품고, 그 신념이 다수에서 형성되면 정말로 그것이 가능해진다는 사실을 잡스와 애플, 아이폰이 보여준 것이다.

이 대목에서 나는 내가 《꿈꾸는 다락방》에서 말했던 부와 성공의 원리가 잡스라는 인물의 삶에서 그대로 실현됐다는 사실이 반갑고 기뻤다. '잡스가 성공할 수 있었던 이유가 여기에 있구나!'를 발견하고 책을 읽는 내내 가슴이 뛰었던 기억이 난다. 잡스의 성공 비밀인 이 현실 왜곡장은 부의 원칙에도 그대로 적용된다. '나는 현실에서 부와 성공 모두를 거머쥘 수 있다' '나는 반드시 부자가 되어 물질적으로뿐 아니라 정신적으로도 풍요롭고 행복하게 살 수 있다'고 믿으면 그것이 정말 현실이 된다. 지금 현실이 어떤지는 중요하지 않다. 자신이 처한 현실을 왜곡하고 그것을 생생하게 믿으면 반드시 이루어진다.

'잘되고 싶긴 하지만 내가 잘되면 뭐 얼마나 잘되겠어'라고 생각하면 그 정도 선에 머물 수밖에 없다. '나 같은 게 성공은 무슨, 내 팔자에 돈은 없어'라며 내가 내 인생을 저주하면? 정말 저주스러운 인생이 펼쳐질 수밖에 없다. 잡스의 현실 왜곡장과 《꿈꾸는 다락방》의

'R=VD'를 반드시 머리와 가슴에 새겨두기 바란다. 그리고 부자가 된 당신의 미래를 직접 목격하고 온 것처럼 미래에는 반드시 부자가 될 거라 믿기 바란다. 그러면 기필코 당신은 부자가 될 것이다.

시가총액 2조 달러, 이것은 시작에 불과하다

이제 본격적으로 애플 이야기를 해보자. 2011년 잡스가 세상을 떠났을 때 모든 전문가들이 애플의 미래를 걱정했다. 잡스의 존재가 너무도 강렬했고 잡스의 영향력이 너무나 엄청났기 때문이다. 하지만 얼마 지나지 않아 그 모든 걱정이 기우에 불과했다는 사실이 드러났다. 팀 쿡이 CEO가 되면서 애플은 오히려 잡스 때보다 더 잘나가게 되었고, 제2의 전성기가 열렸기 때문이다. 2020년 8월 기준 애플은 미국에서 처음, 아니 세계 최초로 시가총액 2조 달러를 돌파했다. 애플 시총이 1조에서 2조가 되기까지 걸린 시간은 고작 2년. 주가 가치가 2년 만에 2배로 뛴 것이다. 2021년 현재 애플의 시가총액은 전 세계 1위다.

잡스가 차고에서 애플을 창업한 뒤 시총 1조 달러 기업으로 만드는 데 걸린 시간은 42년이다. 그런데 1조에서 2조로 가는 데는 2년밖에 걸리지 않았다. 이것이 바로 구글, 애플, 아마존 같은 4차 산업혁명의 대표 기업들이 가진 특징이다. 《에이트》에서도 말했듯이 이런 기업들을 '기하급수적 기업'이라고 한다. 기업 가치가 기하급수적으로 불어나기에 붙은 이름이다.

우리가 4차 산업혁명 관련 우량 기술주를 보유하면 이런 기술주의 기하급수적 성장의 시간을 만나게 된다. 애플 주가 역시 밑바닥으로 쭉 가다가 갑자기 올라가는 전형적인 그래프를 그리고 있다. 현재 이 그래프는 정점을 찍고 있는데 이제 여기서 멈추게 되는 걸까? 아니다. 지금의 정점에서 쭉 가다가 10년이든 15년이든 특정 기간 내에 기하급수적으로 껑충 올라가는 시기가 다시 온다. 이것이 4차 산업혁명 시대의 기업들이 지닌 무서운 점이다. 최고점이 한 번에 그치지 않고 4차 산업혁명이 끝날 때까지 몇 번이고 점핑할 수 있다는 점 말이다. 물론 점핑의 시기가 5년마다 올지 10년마다 올지는 아무도 모른다. 하지만 점핑의 시기가 계속 온다는 것은 확실하다.

이는 무엇을 의미하는가. 당신이 지금 애플 주식을 1억 원어치 산 뒤 아무것도 하지 않고 그냥 묻어두기만 했는데 몇 년 후 점핑의 시기가 찾아오면 이것이 2억 원이 되고, 여기에 복리의 마법이 더해진 뒤 또 한번 점핑의 시기를 맞으면 순식간에 5억이 되고 10억이 되는 기적이 일어난다는 뜻이다.

물론 시가총액 2조 달러는 어마어마하게 큰돈이고 그래서 더 이상 오르기는 힘들다고 우려할 수 있다. 세계 GDP 8위인 이탈리아국내총생산 1조 9천억 달러보다 애플이라는 기업 하나의 경제 규모가 더 크니 그런 생각이 들 법도 하다. 사실 멀리 갈 것도 없이 우리나라와 비교해도 애플의 시가총액이 얼마나 큰지 알 수 있다. 세계 12위인 대한민국의 GDP는 1조 6천억 달러[2021년 기준]로 애플보다 약 4천억 달러가 부족하다. 우리나라에도 삼성, LG, 현대, 포스코 등 세계적 기업이 얼마나 많은가? 그런데 이들을 포함해 대한민국의 경제를 다 합쳐봤자 애플보다 4천억 달러가 뒤지는 것이다. 현재 애플의 기업 가치는 한국 전체 경제 규모보다 무려 22%나 높다. 그야말로 애플은 상상을 초월한 기업이 된 것이다.

그런데 워런 버핏에 따르면 이것은 그저 시작에 불과하다고 한다. 우리는 거대한 변화의 첫 시작에 서 있을 뿐이며 애플은 더더욱 성장할 것이고 기업 가치는 더욱더 높아질 것이라는 전망이다.

장밋빛 미래에 대한 기대를 높이는 것은 애플의 영업이익률이다. 2020년 회계연도 3분기, 즉 2020년 4월부터 6월까지 애플의 재무제표를 보면 매출은 총 596억 8,500달러인데 그중 영업이익이 130억 9,100만 달러로 무려 22%에 달한다. 1억 원어치를 팔면 2,200만 원이 남는다는 뜻이다. 2019년 기준 한국경제연구원이 조사한 삼성, 현대, LG 등 우리나라 6대 제조 기업의 평균 이익률은 5.4%다. 애플의 영업이익률이 대한민국 대표 기업 6개의 평균 영업이익률보다 4배나 높은 것이다. 애플뿐 아니라 미국의 우량 IT 기업들은 대부분 영업이익률이 높다. 즉 애플로 대표되는 미국 우량주식을 산다는 것은 우리나라 6대 제조 기업을 다 합친 것보다 몇 배 높은 이익률을 자랑하는 회사의 주식을 산다는 뜻이고 그 영업이익의 혜택을 함께 누린다는 의미다. 그것이 배당금으로, 주가 가치의 상승으로 고스란히 우리에게 돌아오기 때문이다. 게다가 몇 년 후 기하급수적인 점핑의 시기를 맞으면 그 혜택의 크기 역시 기하급수적으로 커질 것이다.

애플은 제조 기업이 아니다

애플 하면 대부분 아이폰과 아이패드를 팔아 부자가 됐다고 생각한다. 물론 아이폰과 아이패드로 엄청난 수익을 올린 것은 사실이지만 애플이 그 2개 제품에만 의존하고 있는 건 절대 아니다. 애플의 전체 매출에서 아이폰 매출이 차지하는 비중은 고작 30%밖에 되지 않는다.

애플 역시 처음에는 삼성전자 같은 제조 기업이었다. 애플은 초기부터 자체 앱을 개발하는 등 삼성전자와 본질적으로 다른 부분이 있긴 했지만 어쨌든 겉으로는 갤럭시를 만드는 삼성전자와 아이폰을 만드는 애플이 비슷한 제조 판매의 흐름을 보였다. 그런데 언제부터인가 애플은 콘텐츠, 즉 '애플 서비스'라고 표현하는 아이폰 안의 생태계 매출이 아이폰 판매량에 근접해가고 있다. 10년 전 5%였던 매출이 현재 26%로 5배 넘게 성장했으며 이 숫자는 점점 늘어나고 있다. 머지않아 콘텐츠 매출이 기기 매출을 압도할 것이다.

이는 아마존도 마찬가지다. 흔히 아마존이 배송 서비스로 떼돈을 벌었다고 생각하지만, 아마존 매출에서 배송은 30%에 지나지 않는다. 나머지 70%는 4차 산업혁명과 관련한 소프트웨어, 즉 클라우드에서 나온다. 애플, 아마존 등의 서비스 매출이 계속 늘어난다는 것은 무슨 의미일까? 이 새로운 매출이 기업의 주가에 그대로 반영되기에, 이들 기업의 주식은 앞으로도 계속 오를 것임을 뜻한다.

이렇듯 애플, 아마존 등은 이미 4차 산업혁명의 심장이 되어가며 나날이 몸값을 올리고 있다. 제조업, 배송업에서 벗어나 콘텐츠, 서비스, 소프트웨어를 판매하면서 말이다. 하지만 안타깝게도 삼성, LG, 현대는 아니다. 이들의 주요 매출은 여전히 제조업에 머물러 있다. 이는 우리나라 대표 기업들이 4차 산업혁명 시대에 걸맞은 기업으로 변화하지 못하고 있다는 뜻이기도 하다. 나는 우리나라 기업들이 더욱 성장해 세계에서 당당히 빛을 발하기 바라지만, 지금은 4차 산업혁명의 중심부가 아닌 변두리에 있다는 점을 부정할 수 없다.

사실 우리나라는 애플의 위력을 현실적으로 실감하기 어려운 측면이 있다. 애플 사용자가 많긴 하지만 북미 수준은 아니기 때문이다. 애플의 2020년 회계연도 3분기 기준 지역별 판매 비중을 살펴보면 미국을 위주로 한 아메리카 대륙에서 매출의 45%가 나왔다. 270억 달러다. 그다음 유럽이 23%로 141억 달러, 중화권이 15%로 93억 달러, 일본이 8%로 49억 달러였다. 한국을 포함한 다른 지역의 매출은 7%인 42억 달러에 불과했다. 그래서 우리나라에서는 애플의 가공할 저력을 제대로 간파하기 힘든데, 세계로 나갈수록 특히 미국이나 유럽에서 애플 제품에 대한 충성도는 우리의 상상을 초월한다. 일례로 미국 인구의 50%, 전 세계 인구의 20%가 애플 아이폰 운영체제인 iOS를 사용하고 있다. 애플 문화에 빠지고 중독되어 애플 제품이라면 무조건 사는, 한마디로 목숨 바쳐 충성하는 고객들이 전 세계적으로 어마어마하다. 이것이 바로 다른 기업들이 도저히 따라갈 수 없는 애플의 생태계다.

애플의 충성 고객이 얼마나 많은지를 단적으로 보여주는 예가 애플워치다. 정말 특이하지 않은가? 휴대폰을 만들던 기업이 갑자기 시계를 만들다니 말이다. 그것도 스마트폰만 꺼내면 시간을 확인할 수 있어 시계가 무용지물이 되어버린 이 시대에 말이다. 처음 애플이 시계를 만든다고 했을 때 대부분의 사람들이 의아해했다. '아이폰 잘 팔고 있다가 뜬금없이 웬 시계람?' 이런 반응이 대다수였고, 애플워치는 소수 애플 마니아만 사는 액세서리 정도가 될 거라는 전망이 지배적이었다. 하지만 2019년 기준 애플워치는 전 세계에서 3,070만 대가 팔렸다. 아직 놀라기엔 이르다. 2020년 1~6월 애플워치는 전 세계 시계 판매 1위를 차지했다. 더 충격적인 사실이 남아 있다. 시계 하면 최고라고 자부하는 스위스의 모든 시계 회사들을 합친 것보다 애플워치가 더 많이 팔렸다. 그러니까 애플워치 하나가 스위스 국가 산업을 뛰어넘은 것이다.

아마 조만간 시계 산업은 스위스에서 애플로 완전히 넘어갈 것 같다. 근거는 이렇다. 프랑스에 에르메스라는 명품 회사가 있다. 가방 하나를 사려면 3천만 원이 드는데, 신제품을 출시하자마자 날개 돋친 듯 팔려나간다. 에르메스는 자존심이 무척 강한 것으로 유명하다. 재고가 생기면 떨이로 파는 대신 불태워버린다. 가치를 유지하기 위해서다. 이 에르메스가 애플과 합작해서 에르메스 애플워치를 내놓았는데 순식간에 매진되었다. 애플은 앞으로 에르메스를 비롯한 전 세계 명품 회사들과 합작해 새로운 명품 시계를 만들어낼 것이라고 한다. 애플워치를 IT 기기에서 명품으로 거듭나게 하겠다는 야심 찬 계획으로, 명품을 사랑하는 사람들까지 애플의 충성 고객으로 포섭하겠다는 의도로도 해석된다.

워런 버핏이 애플을 사랑하는 이유가 바로 여기에 있다. 버핏은 항상 '경제적 해자'를 강조한다. 해자란 성 주변에 땅을 둘러 판 다음 물을 채운 곳으로, 적군이 성을 점령하기 어렵게 만드는 장치를 뜻한다. 버핏은 다른 경쟁 기업들이 따라올 수 없는 그 기업만의 문화나 브랜드를 가진 기업을 가리켜 '경제적 해자를 가진 기업'이라고 표현한다. 그런데 애플을 관찰하면서 버핏은 이 경제적 해자를 발견한 것이다.

'구글, 아마존, 마이크로소프트 모두 대단한 기업이지만, 애플은 이들과 비교했을 때 압도적으로 광신도가 많구나. 경제적 해자를 가지고 있구나!'

이것을 깨달은 것이다. 그렇게 애플은 버핏에게 4차 산업혁명 시대의 새로운 코카콜라가 되었고, 버크셔해서웨이는 애플의 2대 주주가 되었다.

'40조 현금 부자' 애플이 대출을 받은 이유

우리나라 사람들이 좋아하는 기업 중에 엔비디아라는 곳이 있다. 비주얼 컴퓨팅 기술 분야의 세계적인 선도 기업으로 GPU의 창안자이기도 하다. 최근 엔비디아는 영국의 반도체 설계 기업 암ARM의 인수에 나서며 더욱 핫해졌고, 이에 매우 많은 사람들이 엔비디아 주식을 샀다. 그런데 애플의 무선 이어폰인 에어팟 매출이 이 엔비디아의 총 매출보다 많다. 애플의 제품 하나가 요즘 가장 핫한 기업보다 높은 매출을 자랑하는 것이다. 2019년 기준 에어팟의 매출액은 무려 14조 원으로 이는 전 세계 무선 이어폰의 70%를 차지하는 액수다. 에어팟 매출은 우버UBER 매출과 비슷하며 어도비ADBE, AMD 같은 기업들의 매출과도 어깨를 나란히 한다.

에어팟 매출 기준으로만 애플이 미국 몇 대 기업인지 살펴보니

32번째 기업이었다. 그러니까 아이폰, 아이패드, 애플워치를 모두 제외하고 이 무선 이어폰 하나만으로도 애플은 미국에서 32번째 대기업인 셈이다. 이 정도면 애플은 도무지 종잡을 수 없고 이해할 수도 없는 외계 기업이라고 봐야 할 것 같다.

그런데 외계에서 온 듯한 이 대단한 기업은 현금을 얼마나 많이 보유하고 있을까? 상상도 못할 금액이라고 쉽게 예상할 수 있을 것이다. 그렇다. 2017년 기준 애플은 영국과 캐나다의 외화 보유액과 맞먹는 규모의 현금을 갖고 있었다. 그런데 2019년 이런 기사가 나왔다.

'2천억 달러 현금 보유한 애플이 70억 달러를 빌리는 이유는?'

70억 달러를 빌렸다는 것은 애플이 회사채를 발행했다는 의미로, 회사 채권을 팔아 돈을 마련한 이유를 묻는 기사였다. 이유는 간단하다. 저금리 때문이었다. 원래 부자들은 통장에 30억 원이 있어도 저금리일 때는 은행에서 대출을 받아서 그 돈으로 사업을 한다. 그러면 이자도 비용 처리가 되어 이자 절감 효과를 볼 수 있기 때문이다. 굳이 사업 자금이 아니더라도 부자들은 1억~2억 원 정도가 필요하면 대출을 받는 경우가 많다. 경제나 금융을 잘 모르는 사람은 현금이 많은데도 대출을 받는 사람을 이해하지 못할 것이다. '아니, 30억 원이나 있는데 왜 이자를 내가면서 1억 원을 빌려 쓰지? 통장에서 1억 원을 빼도 티도 안 날 텐데' 하는 것이다. 하지만 부자들에겐 다

계획이 있다. 경제 위기가 터졌을 때 강남 건물을 반값에 사는 등 다른 용도를 위해 30억 원을 비축해두는 것이다. 애플도 마찬가지다.

주식 투자를 하려면 기업의 현금 보유량을 반드시 살펴봐야 한다. 현금이 많은 기업은 위기의 순간에도 살아남을 수 있기 때문이다. 코로나19 사태나 세계 대공황 같은 위기가 왔을 때, 현금을 쌓아둔 기업은 제품이 전혀 팔리지 않아도 1~2년을 버틸 수 있다. 참고로 애플은 아이폰을 한 대도 안 팔아도 무려 492일을 견딜 수 있다. 페이스북 역시 엄청난 양의 현금을 보유하고 있어서 매출이 제로가 되어도 21개월 동안 기업을 유지할 수 있다.

그럼 현금이 적은 기업은 얼마나 버틸까? 미국의 초저가 소매 업체 달러제너럴DG의 현금 보유액은 2억 4천만 달러다. 이런 기업의 경우 경제 위기가 터졌을 때 가까스로 4일을 버틸 수 있다고 한다. 그 시간 내에 은행에서 돈을 빌리거나 정부로부터 조달받지 못하면 파산한다. 즉 현금을 많이 가진 기업은 위기가 터졌을 때 오랫동안 버틴 뒤, 위기가 끝나면 시장을 독점하고 하위 중소업체까지 인수하면서 더 큰 성장을 한다. IMF가 터진 뒤 우리나라에서 살아남은 기업들이 세계적인 대기업으로 성장한 배경도 여기에 있다.

다시 2019년의 기사로 돌아가보자. 당시 현금 2천억 달러를 가지고 있음에도 70억 달러를 빌렸던 애플의 현재 부채는 어느 정도일까? 주식을 매입할 때 현금 보유량과 더불어 살펴봐야 할 것이 부채이기에 짚고 넘어가야 할 문제다. 현재2020년 애플의 부채는 약 1,200억 달러, 보유한 현금의 50% 이상이 빚이라고 할 수 있다. 그런데 애플에는 아픈 기억이 있다. 애플은 1997년에 파산 위기를 겪었다. 1997년 9월, 애플은 두 달 후면 현금이 완전히 사라지는 상황이었고 당시 신용평가 회사들은 애플의 신용 등급을 투기 등급으로 강등했다. 이른바 정크본드junk bond가 되는 굴욕을 겪은 것이다. 이때 스티브 잡스가 애플에 복귀해 죽을힘을 다해 아이폰과 아이패드를 만들었고, 2004년 2월 회사 빚을 모두 상환했다. 당시 잡스는 "기적 같은 날이 애플에 찾아왔다"고 선언했다.

그런데 잡스가 세상을 떠난 뒤 CEO를 맡은 팀 쿡은 2013년부터 다시 회사채를 발행하기 시작했다. 잡스가 간신히 갚은 빚을 왜 다시 만든 걸까? 팀 쿡과 잡스는 굉장히 다른 스타일의 경영자다. 잡스는 창조적인 경영자였지만 재무 등에 관해서는 여러모로 부족했다. 그에 반해 팀 쿡은 살림꾼이다. 그는 회사채를 발행해 더 많은 돈을 조달해서 마케팅, R&D 등에 투자하는 편이 낫다고 판단했다.

이렇게 애플은 2013년부터 회사채를 발행해 지금은 보유 현금의 절반 이상이 빚으로 잡혀 있다. 팀 쿡이 회사채를 발행한 것에 대해 여러 가지 분석이 있는데, 그중 하나는 팀 쿡이 투자자와 시장 가치를 가장 중요한 원칙으로 내세우기 때문이라는 것이다. 그래서 금리가 낮을 때는 회사채를 찍어 저렴한 비용으로 자금을 대규모로 조달하고, 이를 자사주 매입과 배당에 사용해 주가를 부양하는 것이라는 분석이다. 잡스의 입장은 '빚? 절대 안 돼! 사업을 잘해 현금을 많이 늘려서 항상 위기에 대비하는 자세로 가야 해'였다. 반면 팀 쿡은 '이렇게 저금리 상황에서는 회사채를 끌어 자금을 대량으로 운용하고, 그걸로 자사 주식을 매입해 배당도 많이 주고, 그렇게 애플의 기업 가치를 끌어올려 시가총액 세계 1위까지 가야 한다'는 입장이다.

팀 쿡은 얄미울 정도로 잡스의 후계자다운 행보를 선보였다. 잡스의 입장과 다르게 회사채를 발행하는 가운데서도 잡스의 기본 철학을 받아들여 위기에 대비할 현금은 건드리지 않겠다고 한 것이다. 여기에는 애플의 주식 가치를 높이기 위해서도 현금이 꼭 필요하다는 계산이 있었다. 그렇게 애플이 쌓아둔 240조 원은 그대로 두고 채권을 발행해 조달한 돈이 약 130조~140조 원이다. 결국 애플의 부채는 전혀 걱정할 부분이 아니다. 애플의 부채는 본사에 있는 현금 창고 절반만 털어도 하루아침에 갚을 수 있다. 여기에 더해 해외 법인의 보유 현금은 얼마나 있는지를 알 수도 없을 만큼, 애플의 현금 보유 상태는 매우 탄탄하다.

다른 기업들은 어떨까? 2020년 5월 기준 미국 IT 기업의 현금과 부채에 대한 자료를 보면, 마이크로소프트의 경우 보유 현금은 1,400억 달러이고, 빚은 840억 달러이다. 마이크로소프트 역시 애플처럼 절반 이상이 부채다. 아마존의 부채는 이들보다 더 많다. 총 보유 현금이 약 500억 달러인데 빚이 780억 달러다. 인텔도 빚이 많다. 현금은 208억 달러이고, 빚은 약 400억 달러다. IBM은 현금이 120억 달러인데, 빚이 700억 달러 정도다.

그렇다면 미국 IT 기업 중 부채가 가장 적은 기업은 어디일까? 구글[알파벳]이다. 구글은 현금이 약 1,200억 달러인데 빚은 168억 달러에 불과하다. 부채가 파격적으로 적다. 지금의 구글은 과거 스티브 잡스의 애플과 같은 분위기다. 내가 구글을 좋아하는 이유도, 돌다리도 두드려보고 건너는 안전 위주의 스타일이기 때문이다. 다만 안타깝게도 구글은 배당을 주지 않는다. 하지만 이 역시 자신감으로 해석할 수 있다. '우리는 쩨쩨하게 배당 같은 거 주지 않는다. 기업 가치가 몇 배 상승하는 것으로 보답하겠다'라는 뜻이니 말이다. 엄청난 현금 보유량과 그보다 더 엄청난 성장세를 볼 때, 이는 근거 있는 자신감이다.

코로나19보다 더한 사태가 터진다고 가정해보자. 전염병이 아닌 세계 대공황 수준의 재앙 말이다. 이런 경우 한두 해가 아니라 5년 이상 지속될 확률이 높은데, 그럼 최후에 살아남는 기업은 현금 보유량이 많고 부채가 적은 구글일 것이다. 물론 이런 일이 일어날 가능성은 1%에 불과하지만, 그 작은 가능성을 이야기하는 것이다. 즉 그 1%의 상황이 현실이 되었을 때도 버틸 수 있는 기업이 구글이다.

그래서 나는 애플보다 아마존보다 마이크로소프트보다 구글을 더 좋아한다.

강점보다 약점 분석이 중요하다

이제 애플의 약점을 알아보자. 어느 기업이든 장점만 있는 것은 아니다. 그렇기에 이 회사의 성장 가능성과 여러 강점이 확실하더라도 정치·경제적 상황에 따른 여러 단점을 확인해야 한다. 그리고 이 단점을 내가 어떻게 수용할 것인가를 판단한 후에 투자에 들어가야 한다.

첫 번째, 매출의 상승 폭보다 시가총액의 상승 폭이 너무 크다는 것이다. 2019년 애플은 같은 기간 매출이 11% 상승한 데 반해 시가총액은 100% 상승했다. 매출에 비해 시가총액이 10배 상승한 것이다. 이에 대한 의견은 반반이다. '애플 주식이 거품'이라고 지적하며 그만큼 폭락할 거라는 사람들도 있고, 애플이 그만큼의 가치가 있기 때문이라며 앞으로도 더욱 성장할 거라는 사람들도 있다.

두 번째, 반독점법이다. 과거 미국은 록펠러의 스탠더드오일을 여러 기업으로 쪼개버린 적이 있다. 건강한 기업 문화를 만들기 위한 경제 정책의 일환이었다. 만약 애플이 반독점법에 위배된다고 판단된다면, 애플도 여러 기업으로 분사될 가능성이 있다. 아이폰, 아이패드, 에어팟, 애플워치 등이 각기 다른 기업으로 분리될 수 있다는 뜻이다. 그렇게 된다면 주주들에게는 타격이 클 것이다. LG화학 역시 전기차의 핵심인 배터리를 만든다고 해서 많은 사람들이 투자했는데 배터리 부분만 따로 물적 분할을 시켜버리는 바람에 주주들이 속았다며 크게 성토한 적이 있다. 물론 미국 내에서도 반독점법에 대한 의견은 분분하기 때문에 법이 실제로 적용될지는 아직까지 알 수 없다.

세 번째, 미국과 중국의 무역 갈등이다. 트럼프 전 대통령은 중국 애플리케이션 기업인 틱톡과 위챗을 아이폰에서 삭제하라고 지시했다. 틱톡은 일단 차치하고, 위챗의 삭제는 커다란 문제다. '중국의 카카오톡'으로 불리는 위챗은 전자 결제 기능까지 가지고 있어 중국인 대부분이 이 앱을 사용하기 때문이다. 만약 이를 아이폰에서 삭제하면 중국 수요는 20~25% 이상 줄어들 것이고, 이것은 애플에 큰 타격이 될 수 있다. 에어팟, 아이패드, 애플워치도 15~25% 매출 감소가 예상된다. 미·중 갈등이 앞으로 어떻게 될지에 따라 애플 기업의 매출에 분명한 영향이 있고, 이는 주가에도 반영될 것이다. 설상가상으로 중국의 보복이 계속해서 애플을 향해 있는 것도 문제다. 중국에도 아이폰을 사용하는 인구가 매우 많은데, 중국 정부는 애플 앱스토어에서 중국인들이 자주 사용하는 인기 앱을 포함해 4만 7천 개의 앱을 삭제했다. 트럼프 대통령을 향한 중국 정부의 보복인 셈이다.

이처럼 두 국가 간의 무역전쟁으로 중국 내에서 애플의 지위가 흔들리고 있다.

만약 애플이 가진 이런 약점에 대해 전혀 생각하지 않고 있었다면, 관련 이슈가 터질 때마다 불안할 수밖에 없다. 그러면 장기투자는 불가능하다. 자신도 모르게 불안해지고, 심각한 뉴스들이 나올 때마다 애플 주식을 팔아버리게 된다. 미리 약점을 면밀히 파악하고 투자에 들어간 사람만이 시가총액이 너무 부풀려졌다는 부정적인 평가가 득세할 때나, 반독점법 혹은 미·중 무역전쟁으로 인해 애플 주가가 떨어질 때도 흔들림 없이 장기투자를 지속할 수 있다. 비단 애플 주식뿐만이 아니다. 어느 기업에 투자하든 강점과 약점을 아울러 총체적인 정보를 파악하는 것이 필수다.

버핏은 당연히 애플에 대한 모든 정보를 분석했고, 그 결과 버크셔해서웨이는 애플의 2대 주주가 되었다. 위에서 언급한 약점 정도는 얼마든지 극복 가능하다고 판단한 것이다. 참고로 애플은 기관투자가의 지분이 총 61%를 차지하는데, 그중 1위가 뱅가드그룹이다. 뱅가드그룹의 창업자 존 보글은 인덱스펀드와 ETF를 시장에 처음 도입한 인물이다. 그의 전략은 단순하다. 미국 주식시장 전체를 사라는 것이다. 그는 일반인에게 쓸데없는 곳에 투자하지 말고 인덱스펀드에 묻어두면 모두 부자가 될 수 있다고 조언한다. 워런 버핏은 존 보글의 팬으로 유명한데, 2017년 주주 서한에서 이런 말을 했다.

"미국인 투자자를 위해 가장 많은 일을 한 사람을 기리는 조각상이 세워진다면 그건 바로 존 보글이어야 한다."

버핏 역시 사람들에게 뱅가드그룹의 인덱스펀드에 투자하라고 이야기한다. 심지어 유언장에서 아내에게 "유산의 90%는 존 보글이 만든 뱅가드그룹의 인덱스펀드에 넣어라. 그러면 평생 최고 부자로 살 수 있다"고 조언했을 정도다. 자신이 죽으면 많은 돈이 아내에게 상속되는데, 그녀는 투자를 잘 모르니 인덱스펀드에 돈을 맡기라고 한 것이다. 워런 버핏이 그만큼 신뢰하는 투자 그룹이 바로 뱅가드다. 그런데 이 뱅가드그룹이 애플의 1대 주주다. 참고로 뱅가드그룹의 대표적인 인덱스펀드 상품ETF으로는 S&P 전체 지수를 추종하는 VTI와 S&P500 지수를 추종하는 VOO가 있다. 개인적으로는 VOO를 추천한다.

애플을 향한 버핏의 믿음과 사랑은 신앙 수준이다. 그의 말을 들어보자.

"애플은 인류 삶의 중심이 되는 가치를 가지고 있다. 애플은 4차 산업혁명의 심장에 속하는 기업이다. 애플은 앞으로 더욱 좋아질 것이다. 30년 후의 애플이 너무나 기대된다."

당신은 어떤가? 당신도 버핏처럼 애플의 미래를 믿고 애플 주식을 꾸준히 산다면 30년 뒤 거대하게 불어난 부를 보며 즐거워할 수 있을 것이다.

미래의 부 04

데이터 경제는 '4차 산업혁명 시대의 석유'다

지금으로부터 4년 전인 2017년 5월, 영국 주간지 《이코노미스트》는 '세상에서 가장 값진 자원은 더 이상 석유가 아니라 데이터다'라고 선언했다.

여기 우리가 매일 사용하는 스마트폰이 있다. 이 스마트폰은 우리의 모든 데이터를 수집한다. 나의 경우 스마트폰을 켜면 카카오톡을 가장 많이 사용한다. 다시 말해 나에 대한 정보를 가장 많이 갖고 있는 것은 카카오톡의 회사인 다음카카오다. 어디 카톡 정보뿐일까. 카카오내비를 이용하면 내가 주로 어디를 가는지, 어떤 사람들과 교류하는지, 모든 데이터가 넘어간다. 카카오페이는 어떨까? 카카오페이로 결제할 때마다 내가 어디서 무얼 사는지, 주변 사람들과 얼마를 주고받는지 등 나에 관한 온갖 데이터가 그쪽으로 흘러간다.

나는 구글 크롬도 자주 사용한다. 구글은 이지성이라는 사람이 크롬에서 검색한 모든 데이터를 수집한다. 나는 다음이나 네이버도 이용하는데 두 기업 역시 내 데이터를 가져간다. 인스타그램이나 페이스북도 마찬가지다. 내가 업로드하는 사진을 통해 어떤 음식을 먹었고, 어디로 여행을 갔는지 등 모든 데이터가 각 기업으로 흘러간다.

어젯밤 유튜브로 트럼프에 관한 영상을 찾아봤다면? 다음 날 트럼프 관련 영상들이 알아서 좌르륵 나타난다. 어떻게 이런 일이 일어날 수 있을까? 내가 찾아본 '트럼프'라는 데이터가 유튜브로 넘어가고, 그럼 유튜브에서는 '아, 이 사람은 이런 영상을 원하는구나'라고 파악한 뒤, 관련 영상을 계속 보내주기 때문이다.

이렇게 내가 스마트폰 애플리케이션 등을 사용할 때마다 내 데이터가 기업으로 넘어가고, 기업은 이를 광고 등에 활용해서 돈을 번다. 이것이 바로 '데이터 경제'다.

지금 당신의 모든 정보가 팔려나가고 있다

데이터 경제에는 크게 두 가지 흐름이 있다. 첫 번째 흐름은 데이터 거래를 기반으로 하는 것이다. 우리가 카드사 앱을 통해 카드를 쓰면 관련 데이터가 각 카드사에 쌓인다. 그런데 만약 A보험회사에서 개인 고객 데이터가 필요하면, A보험회사는 돈을 주고 카드사가 보유하고 있는 데이터를 넘겨받은 뒤 그 내용을 분석한다. 이러한 고객 소비 관련 데이터는 보험회사뿐 아니라 유통사들에도 매우 유용하다. 카드사의 데이터를 살펴보면 특정 고객이 매달 어디에 돈을 많이 쓰는지 알 수 있기 때문이다.

예를 들어 소비 데이터를 구입해 살펴보니 지난달까지는 소비자들이 곡괭이를 많이 샀는데 이달부터는 호미를 많이 사고 있다는 사실을 알게 되었다고 하자. 그럼 유통사들은 '이제 호미를 대대적으로 팔 때다. 호미를 크게 홍보하자'라고 하면서 플랫폼 전면에 호미를 내세울 것이다. 그런데 만약 이 사실을 S닷컴에서 가장 먼저 발견했다고 하자. 그러면 S닷컴은 다른 유통사들보다 먼저 호미를 대대적으로 홍보하는 동시에 다양한 호미 제품을 소개하고 다른 곳보다 저렴한 가격에 판매하는 등 여러 가지 전략을 세우고 실행할 수 있다. 그러면 S닷컴은 호미 판매 1위를 달성할 수 있게 된다.

기본적으로 우리의 데이터는 모두 거래된다. 삼성의 경우 삼성전자, 삼성증권, 삼성보험 등 여러 계열사가 있는데, 같은 그룹이라 모두 연결되어 있다. 즉 내가 삼성전자에서 물건을 사면 나의 데이터가 삼성전자 계열사 전체에서 거래되는 시스템이다. 그런데 이는 사실 우리가 동의한 일이다. 스마트폰에서 앱으로 신용카드 거래를 할 때 마지막 단계에서 체크하는 '제3자에게 고객 정보 제공'이 바로 그것이다.

은행, 보험사 등 모든 기업들이 내 데이터를 자기들끼리 사고팔며 돈을 벌고 있는데, 정작 데이터의 주인인 우리는 돈 한 푼 받지 않고 공짜로 그들에게 데이터를 주고 있다. 아마도 뺏기고 있다는 표현이 더 정확할 것이다. 어쨌든 이러한 데이터 거래가 데이터 경제의 한 가지 흐름이다.

두 번째 흐름은 데이터를 분석하고 활용해서 수익 활동에 적용하는 것이다. 앞서 살펴봤듯 고객의 데이터를 분석해 관심 동영상을 끊임없이 제공함으로써 고객을 지속적으로 유입하고 그것을 수익으로 이어가는 유튜브나, 소비 데이터를 분석해 팔릴 만한 물건을 대대적으로 홍보하는 쇼핑몰이 이러한 예다.

데이터는 정확히 석유의 길을 걸을 것이다

3차 산업혁명 시대까지는 석유 중심 경제였다. 미국이든 대한민국이든 마트에 가려면 버스나 자동차를 타야 하는데, 이것들은 모두 석유로 움직였다. 석유가 없으면 아무것도 안 되던 시대였다. 석유가 없으면 단순히 버스회사나 택시회사만 망하는 문제가 아니다. 고객들이 움직일 수 없으니 마트도 문을 닫고, 그러면 마트에서 파는 물건을 만드는 회사들도 줄줄이 망할 수밖에 없다. 3차 산업혁명 시대에서 석유는 돈의 시작이자 끝이었다.

하지만 4차 산업혁명 시대가 도래하면서 스마트폰 애플리케이션을 통한 쇼핑이 일상화되었고 우리 삶은 자연스럽게 석유 경제에서 데이터 경제로 넘어갔다.

10년 뒤에도 우리는 스마트폰을 사용하고 있을까? 아마도 그럴 것이다. 그럼 20년 뒤에는 어떨까? 30년 뒤에는? 50년 뒤에는? 그때쯤이면 과학기술이 발전해 스마트폰은 사라지고 이를 대체할 압도적인 신문물이 나와 있을 수 있다. 어쩌면 데이터 경제가 웨어러블 형태로 존재할 가능성이 크다. 예를 들어 손목에 차고 있는 시계를 터치하면 눈앞에 가상 주문 화면이 나타나거나, 내가 입고 있는 옷이나 쓰고 있는 물건들에도 애플리케이션이 장착되어 음성을 통해 명령만 내리면 될지도 모른다. "내가 좋아하는 음식들 기억하지? 소고기, 와인, 포도 위주로 장 좀 봐줘"라고 말하기만 하면 인공지능 앱이 알아서 주문을 해주는 것이다.

이렇게 데이터 경제는 계속 확장될 것이다. 여기에 회의적인 사람도 있을지 모른다. 하지만 석유가 발견된 이후 어떤 상황이 펼쳐졌는지를 생각해보라. 불과 100년 전만 해도 우리는 석유의 존재조차 알지 못했다. 그런데 석유가 나오고 얼마 지나지 않아, 석유 없이는 아무것도 할 수 없게 되어버렸다. 자동차 연료는 기본이고, 우리가 입고 있는 옷조차 석유가 있어야 만들 수 있기 때문이다.

석유가 처음 발견된 뒤 록펠러의 스탠더드오일 같은 대규모 정유 회사가 등장해 미국 석유산업을 독점했다. 당시 스탠더드오일은 지금의 구글, 애플, 마이크로소프트 같은 기업이었다. 그때도 누군가는 이랬을 것이다.

"스탠더드오일이 이미 이렇게 잘나가는 부자 기업이 되었는데, 석유 경제가 어떻게 더 확장되겠어?"

실제로 "석유는 매장량이 정해져 있어 한계가 분명하니, 석유 경제는 몰락할 수밖에 없다"라고 부정적인 의견을 표출하는 사람이 많았다. 세계적인 학자들, 전문가들조차 석유 경제의 몰락을 예상했다. 물론 다른 한쪽에서는 석유 경제의 확장을 긍정적으로 보는 사람들도 있었다.

결론은 석유 경제의 미래를 희망적으로 본 사람들의 승리였다. 미국과 유럽 위주의 석유 경제가 시간이 흐르면서 아시아로 넘어갔고, 그 뒤 아프리카, 중동으로 넘어가서 전 세계로 확장되었다. 바로 이것이 석유 발견 이후 100년 사이에 벌어진 일이다.

앞으로 데이터 경제는 어떻게 될까? 석유 경제가 간 길을 똑같이 가게 될 것이다. 데이터 경제를 대표하는 아마존, 마이크로소프트, 구글, 애플 등의 주식이 너무 많이 올랐다고 생각하는가? 더는 성장할 여지가 없다고 예상하는가? 그렇지 않다. 이제 시작일 뿐이다. 100년 전 록펠러가 스탠더드오일을 설립해 석유 시장을 막 점령한 그 시기처럼 말이다.

배달의민족이 5조에 팔린 이유

2019년 말의 일이다. 국내 한 스타트업에서 신생아 200여 명의 2주치 울음 데이터를 인공지능으로 분석, 부모가 아이의 울음소리만 듣고도 배가 고픈지, 졸린지, 불편한 건지, 트림을 못해서인지 등 여섯 가지 상황을 구별해낼 수 있는 기술을 개발했다.

아이를 키워본 사람이라면 알 것이다. 첫아이 때는 아이가 왜 우는지 알 길이 없어 당황하는 일이 한두 번이 아니다. 나 역시 마찬가지였다. 첫째가 태어나고 얼마 지나지 않아 외출한 아내 대신 혼자 아이를 보던 어느 날의 일이다. 이맘때 아이들은 보통 2시간에 한 번씩 우유를 먹는데, 아이를 보느라 정신이 없어 밥을 준 지 얼마나 지났는지는 생각지도 못하고 있었다. 어느 순간 아이가 이상할 정도로 계속 울기만 하는데, 우유를 먹은 지 얼마 되지 않았다고 생각해서 그저 달래주기만 했다. 그런데 달래면 달랠수록 더 크게 우는 것이 아닌가. 아이가 얼굴이 새빨개질 정도로 울기 시작하자 놀란 나는 아내에게 전화해 "큰일 났다. 아이가 이상하다. 병원에 가야 할 것 같다"고 말했다.

마침 근처에 있다가 급히 차를 몰고 집으로 돌아온 아내는 아이에게 우유를 먹였는지 물었다. 나는 아까 먹였다고 답했는데, 아내는 "지금 또 우유를 먹을 시간이 됐는데, 그 시간이 지난 게 아니냐"고 다시 물었다. 그제야 정신을 차리고 시간을 확인해보니 우유를 먹인 지 꽤 지나 있었다. 아내는 아이가 배가 고파서 그런 거라고 했지만, 아이가 자지러지게 우는 모습을 본 나는 "아무리 배가 고프다고 해도 이렇게까지 울 리는 없다. 당장 병원에 가야 한다"고 했다. "일단 조금 진정했으니 우유는 먹이고 병원에 가자"는 아내의 말에 따라 아이에게 젖병을 물리자, 아이가 정신없이 우유를 빨기 시작했다. 그리고 우유를 다 먹고 나자 눈이 풀리며 스르륵 잠이 들었다. 그러니까 아이는 배가 너무 고파서 그렇게 얼굴이 새빨개질 정도로 울었던 것이다.

앞에서 말한 스타트업의 기술이 좀 더 일찍 개발되었더라면, 이런 해프닝은 겪지 않아도 됐을 것이다. 4차 산업혁명 시대 이전의 부모들은 아이 한 명을 키울 때 온갖 시행착오를 겪어야만 아이가 왜 우는지 알 수 있었다면, 앞으로는 완전히 새로운 육아의 세계가 열릴 것이다.

서울 신림동의 한 베트남 음식점은 신통치 않은 매출 때문에 골머리를 앓고 있었는데, 한 통신사에서 받은 상권 분석자료 덕분에 매출이 급격히 늘었다.

보통 프랜차이즈를 오픈하려면 기업 내 상권 분석팀이 철저한 조사를 통해 유동인구와 시간대별 유입량 등을 분석한 뒤 입점 장소를 선정한다. 이 가게 역시 전문적인 조사와 분석을 거쳐 지금의 자리에 입점했지만 결과가 좋지 않았다. 그런데 한 통신사가 모은 빅데이터를 기반으로 인공지능이 분석한 결과는 이들이 입점을 위해 제공받았던 조사 결과와는 정반대였다. 이전의 분석과 달리 유동인구는 낮보다 저녁에 훨씬 많았고 대부분 젊은 층이었으며 바로 인근보다는 큰길 건너편에서 오는 사람이 더 많았다. 이 가게는 통신사 데이터를 기반으로 한 새로운 상권 분석자료를 토대로 홍보 전략을 완전히 바꿨고 이후 매출이 20% 이상 신장했다.

그 통신사 빅데이터 센터에는 전국 상업용 건물 130만 개에 대한 유동인구와 상권을 샅샅이 분석한 자료가 매 시간 업데이트되고 있다. 과거에 점포 하나를 오픈하는 데 한 달의 분석 기간이 걸렸다면 이제는 3일 정도면 가능하다고 한다. 무려 10분의 1로 단축된 것이다.

이처럼 데이터는 무궁무진한 가능성과 놀라운 기회를 안고 있다. 그래서 앞서가는 기업들이 데이터 확보에 심혈을 기울이는 것이다.

2019년 12월, 독일 기업 딜리버리히어로가 배달의민족 서비스를 운영 중인 우아한형제들을 약 4조 8천억 원에 인수한다고 발표했다. 4조 8천억은 당시 코스닥 시가총액 2위에 해당하는 액수였다. 비슷한 시기 아시아나항공 역시 매각 소식이 흘러나왔는데, 매각 금액은 배달의민족의 반 정도였다. 국내에서 배달을 전문으로 하는 중개 업체와 전 세계로 비행기를 운항하는 항공회사, 단순히 두 기업의 가치를 비교하면 배달의민족은 아시아나항공과 비교도 되지 않을 것 같지만 기업 가치는 배달의민족이 아시아나항공보다 2배나 높았다. 거기다 코스닥 시가총액 2위에 해당하는 높은 가격으로 매각되었다. 딜리버리히어로가 이렇게까지 비싼 가격에 배달의민족을 인수한 이유는 무엇이었을까? 그 답은 바로 데이터에 있다.

배달의민족과 아시아나항공을 비교해보자. 사람들은 대부분 1년 중 어쩌다 한두 번 비행기를 탄다. 코로나19 이전까지 우리나라의 연간 해외 여행객은 최대 2천만 명 정도였다. 그렇다고 이 숫자가 모두 아시아나항공을 이용하는 것도 아니다. 굳이 따지자면 대한항공 이용객이 훨씬 많을 것이다. 반으로 나눈다고 해도 1천만 명. 이 숫자를 월 단위를 바꾸면 적게 잡아 50만 명, 많아야 100만 명이다. 하지만 배달의민족은 한 달 동안 1천만 명 이상의 고객이 서비스를 이용한다. 매달 1천만 명의 데이터가 배달의민족에 제공되고 있는 것이다. 우리는 수수료를 내면서 배달의민족을 이용하지만, 배달의민족은 수익을 내는 동시에 우리에게서 데이터를 가져가고 있다. 배달의민족과 아시아나항공 매각 금액의 차이는 바로 이 데이터의 차이로 인한 것이다.

아시아나항공이 석유 경제, 3차 산업혁명의 표상이라면 배달의민족은 데이터 경제, 4차 산업혁명의 상징이다. 앞으로 우리가 주식 투자를 해야 한다면 어디에 해야 할까? 답은 분명해 보인다.

1,400만 명 vs 33만 명, 게임이 될까?

미국 연방 데이터 전략 시행계획 보고서에 따르면 미국은 정부와 기관이 보유한 공공 데이터를 앞으로 더 많이 개방하고 공유할 예정이라고 한다. 물론 이를 위해서는 개인 정보 즉 프라이버시 문제를 최소화해야 하며 민간과 연구자, 기업들이 2차로 활용할 수 있는 프로젝트를 진행해야 한다. 어쨌든 미국은 정부가 나서서 데이터 정보화를 추진하고 있다.

대한민국은 조금 애매한 상황이다. 2019년 말 데이터 경제 3법이 통과되었지만 중국보다 뒤처져 있을 정도로 후발주자다. 2019년 기준 우리나라 데이터 산업 종사 인력은 33만 명이다. 이 중 데이터 직무 인력이 8만 9,058명이다. 데이터 산업 중에서도 핵심은 빅데이터인데 이 분야의 관련 인력은 고작 9,500명에 그친다. 반면 미국은 데이터 산업 종사 인력이 1,401만 명이다.

1,400만 명 대 33만 명. 게임이 될까?

미국의 데이터 산업 종사 인력이 월등히 많은 것이 단지 미국 인구가 우리보다 많아서일까? 미국 인구는 우리나라 인구의 약 6배다. 그렇다면 단순 계산으로만 따져도 33만 명의 6배인 180여만 명

이어야 한다. 미국이 우리의 몇십 배를 훌쩍 뛰어넘는 1,400여만 명의 데이터 산업 종사 인력을 갖추고 있다는 건, 이미 오래전부터 국가 체제가 데이터 경제로 바뀌었다는 의미이기도 하다.

유럽연합은 729만 명, 일본은 404만 명이다. 침체기를 겪고 있는 일본을 우습게 보지만 일본 역시 데이터 경제를 만들어나가고 있는 핵심 인력만 400만 명이다. 우리가 정신을 차려야 하는 이유다. '일본은 망했고, 삼성이 일본을 다 따라잡았다'는 식의 언론 보도만 믿고 있어서는 안 된다. 충격적인 건 브라질도 이미 117만 명의 데이터 산업 종사 인력을 보유하고 있다는 사실이다. 무려 2017년 기준이다. 대한민국이 데이터 경제에 있어 얼마나 뒤처져 있는지 이제 알겠는가. 대한민국의 미래는 불안하다. 인터넷, 스마트폰만 잘해서는 소용이 없다. 아무 의미가 없다. 세계 데이터 경제를 주도할 수 있어야 한다.

물론 한국도 데이터 경제의 파급력을 잘 알고 있다. 과학기술정보통신부와 한국데이터산업진흥원이 예측한 바에 따르면 2020년 한국 데이터 산업 시장 규모, 즉 데이터 경제 규모는 약 19조 2천억 원대로 추정되며, 앞으로 5년 뒤에는 33조 원대로 예상된다고 한다. 국내만 보더라도 앞으로 5년 동안 데이터 경제가 14조 원 정도 늘어난다. 미국, 유럽, 중국 역시 데이터 경제 규모가 폭발적으로 커질 것이다. 즉 전 세계의 데이터 경제가 이제 막 상승세를 타기 시작한 단계로,

이 우상향은 앞으로 폭발적으로 지속될 것이다. 이것이 당신이 데이터 경제를 알아야 하는 이유다. 데이터 경제는 필연적으로 미래의 부와 연결되기 때문이다. 결국 미래의 부는 '데이터 경제'로 상징되는 4차 산업혁명 미국 우량기업에 있다.

누군가는 나에게 '대한민국 국민이 왜 미국 주식을 사느냐'고 묻는다. 그에 대한 답을 해보려고 한다.

대한민국의 경제 위기를 막을 방법은 두 가지다. 첫 번째는 대한민국 원화가 기축통화가 되는 것이다. 그러면 일본처럼 30년 불황을 맞아도 망하지 않는다. 기나긴 경제 침체에도 일본이 망하지 않는 이유 중 하나는 엔화가 기축통화이기 때문이다. 두 번째는 우리나라 국민이 달러 자산을 대량으로 보유하고 있으면 된다. 일본 국민은 미국 주식과 채권을 비롯한 해외 자산을 엄청나게 보유하고 있다. 덕분에 매년 해외에서 들어오는 이자, 배당금 등이 우리 돈으로 약 200조 원대에 이른다.

장기 침체를 겪고 있는 일본에 비해 현재 우리나라는 수출 등의 경제 상황이 조금 나은 편이다. 하지만 비유하자면 대한민국은 대기업에 다니지만 자기 건물 하나 없는 서민에 불과하다. 일본은 아빠 때는 삼성에 다녔지만, 아들은 편의점에서 아르바이트를 하다가 금방 그만두고 나와 실직자로 1년을 보내기도 하는 애매한 상황이다. 하지만 일본은 아빠가 잘나갈 때 강남에 사둔 건물이 있다. 워낙 좋은 자리에 있는 건물을 사둔 덕분에 공실도 없고, 한 달 월세가 5천만 원씩 꼬박꼬박 들어온다. 그래서 아들이 굳이 취직하지 않아도 1년에 6억 원의 수입이 생긴다. 이게 대한민국과 일본의 차이다.

내가 미국 주식을 추천하는 이유는, 그것이 대한민국을 위한 길이기 때문이다. IMF 때 어떤 일이 벌어졌는지 잊었는가? 달러가 빠져나가자 나라가 하루아침에 망했다. 코로나19가 확산되기 시작한 2020년 3월에도 한순간 달러가 빠져나가자 나라가 망한다는 소리가 흘러나왔다. 대한민국 국민은 지금보다 달러 자산을 더 많이 보유해야 한다. 즉 미국 우량주식을 더 많이 사야 한다. 구글, 애플, 마이크로소프트 등 미국 우량주식을 많이 사서 이런 기업들의 전체 주식 중 상당 부분을 대한민국 국민이 가지고 있어야 한다. 그러면 어떻게 될까? 그 대단한 기업이 모두 대한민국 기업이 된다. 즉 미국 우량주식을 사는 것은 진정한 '애국'이다.

미래의 부 05

이제 세상 모든 정보와 돈은 클라우드로 모인다

"앞으로 모든 먹을거리는 인공지능, 클라우드, 양자컴퓨팅에서 나온다."

2019년 삼성전자 이재용 부회장이 한 말이다. 앞으로 이 세 가지를 하지 않으면, 아니 이 분야에서 최고가 되지 않으면 먹고살 수 없다는 뜻이다. 그런데 지금 우리 중 인공지능, 클라우드, 양자컴퓨팅에 대해 전문적인 지식을 쌓고 있는 사람이 얼마나 될까? 일반인이 그런 미래 산업의 전문 분야에 대해 잘 안다는 것은 불가능하다. 그럼 어떻게 해야 할까? 간단하다. 그런 사업을 하는 세계 최고 기업의 주식을 사면 된다. 그 사업을 직접 힘들게 할 필요가 전혀 없다. 세계 최고 인공지능 기업, 클라우드 기업, 양자컴퓨터 기업의 주식을 사서 장기 보유하면 된다. 그리고 내 자녀에게도 이 투자법을 가르쳐주면 된다.

초능력을 가진 양자컴퓨터

시장조사 업체 마켓리서치퓨처Market Research Future, MRFR에 따르면 2019년만 해도 양자컴퓨터 시장은 우리 돈으로 9천억 원 8억 200만 달러 규모에 그쳤다. 그런데 2023년에는 약 3조 1천억 원대, 즉 28억 2,200만 달러로 올라간다고 한다. 인공지능, 양자컴퓨터, 클라우드 세 분야가 연결되는 이 시장이야말로 이제 막 문이 열린 것이다. 세상에 태어난 갓난아기라고 생각하면 된다. 우리가 지금부터 이런 기업과 좋은 투자를 시작하면 이 갓난아기가 성인이 될 미래에 엄청난 부를 가질 수 있다.

슈퍼컴퓨터는 일반 컴퓨터보다 100만 배 이상 뛰어난 컴퓨터를 말한다. 당연히 가격도 매우 비싸다. 그런데 여기 양자컴퓨터라는 더 어마어마한 놈이 있다. 슈퍼컴퓨터는 일반 컴퓨터에 비하면 초능력자 수준이다. 그런데 이 슈퍼컴퓨터를 양자컴퓨터에 비교하면 슈퍼컴퓨터가 일반 컴퓨터가 된다. 양자컴퓨터의 성능이 슈퍼컴퓨터보다 수십억 배나 뛰어나기 때문이다.

양자컴퓨터 개발로 유명한 기업 중 하나는 IBM이다. 나는 IBM 주식을 추천하지 않지만 만만치 않은 기업인 것만은 확실하다. IBM이 개발한 양자컴퓨터는 슈퍼컴퓨터가 10억 년 동안 해야 하는 소인수 분해 계산을 100초 안에 끝낸다. 2019년에 구글은 시카모어Sycamore라는 양자컴퓨터 칩을 개발했다. 시카모어는 현존하는 최고 성능의 슈퍼컴퓨터가 1만 년 걸려 푸는 수학 계산을 200초 만에 끝낸다. 최고의 골프 선수 타이거 우즈나 농구 천재 마이클 조던이 1만 년 동안 연마해야만 가능한 스포츠 기술을 200초 만에 실현한 운동 선수가 나타난 셈이다. 여기에 더해 구글은 양자컴퓨터 상용화 연구를 치열하게 하고 있다.

그래서 나는 미국 IT 기업의 독보적 1위는 구글이라고 생각한다. 구글은 인공지능에 관한 한 외계인급 기술을 가지고 있다. 아직 오픈하지 않았을 뿐이다. 만약 여러분이 미국의 IT 기술주 넘버원을 선택하겠다면, 30년 뒤는 물론 100년 후까지 생각한다면, 구글을 사라고 권하고 싶다. 현재는 애플, 아마존, 마이크로소프트가 구글보다 나아 보이지만 100년 후까지 생각한다면 답은 구글이다. 구글은 에디슨이 만든 제너럴일렉트릭이 이후 100년 넘게 성장한 것처럼 100년 후에도 주류 기업으로 남을 가능성이 높다. 100년 후는 너무 멀다고 생각할 수도 있겠지만 내 아이, 그리고 내 아이의 아이까지 생각하는 사람이라면 100년 후까지 내다봐야 하지 않겠는가.

양자컴퓨터는 '큐비트'라는 단위를 쓰는데 구글이 72큐비트, IBM

이 65큐비트, 허니웰HON, 보일러로 유명하지만 빌딩 자동제어 시스템, 공장 제어 시스템, 산업용 제어기기, 우주항공 산업, 특수화학, 섬유 및 플라스틱 사업 등 다채로운 포트폴리오를 자랑하는 기업이 64큐비트 양자컴퓨터를 개발했다. 중국의 알리바바BABA 역시 11큐비트 양자컴퓨터를 보유하고 있지만 구글, IBM 등 미국 기업에 비하면 미비한 수준이다. 안타깝게도 우리나라는 양자컴퓨터 개발 소식이 아직 없다.

구글과 IBM은 회사 역량을 총동원해서 양자컴퓨터라는 미래 문명을 만들어가고 있지만 아마존과 마이크로소프트는 '미래 문명은 너희가 만들어. 우리는 거기에 올라타 돈을 벌게' 하는 식이다.

마이크로소프트는 자사 클라우드인 애저Azure를 통해 허니웰과 아이온큐IONQ에서 만든 양자컴퓨팅 서비스 애저 퀀텀Azure Quantum을 제공하고 있다. 즉 공인중개사 같은 중개자 역할을 하고 수수료를 받는 서비스를 제공한다. 아이온큐는 양자컴퓨터를 직접 개발했지만, 클라우드 고객이 적기 때문에 마이크로소프트의 클라우드를 이용함으로써 서로 윈윈하는 것이다. 참고로 아이온큐 공동창업자인 김정상은 듀크대 출신의 한국인이다. 10년 전 원자시계라는 기술을 개발했는데, 이 기술을 활용해 아주 작은 양자컴퓨터 칩을 만들겠다는 목표를 세우고 있다. 아이온큐가 목표로 하는 기술이 완성되면 양자컴퓨터 상용화 시대가 열릴 것이다. 현재 구글에서 개발한 칩은 영하 200도의 초저온 상태에서만 작동한다. 그런데 아이온큐는 온도 상태에 구애받지 않는 칩을 개발 중이다. 스마트폰처럼 사용 가능한 양자컴퓨터를 만들어 대중화하겠다는 것이다. 여기에 이미 아마존, 구글, HP HPQ가 투자했고, 삼성전자 역시 투자에 합류했다.

아마존은 브래킷 Braket이라는 양자컴퓨팅 클라우드 서비스를 선보이고 있다. 아마존웹서비스 AWS를 통해 캐나다 기업 D-웨이브에서 만든 양자컴퓨터 'D-웨이브 2000Q' 서비스와 아이온큐의 양자컴퓨팅 서비스를 제공한다.

IBM과 구글도 양자컴퓨터 클라우드 서비스를 제공하고 있다. 특히 IBM은 클라우드를 통해 53큐비트 양자컴퓨터 'IBM 큐 시스템 원'을 다른 기업들이 사용할 수 있도록 서비스하고 있다. 일반 기업 입장에서는 직접 양자컴퓨터를 개발하거나 구입하지 않아도 된다. 그저 IBM 클라우드 서비스를 매달 정액제로 구독하면 된다. 참고로 2020년 4월 기준 전 세계 100여개 기업이 IBM의 양자컴퓨터 서비스를 클라우드를 통해 이용하고 있다.

지금껏 살펴봤듯 양자컴퓨터 분야도 절대강자는 미국이다. 미국은 2018년부터 2023년까지 양자컴퓨터 분야에 12억 달러, 약 1조 4천억 원을 투자한다. 중국 역시 2018년부터 2023년까지 1천억 위안, 약 17조 원을 투자한다. 미국은 왜 중국보다 투자 액수가 적을까? 이미 많이 투자했고, 기술 격차가 확실하기 때문이다. 중국의 양자컴퓨터 기술이 보잉 비행기라면 미국은 우주왕복선급이다. 안타깝게도 한국은 비행기조차 없다. 한국은 2020년부터 2025년까지 양자컴퓨터 분야에 약 445억 원을 투자한다고 한다. 445억으로 과연 뭘 할 수 있을지는 모르겠다.

1초에 데이터 1억 개씩을 분석하는 괴물이 사는 곳

앞서 이재용 부회장이 족집게 과외 선생처럼 콕 집어준 인공지능, 클라우드, 양자컴퓨팅. 이 셋 중에서 가장 중요한 건 무엇일까? 클라우드다.

인공지능 하면 무엇이 가장 먼저 떠오르는가? 아마 알파고일 것이다. 그렇다면 알파고는 어디에 있을까? 구글 클라우드에 있다. 알파고는 구글 클라우드에서 무려 290만 번의 바둑 대국을 두었다. 알파고는 그렇게 지난한 훈련을 마치고 이세돌과 바둑 시합을 했다. 대국 때 알파고가 있었던 곳 역시 구글 클라우드다. 즉 클라우드는 알파고의 집이라고 할 수 있다.

IBM에서 만든 인공지능 왓슨 역시 IBM 클라우드에서 살고 있다. 현재 정부 기관, 대기업 등 모든 인간과 인간이 만든 조직에서 생성되는 데이터들은 클라우드로 들어간다. 모든 데이터가 이곳에 축적되고, 인공지능은 이 클라우드에서 축적된 데이터를 바탕으로 계속해서 학습한다. 즉 인공지능이 인간을 초월하는 능력을 기르는 곳이 바로 클라우드다.

쇼핑앱에서 어떤 물건을 샀다고 가정해보자. 며칠 후 그 앱에 들어가면 다른 물건을 추천해주는데, "어? 이거 내가 필요한 건데 어떻게 알았지?" 싶은 기분이 들곤 한다. 이는 내 쇼핑 정보가 클라우드로 들어갔기 때문이다. 즉 인공지능이 클라우드에서 내 데이터를 학습한 결과다. 그렇게 나는 계속 소비를 하고, IT 기업은 계속 돈을 번다. 이게 바로 데이터 경제다.

이처럼 클라우드는 우리 일상 깊숙이 자리 잡고 있다. 사실 지금 우리는 클라우드가 없으면 일상생활을 영위하기 힘들 정도다. 그런데 우리는 왜 클라우드의 존재를 제대로 느끼지 못할까?

그건 실리콘밸리의 철학과 관련이 있다. 스티브 잡스는 "애플은 인문학과 과학기술의 교차점에 있다"고 했다. 당시 사람들은 '과학기술은 알겠는데 그가 말하는 인문학이란 대체 무엇일까?'라며 어리둥절해 했다. 기업을 창립할 때는 각자의 철학이 있다. 예를 들어 페이스북 CEO 마크 저커버그가 이야기하는 IT 인문학이란 베르길리우스의 〈아이네이스〉에서 따온 것이다. 〈아이네이스〉에 나오는 세계 시민 철학을 페이스북에 적용한 것이다. 그렇다면 잡스의 철학은 무엇일까? 하이데거의 도구 철학이다.

2차 세계대전은 과학기술의 발달로 이어졌다. 하지만 이 과학기술은 자연을 파괴하고 셀 수 없이 많은 사람을 죽음으로 몰고 갔다.

과학기술이란 게 인간의 편의와 행복을 위해 시작된 것인데 실상은 인간과 인류를 가장 큰 불행으로 몰아가고 있었던 것이다. 의식 있는 사람들 사이에서 이건 잘못된 방식이며 앞으로의 기술은 인간적이어야 한다는 깨달음이 생겨났다. 인간은 숟가락을 쥐고 밥을 먹을 때 자신이 지금 도구를 이용해 무언가를 하고 있다는 의식을 하지 않는다. 숟가락은 이미 자신의 일부다. 그리고 숟가락은 인간에게 해를 끼치지 않는다. 도리어 행복하게 한다. 이게 실리콘밸리의 천재들이 추구한 하이데거의 도구 철학이다.

과거에 이동전화는 벽돌에 가까운 크기와 모양을 하고 있었다. 그때 가격이 100만 원 수준이었으니 지금 돈 가치로 생각하면 400만~500만 원짜리 벽돌을 들고 다니는 거나 다름없었다. 당시 이동전화를 사용하는 사람들을 보면 마치 비밀작전을 수행하는 것처럼 보였다. 인간 친화적이기보다는 뭔가 위협적이고 위화감을 주는 물건이었다. 고가이다 보니 돈이 많은 사람이나 쓰는 물건으로 치부되었고 그 물건을 사용하는 사람은 내가 가까이 할 수 없는, 범접할 수 없는 신분 격차를 느끼게 했다. 즉 당시의 이동전화는 계급적인 도구의 느낌이 강했다. 하지만 아이폰이 나오면서 휴대폰이라는 물건은 그 자체로 아름답고, 누구나 사용할 수 있으며, 눈 뜨고 잘 때까지 내 생활에 밀착된 숟가락 같은 존재로 바뀌었다. 이게 스티브 잡스가 말한 하이데거의 도구 철학이다.

클라우드 역시 마찬가지다. 클라우드도 인간 친화적 기술이기에 숟가락이나 젓가락처럼 우리가 의식조차 하지 못한다. 클라우드 서비스나 인공지능, 양자컴퓨팅은 궁극적으로 사라지는 것을 목표로 한다. 우리 생활 아주 깊숙한 곳까지 들어와 인간의 의식 세계에서 없어지는 것이다. 스마트폰이 그렇게 된 것처럼 말이다. 그래서 현재 우리가 사용하는 스마트폰 안의 모든 데이터는 클라우드를 기반으로 돌아가고 있지만 우리는 의식조차 못하고 있다. 즉 이미 우리는 자신도 모르게 클라우드 생태계 속에서 살아가고 있다.

SaaS의 절대강자, 세일즈포스

클라우드 서비스에도 유형이 있다. 첫 번째는 IaaS[Infrastructure as a Service]다. IaaS는 한마디로 인프라를 빌려주는 클라우드 서비스다. 땅을 빌려주고 이 사이버 세계에서 집을 짓든 건물을 세우든 마음대로 하라는 것이다. IaaS의 절대강자는 아마존웹서비스[AWS]다. 그 뒤를 마이크로소프트가 맹렬히 추격하고 있다. 3위는 구글이다.

두 번째는 PaaS[Platform as a Service]다. PaaS는 소프트웨어 개발 플랫폼을 빌려주는 클라우드 서비스다. IaaS의 경우 땅만 빌려줬는데, 여기는 땅뿐 아니라 건축 자재와 설계도까지 빌려준다. "우리가 다 준비해줄게. 우리 설계도대로 지어"라고 하는 것이다. PaaS에서도 아마존, 구글, 마이크로소프트가 시장을 쥐고 있다.

마지막으로 SaaS Software as a Service다. '서비스 소프트웨어'라는 의미로 클라우드 환경에서 운영되는 애플리케이션 서비스를 말한다. 소프트웨어를 구입해 PC에 설치하지 않아도 웹에서 소프트웨어를 빌려 쓸 수 있다. "건물까지 내가 다 지어줄게. 들어와서 살아"라는 개념이다. SaaS의 넘버원 기업은 세일즈포스 Salesforce, CRM다. 그 뒤를 구글이 쫓고 있다.

SaaS의 절대강자 세일즈포스의 이야기를 해보자. 캘리포니아주 샌프란시스코 다운타운에는 가장 높은 61층짜리 건물이 있는데, 그 건물 전체를 사옥으로 사용하고 있는 기업이 세일즈포스다. "기업이 소프트웨어를 구매하고 사용하는 것은 일반인이 아마존에서 책을 주문하는 것처럼 쉬워야 한다"라는 철학을 가진 창업자 마크 베니오프는 지금으로부터 무려 20년 전인 1999년에 CRM이라는 기업용 소프트웨어로 클라우드 서비스를 시작했다. '고객 관계 관리'라고 불리는 CRM Customer Relationship Management은 기업 내 부서마다 사용했던 각기 다른 프로그램을 하나의 프로그램으로 통합해 고객 관리의 효율성을 극대화해주는 소프트웨어다.

마크 베니오프는 1964년 미국 캘리포니아주 샌프란시스코에서 태어났다. 어린 시절부터 컴퓨터와 프로그램에 관심을 보였던 그는 게임 특성화 고등학교에 다녔는데, 열다섯 살의 어린 나이에 '저글링

하는 법How to Juggle'이라는 프로그램을 직접 만들어 판매했다. 그 수익금으로 리버티소프트웨어라는 회사를 설립했고, 아타리 8비트용 비디오 게임기를 개발해 월 1,500달러의 매출을 올렸다. 베니오프는 그 돈으로 대학 입학금과 수업료를 마련해 서던캘리포니아대학에 진학했다. 그리고 때마침 매킨토시를 만들며 이름이 알려지기 시작한 애플에 인턴으로 들어가 스티브 잡스를 만난다. 이후 베니오프는 잡스를 평생의 스승으로 여긴다. 그는 "잡스가 없었더라면 클라우드도 없었을 것이고, 세일즈포스도 존재할 수 없었을 것"이라고 말할 정도다.

스티브 잡스에 관해 잘 알려진 부분 중 하나가 주변 사람들에게 매우 괴팍했다는 사실이다. 베니오프 역시 잡스와 가까이 지내며 그의 히스테릭한 모습을 여러 번 경험했을 텐데, 평생 잡스를 존경하는 모습이 매우 인상적이다. 잡스가 세상을 떠난 뒤에도 베니오프가 잡스에 관한 이야기를 할 때면 눈빛에 진심 어린 존경심이 담기고 자세가 달라진다. 성공한 후에도 누군가를 진심으로 존경하는 마음가짐과 자세가 멋지다는 생각이 든다.

잡스를 스승으로 모시며 애플에서 인턴 생활을 한 뒤 대학을 졸업한 베니오프는 세계 최대의 데이터베이스 관리 시스템DBMS 개발 기업인 오라클ORCL에 스카우트됐다. 그리고 승승장구해 입사 3년 만인 26세에 최연소 부사장 자리에 오른다. 그 뒤 베니오프는 13년 넘게 오라클에서 근무하다가 1999년 회사를 나와 세일즈포스를 시작한다. 허름한 원룸에서 조명과 컴퓨터 하나만 달랑 놓고서 말이다. 막상 사업을 시작하기로 했지만 막막했던 그는 잡스를 찾아가는데, 당시 잡스는 그에게 세 가지 조언을 해줬다고 한다.

첫 번째는 세일즈포스를 1년 안에 10배 이상 성장시켜야 한다는 것. 두 번째는 서비스를 개시한 즉시 당시 대형 화장품 회사였던 에이본 같은 큰 고객을 잡아야 한다는 것. 그리고 마지막은 애플리케이션 경제App Economy, 이하 앱 경제를 구축해야 한다는 것이었다. 당시만 해도 앱 경제는 흔치 않은 개념이었다. 그가 잡스에게 앱 경제가 무엇이냐고 되묻자 잡스는 자신 역시 이 개념을 명확하게 알지 못하지만, 이것을 이해하고 서비스에 접목해야 한다는 선문답 같은 대답을 했다고 한다.

베니오프는 잡스가 제안한 조언들을 충실히 수행하는 한편, 그가 말한 앱 경제에 대해서도 오랫동안 고민했다. 그리고 결국 기업형 앱 스토어라는 형태로 앱 경제를 구체화한다. 개인이 앱스토어에서 애플리케이션을 다운받아 사용하는 것처럼 기업을 대상으로 클라우드 서비스를 해야 한다는 사실을 깨달은 것이다. 얼마 후 베니오프는 SaaS 서비스, 즉 기업 대상 클라우드 서비스를 시작했고 밑바닥에서 시작한 그의 사업은 엄청난 성공을 거두게 되었다.

현재 전 세계 15만 개 이상의 기업이 세일즈포스의 고객이다. 《포춘》 선정 100대 기업 중 96%가 세일즈포스의 CRM을 사용하고 있고 전 세계 500대 기업의 87%가 세일즈포스의 클라우드를 이용한다. 구글, 아마존, 페이스북, 벤틀리, 도요타, 필립스 등이 대표적이다. 한국에는 2007년에 진출했는데 삼성전자, 삼성물산, 현대자동차, 대한항공, 풀무원, 오뚜기, 유한킴벌리, 쿠팡CPNG 등 600여 개 이상의 기업이 세일즈포스의 CRM 서비스를 사용하고 있다.

2019년 기준 세일즈포스의 CRM 시장 점유율은 18.4%로 압도적 1위다. 2위는 재무, 영업, 인사 관리, 자산 관리 등 다양한 업무 영역별 비즈니스 솔루션을 제공하는 독일의 다국적 소프트웨어 기업 SAP으로 점유율 5.8%를 차지한다. 이어서 오라클이 5.2%로 3위, 마이크로소프트가 3.7%, 그리고 어도비가 3.6%로 그 뒤를 잇고 있다.

18.4%라는 압도적인 시장 점유율을 차지하고 있는 세일즈포스의 고객사를 지역별로 살펴보면 북미 70%, 유럽 21%, 아시아 9%다. 세일즈포스의 시장 개척 경험이나 시장 장악 능력을 생각하면 아직 여력이 있는 유럽과 아시아의 점유율도 앞으로 70% 이상까지 올릴 수 있을 것으로 보인다. 사실 CRM을 개발해 판매하는 기업은 많다. 하지만 세일즈포스의 프로그램을 한번 사용해본 기업들은 타사 제품을 선택하기 어려울 정도로 제품의 효율성과 편리성이 남다르다는 평가를 받고 있다. 현재 북미, 유럽 등 세계적인 기업들이 모두 CRM으로 넘어가는 분위기로, 비슷한 기능을 제공하는 SAP의 경우 사용 방법

이 까다롭다는 점이 단점으로 지적된다. 즉 세일즈포스는 앞으로도 SaaS의 절대강자로 군림할 가능성이 높다고 할 수 있다.

세일즈포스 vs 마이크로소프트, 승자는 누가 될 것인가

세일즈포스의 CRM으로 대표되는 소프트웨어 구독 시장인 SaaS 시장은 지난 10년 동안 10배 이상 성장했다. 전문가들은 앞으로도 SaaS 시장이 지금보다 10배 이상 더 성장할 것으로 예측한다. 세일즈포스 같은 SaaS 기업의 주식이 지난 10년간 10배 이상 올랐는데, 앞으로도 10년간 또다시 10배 이상 오를 가능성이 매우 크다는 전망이다.

석유 경제로 대표되던 3차 산업혁명 시대에서 4차 산업혁명으로 넘어가는 상징적인 사건은 다우지수 기업 교체다. 2020년 8월 미국을 대표하는 30개 기업의 주가지수를 보여주는 다우지수에서 석유기업인 엑슨모빌이 92년 만에 퇴출당하고, 그 자리에 새로운 기업이 들어갔는데, 그게 바로 세일즈포스였다. 다우지수가 3차 산업혁명을 대표해왔던 석유회사를 밀어내고, 클라우드 기업 세일즈포스를 올린 것은 엄청난 사건이었다. 앞으로 클라우드 경제가 새로운 미래의 강력한 선두주자가 된다고 판단한 것으로 볼 수 있다.

세일즈포스의 주식을 살펴보면 83.7%를 기관에서 보유하고 있다.

이렇게 많은 양의 주식을 기관이 보유하고 있다는 사실은, 기관투자가들이 세일즈포스에 대해 매우 안정적인 평가를 내리고 있다는 의미다. 대표적으로 세계 최고의 기관투자가인 블랙록과 뱅가드가 세일즈포스의 주식을 38.7% 보유하고 있다.2019년 기준

이처럼 막강한 세일즈포스의 잠재적 라이벌은 마이크로소프트다. 앞서 마이크로소프트의 SaaS 시장 점유율이 3.7%였다는 것을 기억한다면 다소 뜬금없이 들릴지도 모른다. 두 기업의 점유율 차이는 현재 5배를 훌쩍 넘기 때문이다. 그런데 왜 세일즈포스는 마이크로소프트를 의식하는 걸까?

세일즈포스는 2020년 12월 기업용 메신저 슬랙Slack을 227억 달러, 우리 돈으로 약 30조 원에 인수하겠다고 발표했다. 2021년에 인수가 마무리될 예정이다. 슬랙은 전 세계 14만 2천여 개 기업에서 약 1,200만 명이 사용하는 클라우드 기반의 협업 도구다. 미국항공우주국NASA과 영국 정부에서도 슬랙을 사용한다. 흥미로운 점은 슬랙을 사용하는 고객의 90% 이상이 세일즈포스의 CRM을 사용하고 있다는 것이다. CRM과 슬랙을 동시에 사용하고 있는 기업으로서는 두 기업의 합병은 매우 좋은 소식이다. 물론 세일즈포스는 당분간 슬랙을 독립체제로 운영한다고 하지만, 언젠가는 완전히 흡수하게 될 것이다.

사실 슬랙은 마이크로소프트가 인수할 계획이었다. 하지만 슬랙

이 인수 제안을 거절했다. 그러자 마이크로소프트는 '마이크로소프트 팀즈'라는 기업용 메신저를 직접 개발했다. 그리고 오피스365에 끼워 무료로 제공했다. 그 결과 2016년부터 2020년까지 2년 만에 마이크로소프트 팀즈의 가입자가 1억 1,500만 명을 돌파했다. 안타깝게도 같은 기간 슬랙의 가입자는 400만 명에서 1,200만 명으로 약 800만 명밖에 증가하지 않았다. 마이크로소프트가 이 기세로 가면 슬랙은 문을 닫게 될 것이다. 내가 갖지 못하면 누구도 갖지 못하게 슬랙을 밟아주겠다는 마이크로소프트의 무시무시한 보복이었던 셈이다.

따라서 세일즈포스는 오라클이나 어도비보다 마이크로소프트를 의식할 수밖에 없다. 비록 마이크로소프트가 지금은 SaaS 시장에서는 상당히 뒤처져 있지만 언제 무슨 짓을 할지 모르기 때문이다. 세일즈포스가 슬랙을 인수한 사건은 단순히 SaaS 최강자가 몸집을 키우기 위한 것이 아니라 장차 일어날지 모를 마이크로소프트와의 전쟁을 준비한 것이라고 보는 편이 맞을 것이다.

세일즈포스의 미래가 매우 밝아 보였는데 마이크로소프트의 이야기를 들으니 뭔가 찜찜하고 불안하다면 세일즈포스보다는 마이크로소프트의 주식을 사는 것이 낫다. 앞으로 클라우드 시장에서 과연 누가 최강자가 될 것인가? 우리 모두 나름의 판단 아래 현명한 선택을 할 수 있도록 마이크로소프트, 아마존, 구글 등 대형 기업부터 세일즈포스, 슬랙 등까지 입체적으로 조감도를 보여주는 것이 이 책에서의 나의 역할이라고 생각한다. 선택은 여러분의 몫이다.

세일즈포스가 좋지 않은 선택이라는 것이 결코 아니다. 세일즈포스는 앞으로도 더 성장할 것이다. 하지만 장기적인 관점과 전체적인 파이를 그려보면 이후에도 더 많이 성장할 기업은 마이크로소프트나 아마존일 가능성이 크다. 기업의 미래 성장에 관한 판단은 많은 공부를 통해 스스로 해야 할 것이다. 클라우드 주식은 아마존이나 마이크로소프트를 60~80%로 가져가고, 세일즈포스를 20~40% 정도로 가져가는 것도 방법이 될 수 있다.

아마존은 어떻게 클라우드 기업이 되었나

아마존 매출 대부분이 온라인 쇼핑에서 나올 거라고 생각하는 사람이 많겠지만 실은 그렇지 않다. 아마존은 클라우드 서비스로 훨씬 유명하고 전체 수익의 70%가 클라우드 서비스 자회사인 아마존웹서비스에서 나온다. 아마존웹서비스의 고객으로는 미국항공우주국, 넷플릭스NFLX, 에어비앤비ABNB, 어도비를 비롯해 전 세계적으로 2,300개의 정부 기관, 7천 개 이상의 교육기관, 2만 2천 개 이상의 비영리기관이 있다. 엄밀히 말하면 아마존은 클라우드 회사다.

아마존은 어떻게 클라우드 회사가 되었을까? 온라인 쇼핑에 주력하던 아마존은 블랙프라이데이나 추수감사절 등 미국인의 쇼핑 수요가 수십 배 이상 늘어나는 시즌에 기존 서버로는 운영을 감당할 수 없었다. 그래서 폭발적인 쇼핑 시즌에 대비해 서버를 확충했는데 시즌이 지나고 나면 서버의 90% 이상을 놀리는 상황이 벌어졌다. 결국 비시즌 기간에 사용하지 않는 서버를 빌려주자는 아이디어에서 클라우드 사업이 시작되었다.

생각해보라. 세계적인 기업 아마존에서 보안을 비롯한 클라우드의 모든 것을 관리해주는 것이다. 일반 기업에서는 마다할 이유가 없다. 기업이 직접 클라우드를 서비스하려면 데이터센터를 짓는 일부터 인력과 보안 문제까지 신경 써야 할 부분이 한둘이 아닌데 이 모든 걸 대행해주는 서비스가 있다니 대환영이었다. 그렇게 아마존은 2006년, 기업 대상 클라우드 구독 서비스를 시작했다. 국내에서도 삼성전자, LG전자, 넥슨, 대한항공, 쿠팡, 배달의민족 등의 대기업들이 아마존의 클라우드 서비스를 이용하고 있다. 많은 사람들이 "아마존이 아직 한국에 진출하지 않았다"며 다행이라고 여기지만 이건 사실이 아니다. 아마존은 이미 오래전에 한국에 진출했다. 온라인 쇼핑이 아닌 클라우드를 통해서 말이다. 대한민국의 클라우드 사업을 꽉 쥐고 있는 건 다름 아닌 아마존이다.

아마존의 클라우드 사업의 미래가 무궁무진하다는 사실을 뒷받침해줄 만한 새로운 흐름이 또 하나 있다. 독일의 명품 자동차 기업인 BMW가 대표적인 사례다. BMW 역시 아마존 클라우드 서비스를 이용하고 있었지만, 최근 자체 클라우드를 개발할 계획을 세웠다. BMW 전용 클라우드를 개발해 전 세계에 흩어져 있는 공급망을 안정적으로 관리하고, 이를 토대로 신차를 개발하겠다는 계획이었다. 하지만 기술력이 부족한 BMW는 아마존에 협업을 제안했다. 즉 기존에는 아마존이라는 건물에 BMW가 세를 살았다면, 이제는 아마존이 BMW가 소유한 건물로 출장 서비스를 가는 새로운 개념이 생긴 것이다. 이러한 사례는 비단 BMW에서 끝나지 않을 것이다. 많은 기업이 이런 선례에 따라 자체 클라우드 설립을 계획하고 이를 아마존 등에 제안할 가능성이 매우 크다. 그러면 클라우드 사업의 새로운 지평이 열린다. 아마존의 사업 영역은 더욱 넓어질 것이고 수익 역시 더 늘어날 것이다.

아마존의 성장 가능성은 그야말로 무궁무진하다. 지금 최고의 자리에 오른 것 같지만 더 높이 오를 여력이 충분하다.

현재 아마존은 세계 최고의 데이터 비즈니스를 하고 있다. 아마존 클라우드에서는 3억 명 이상의 구매 데이터를 1초 단위로 파악하고 여기에 맞춰 적절한 광고 서비스 등을 제공한다. 아마존의 이커머스 사업 역시 수익성이 매우 좋다. 2019년 아마존 쇼핑에서 옷을 구매한 누적 고객만 10억 명이다. 현재 아마존은 미국 전체 전자상거래의 40%를 차지하고 있는데 이 수치는 더 높아질 것이다.

OTT 분야에서도 아마존의 실적은 눈부시다. 무려 1억 5천만 명의 회원을 보유하고 있기 때문이다. 아마존은 '아마존고'라는 무인 마트도 운영하고 있다. 아직은 시범 단계지만 시스템이 정착되면 100% 무인 마트로 운영될 예정이다. 만일 '아마존고'가 성공하면 전 세계 편의점은 '아마존고'로 대체될 가능성이 높다. 여기서 끝이 아니다. 아마존은 일간지 《워싱턴 포스트》를 보유하고 있고 우주항공 관련 사업블루오리진도 진행 중이다. 4차 산업혁명의 끝판왕이 바로 우주여행인데 아마존은 이미 거기에 발을 들인 것이다.

아마존이 야심 차게 추진 중인 프로젝트 카이퍼도 눈여겨봐야 한다. 프로젝트 카이퍼는 소형 인공위성 3,236개를 쏘아 올려 전 세계 초고속 인터넷 서비스망을 제공하는 것을 목표로 한다. 아프리카를 비롯 전 세계 어디서든 스마트폰으로 아마존을 이용할 수 있도록 하겠다는 것이다.

상상해보라. 소형 인공위성 3,236개가 지구 상공을 뒤덮고, 여기서 나오는 모든 정보가 아마존 클라우드에 연결되는 세상을 말이다. 아마존웹서비스의 진정한 시대는 그때 열릴 것이다. 어쩌면 진정한 클라우드 시대는 아직 시작도 하지 않았고, 아마존의 진짜 성공 역시 아직 시작도 하지 않은 셈이다.

지금 세계는 클라우드 전쟁 중이다

마이크로소프트는 2000년대 초반 누구도 넘볼 수 없던 세계 최고의 기업이었다. 그러나 빌 게이츠가 지구를 살리는 일에 전념하겠다며 은퇴를 선언하고 친구 스티브 발머에게 경영권을 넘기면서 침체기에 들어섰다. 2000년 마이크로소프트의 주가는 50달러였다. 그런데 9년이 지난 2009년에 주가가 15달러로 대폭락했다. 그리고 2012년 4분기에는 상장 이후 처음으로 손실을 기록했다. 주력 분야인 PC 시장이 침체기였고, 애플이 주도한 모바일, 태블릿, 노트북 시장에서 참패했기 때문이다. 마이크로소프트는 애플에 대항하기 위해 노키아를 인수했지만, 그것마저 실패하며 '마이크로소프트는 이제 끝났다'는 이야기가 나오기 시작했다. 한때 700조 원대였던 시가총액도 250조 원대로 떨어졌다.

그런데 2017년, 마이크로소프트의 시가총액이 다시 582조 원대로 올라선다. 망했다는 얘기가 나돌던 기업에 도대체 무슨 일이 있었던 것일까?

2014년, 인도 출신의 사티아 나델라라는 인물이 마이크로소프트의 새로운 CEO로 취임했다. 그는 시장이 클라우드로 바뀌고 있다는 사실을 간파하고 있었다. 나델라는 '모바일 퍼스트, 클라우드 퍼스트'라는 새로운 비전을 천명하며 기업의 모든 자원과 역량을 클라우드에 쏟아부었다. 마이크로소프트는 '애저'라는 클라우드 서비스로 틈새시장을 공략하는 동시에, 사업 승산이 없다고 판단한 스마트폰 사업 등은 포기하며 선택과 집중을 확실히 했다. 그 결과 마이크로소프트는 다시 최고의 기업으로 되살아났다.

2019년에는 미국 국방부의 클라우드 사업을 수주한다. 무려 100억 달러 규모였다. 이를 계기로 마이크로소프트는 클라우드 사업 분야에 한 획을 그었다. 이전까지만 해도 아마존의 클라우드 사업이 일류라면 마이크로소프트는 이류의 느낌이 강했는데, 국방부 사업을 수주하면서 마이크로소프트의 가치가 아마존 수준으로 올라간 것이다.

2019년 기준 전 세계 클라우드 시장 점유율은 아마존 33%, 마이크로소프트 17%, 구글 6%다. 매출 증가율을 살펴보면 아마존 35%, 마이크로소프트 59%로 마이크로소프트가 무서운 속도로 아마존을 맹추격하고 있다. 앞으로 클라우드 시장은 아마존과 마이크로소프트의 양강체제가 될 것으로 보인다. 구글은 "아마존, 마이크로소프트, 너희 둘이 치고받고 싸워라. 나는 그냥 내 길을 가겠다" 식으로 느릿하지만 착실하게 클라우드 시장을 개척하고 있다. 한편 중국 최대 온라인 마켓인 알리바바는 클라우드 사업에 앞으로 3년간 34조 원을 투자해 17개국에 진출하겠다고 선언했고, 중국 인터넷 서비스 전문업체인 텐센트 역시 앞으로 5년 동안 86조 원을 클라우드에 투자하겠다고 공식 발표했다. 지금 세계는 클라우드 전쟁 중이다. 아쉬운 점은 이 전쟁터에서 한국 기업의 이름이 보이지 않는다는 사실이다.

단기폭락과 대폭락의 반복을 이겨내는 힘

주식 투자에서 중요한 것은 나만의 원칙과 철학을 지키는 일이다. 아마존 주가의 역사는 이 사실을 잘 보여준다. 먼저 제프 베이조스의 이야기를 해보자.

전 세계 부자 1위로 유명한 제프 베이조스는 1964년 미국에서 태어났다. 외발자전거 선수였던 아버지 테드 조겐슨과 어머니 재클린 자이스는 각각 열여덟, 열일곱 살이라는 어린 나이에 결혼했다가 17개월 뒤 이혼했는데, 당시 재클린 자이스의 뱃속에는 제프 베이조스가 있었다. 베이조스의 어머니는 그가 네 살이 되던 해 무일푼이던 쿠바계 미국인 미겔 베이조스와 결혼했다. '베이조스'는 그의 새아버지 성을 따른 것이다. 결혼 후 미겔 베이조스는 석유 기업 엑슨모빌XOM에 입사했고, 이후 경영진까지 올라가는 성공 가도를 달린다. 제프 베이조스는 새아버지를 통해 큰 도전을 이뤄내는 모습을 지켜보는데 아마도 이것이 그에게도 큰 영향을 미쳤을 것이다. 참고로 어머니 재클린은 제프 베이조스에게 새아버지가 친부가 아니라는 사실을 오랫동안 알려주지 않았다고 한다. 덕분에 그는 정서적으로 큰 문제 없이 행복한 유년 시절을 보낼 수 있었다.

제프 베이조스의 외할아버지 프레스턴 자이스는 미국 국방부의 종합방위연구기획부에서 우주공학·미사일 방어시스템 전문가로 활약했고, 후일 국가원자력위원회에서 고위급 인사로 일했다. 열여섯 살 때까지 매년 여름 외할아버지와 시간을 보낸 베이조스는 외할아버지의 영향을 가장 많이 받았다고 한다. 수학과 과학을 아우르는 전문가와 함께 대화하며 자란 베이조스는 매우 영특한 아이로 성장했다. 초등학교 때 처음 컴퓨터를 접하며 게임 중독에 빠지기도 했지만 외할아버지 덕분에 게임에 대한 관심이 자연스럽게 컴퓨터 분야로 옮겨갔다. 이후 베이조스는 플로리다에 위치한 마이애미 팔메토고등학교를 수석으로 졸업하고 프린스턴대학에 입학해 물리학을 전공한다. 그런데 자신이 며칠 걸려 겨우 푼 문제를 몇 분 만에 풀어내는 과 친구들을 보며 물리학자가 되기를 포기하고, 전공을 컴퓨터공학으로 바꾼다.

대학을 졸업한 베이조스는 무명의 벤처기업인 피텔에 들어가 2년 동안 프로그래밍 업무를 한 뒤, 1990년대 후반까지 전 세계 파생상품을 제패했던 금융회사 뱅커스트러스트에 입사한다. 여기서 그는 컴퓨터 업무를 하며 입사 10개월 만에 최연소 부사장이 된다. 이후 D.E.쇼D.E.Shaw라는 월스트리트 헤지펀드 회사에 들어가 입사 1년 만인 스물여섯 살에 최연소 부사장이 되고, 4년 뒤인 서른 살에는 수석 부사장이 된다. 당시 그의 연봉은 100만 달러였다. 그러던 어느 날, 잡지를 보던 제프 베이조스는 인터넷 규모가 1년 만에 2,300% 성장했다는 기사를 읽게 된다. 그는 인터넷 사업을 하기로 결론을 내리고 회사를 그만둔다.

인터넷 사업 중에서도 쇼핑몰을 해야겠다고 결심한 베이조스는 1994년 당시 1위부터 20위 안에 있던 인터넷 쇼핑몰을 면밀히 조사한다. 그리고 이듬해 7월, 자신의 집 창고에서 아마존을 창업한다. 당시에 찍은 사무실 사진을 보면 정말 대단하다는 생각이 든다. 아주 작고 허름한 사무실에서 머리가 약간 벗어진 한 남자가 의자에 앉아 있다. 컴퓨터 한 대만 달랑 있는 방 안에서 그가 키보드로 뭔가를 두드리고 있는 사진이다. 벽에는 'amazon.com'이라고 적혀 있다. 이 사진을 보면 온갖 상념이 교차한다. 인터넷에서 한번 찾아보기를 권한다. 많은 에너지를 얻을 수 있을 것이다.

1995년 7월 집 창고에서 창업한 아마존은 1997년 5월 16일 나스닥에 상장된다. 당시 주가는 한 주에 1.73달러[액면분할조정가]였다. 1년 뒤인 1998년 5월 1일 아마존 주가는 약 7배 올라 7.87달러가 된다. 그리고 1999년 12월 10일 107.13달러를 기록한다. 2년 5개월 만에 50배 이상 오른 것이다. 하지만 2001년 9월 28일, 아마존 주가는 5.97달러로 80% 넘게 대폭락한다. 이후 아마존 주식은 98% 가까이 폭락하고, 원상회복까지 오랜 시간이 걸린다. 주식 투자 전문가 마이클 베트닉에 따르면 아마존 주가가 1997년부터 2017년까지 하루

6% 폭락한 게 199번, 3일 연속 15% 폭락한 게 107번, 20% 폭락한 게 16번이다. 2008년 리먼브라더스 사태 때는 64%, 닷컴버블이 꺼졌을 때는 98% 가까이 폭락했다.

아마존 주가의 역사는 미국 우량주식 장기투자의 역사다. 결국 미국 우량주식 장기투자의 역사란 단기폭락과 대폭락이 반복되는 역사인 것이다.

그렇다면 내가 미국 우량주식 장기투자를 하겠다는 건 어떤 의미일까? 주가가 조정을 받아 6%, 15%씩 떨어지는 걸 앞으로 최소 300회 이상 경험할 각오가 되어 있다는 뜻이다. '스마트폰으로 주가를 보는 순간 손이 후들후들 떨리는 고통을 300번 이상 감당하겠다. 어느 날 스마트폰을 켜고 내 주식을 확인했는데 98% 이상 폭락해 있는 것 역시 한 번은 경험하겠다. 그리고 98% 폭락한 그 가격이 10년 이상 가는 것도 감당하겠다. 이 모든 위기를 극복하고 주가가 원상회복되고 드디어 우상향을 하던 중에 또다시 세계 금융위기가 터져서 하루아침에 64% 대폭락하는 것 역시 감수하겠다'는 것이다. 부자가 되는 건 이처럼 결코 쉬운 일이 아니다. 그래서 철학과 원칙이 중요한 것이다. 철학과 원칙을 탄탄하게 갖춘 사람만이 단기폭락과 대폭락의 한가운데서도 흔들리지 않고 기업 본연의 가치를 믿고 투자를 계속할 수 있기 때문이다.

제프 베이조스는 아마존을 설립한 뒤 투자금을 유치하기 위해 여기저기 뛰어다녔다. 1995년 당시 그가 필요한 돈은 100만 달러였다. 가장 먼저 베이조스의 부모님이 25만 달러를 투자해 6%의 지분을 보유한다. 당시 그는 1인당 5만 달러씩 20명에게 투자를 받으면 100만 달러가 만들어질 거라고 계산하고, 초기 투자자 20명에게 지분 1%씩을 줘야겠다고 생각했다. 그렇게 60명을 만나 40명에게 거절을 당하고 나머지 20명에게 5만 달러씩의 투자금을 모은다. 2020년 아마존 시가총액이 약 2천조 원이므로 그때 투자해 받은 지분 1%를 지금까지 팔지 않았다면, 그 1%의 현재 가치는 무려 20조 원이 넘는다. 이것이 바로 우량주식 장기투자의 힘이다. 제프 베이조스의 부모님은 어떨까? 5만 달러의 5배인 25만 달러를 투자했고, 지분이 6%였으니 120조 원 이상이다. 한번은 방송에 나온 제프 베이조스에게 아나운서가 물었다.

"그때 5만 달러를 투자하지 않은 40명은 현재 어떻게 살고 있나요?"

어쩌면 그들도 방송을 보고 있었을 텐데 매우 짓궂은 질문이었다. 베이조스는 "그중 몇몇은 지금도 연락하며 친하게 지낸다. 40명 중 소수는 훌훌 털어버리고 행복하게 산다. 그때 그들은 제프 베이조스가 누군지도 몰랐고, 아마존이나 인터넷 상거래에 대해 전혀 아는 게 없었으니 그 선택은 당연했다고 말한다"고 답했다.

즉 주식 투자에 대한 철학과 원칙을 정확하게 가지고 있었던 사람들은 아마존을 잊고 행복하게 산다는 것이다. 하지만 철학과 원칙이 없었던 사람들은 "아마존의 a자도 꺼내지 못하고 너무나 고통스럽게 살고 있다"고 말했다.

클라우드는 이제 막 시작됐을 뿐이다

마이크로소프트의 중흥을 이끈 CEO 사티아 나델라는 최근 "클라우드는 이제 시작됐다"고 말했다. 세계 최고의 클라우드 기업, 아마존을 위협하는 마이크로소프트 CEO의 판단이다.

1990년대 초반 인터넷이 막 나왔던 때를 기억하는가. 홈페이지를 처음 구축하기 시작하고, 인터넷으로 처음 게임을 하고, 이전까지는 손으로 리포트를 쓰다가 아래아한글을 이용해 과제를 내고, 프린터로 과제를 출력하던 그 시기. 그때도 그랬다. '이 정도면 IT의 시대가 완성된 것 아닌가? 새로운 IT 기능이 앞으로도 나오긴 하겠지만 별 것 없을 것이다.' 다들 그렇게 생각했다. 하지만 그 뒤로 어떤 일들이 생겼는가. 스마트폰 시대가 열렸다. 현재 클라우드 시장은 인터넷 초기와 비슷하다고 전문가들은 말한다.

대한민국은 이제야 본격적인 클라우드 경제로 진입했다. 세계적인 컨설팅 회사인 보스턴컨설팅그룹BCG의 리포트에 따르면, 한국은 2020년 기준 전체 IT 비용 중 고작 5%를 클라우드에 쓰고 있다. 하지만 앞으로는 다를 것이다. 대표적으로 2020년 말에 한국IBM에서 우리나라 기업 중 매출 1천억 원 이상 기업 270개를 조사했는데 무려 68%가 "내년에 클라우드를 도입하겠다"고 답했다.

정부도 "2025년까지 모든 행정기관과 공공기관의 전산 데이터를 클라우드로 이전하고, 모든 ICT 시스템을 클라우드로 이전하겠다"고 선언했다. 정부 기관만 그럴까? 기업, 학교, 병원, 약국, 교회 등 우리나라에 존재하는 모든 조직이 클라우드를 쓸 수밖에 없다.

코로나19가 확산되면서 현재 전국 학생 540만 명이 클라우드에서 공부하고 있다. 온라인 강의가 클라우드에서 이뤄지고 있기 때문이다. 앞으로 이들의 시대는 진정한 클라우드 시대가 될 것이다. 우리가 클라우드 기업을 공부하고, 클라우드 관련 주식을 사야 하는 이유다.

미래의 부 06

완전히 새로운 부동산이 온다, 데이터센터

"우리는 앞으로 오피스 부동산은 사지 않을 것이다. 하지만 데이터센터 투자는 계속 늘릴 계획이다."

순다르 피차이 구글 CEO가 2020년에 한 발언이다. 시대가 바뀌고 있다. 이 사실은 코로나19가 확산되면서 우리 삶 속에서 더욱 극명하게 드러났다. 가장 명확하게 확인되는 현상 중 하나가 상가 부동산이다. 가격이 떨어진 건 아니지만 엄청난 공실이 생겼다. 코로나19가 끝나면 어느 정도 회복되긴 하겠지만, 예전의 명성을 되찾기는 어려울 것이다.

당신도 잘 알다시피 3차 산업혁명 시대는 저물고 있다. 당연히 부동산의 흐름도 바뀌고 있다. 부동산의 '미래의 부'는 데이터센터에 있다. 지금부터 데이터센터의 핵심이라고 할 수 있는 반도체를 생산하는 기업들과 데이터센터 기업에 투자하는 IT 리츠에 대해 살펴보자.

'반도체의 절대강자' 인텔의 위기

데이터센터의 구조는 간단하다. 넓은 땅 위에 거대한 건물을 짓고 각 층마다 서버[고성능 컴퓨터]를 가득 채운다. 즉 데이터센터 자체가 거대한 컴퓨터다. 그럼 컴퓨터에서 가장 중요한 것은 뭘까? 반도체다.

반도체 하면 가장 먼저 떠오르는 기업은 아마 인텔일 것이다. 인텔은 지난 50년 동안 반도체 시장의 절대강자였다. 인텔이 반도체 업계의 일인자가 될 수 있었던 이유는 앞서 반도체 파트에서 살펴봤듯 CPU 분야 1위 기업으로, 이 비메모리 반도체를 거의 독점적으로 시장에 공급해왔기 때문이다. 그런데 최근 들어 인텔의 위치가 크게 흔들리고 있다.

인텔의 첫 번째 위기는 스티브 잡스가 아이폰을 들고 등장했을 때 찾아왔다. 필요할 때만 사용하는 PC와 달리 하루 종일 들고 다니는 스마트폰은 전력 소비가 낮아야 하는데 인텔의 CPU는 칩이 너무 크고 전력 소비량이 매우 높아 아이폰에 들어갈 수 없었다. 즉 인텔의 CPU는 스마트폰에는 전혀 어울리지 않는 한물간 구닥다리였다.

PC의 두뇌가 CPU라면 스마트폰의 두뇌는 AP(Application Processor)다. 아이폰의 등장으로 시장의 대세는 CPU에서 AP로 바뀌었다. 현재 AP는 암(ARM)의 설계도를 기반으로 삼성전자, 애플, 퀄컴, 엔비디아 등에서 만들고 있다. 인텔의 존재감은 거의 없다시피 하다.

이렇듯 PC에서 스마트폰으로 대세가 바뀌면서 위기를 맞은 인텔은 새로운 활로를 개척하고자 데이터센터 반도체 사업에 뛰어들었다. 데이터센터는 대형 컴퓨터인 서버로 가득 차 있다. 한마디로 인텔에게 최적의 시장이었다. 인텔은 데이터센터 CPU 시장에서 다시 한번 절대강자가 되었다. 현재 데이터센터 CPU 시장에서 인텔의 점유율은 무려 95%다. 그런데 문제는 데이터센터 시장의 판도가 바뀌고 있다는 것이다.

지금으로부터 11년 전인 2010년, 미국 스탠퍼드대학의 중국계 미국인 교수 앤드류 응은 인공지능의 딥러닝과 관련해 한 가지 의문을 제기했다. 인공지능 학습 과정에 있어 CPU와 GPU의 효용성에 관한 문제였다. 여기서 CPU는 중앙처리장치, GPU는 그래픽 처리장치를 말한다.

CPU가 일종의 천재라면, GPU는 그 천재 밑에서 일하는 일꾼들이라고 할 수 있다. 이것만 놓고 보면 인공지능의 학습에서 중요한 부분을 차지하는 것은 CPU일 거라 생각된다. 하지만 상황은 그렇게 간단하지 않다.

인공지능이 학습하는 과정을 살펴보면 매우 지난하다. 예를 들어 인공지능이 개와 고양이를 구분하게 만들려면 개 사진과 고양이 사진을 최소 1억 장 이상 보여주면서 학습시켜야 한다. 이런 방식의 학습을 CPU를 통해 진행하려면, 사진 한 장을 본 뒤 다른 사진 한 장을 보는 과정을 1억 번 이상 반복해야 한다. 반면에 GPU를 사용하면 수만 장 이상의 사진을 한 번에 볼 수 있다. 그만큼 학습시간이 단축되는 것이다.

더 쉽게 설명해보자. 내일 1만 명에게 비빔밥을 공급해야 한다고 가정하자. 세계 최고의 요리사[CPU]라고 할지라도 혼자서는 1만 명분의 비빔밥을 하루 만에 만들 수 없다. 하지만 그 요리사 밑에 1천 명의 요리사 지망생[GPU]이 있다면, 한 사람당 열 그릇만 만들게 하면 되니까 두세 시간이면 미션을 완수할 수 있다.

앤드류 응 교수는 이것을 깨달았다. 그동안 CPU에게 인공지능 학습을 맡겼는데 시간이 너무 오래 걸렸다. 그래서 GPU에게 인공지능을 공부시켜보았더니 인공지능의 학습 속도가 충격적으로 빨라지는 것이 아닌가. 이후 인공지능 학습은 CPU가 아닌 GPU가 주도하게 되었다.

GPU 시장의 절대강자 엔비디아의 창업자 젠슨 황은 최근 이렇게 말했다.

"인공지능과 클라우드가 데이터센터의 핵심이 되면서 인텔의 CPU

로 가득했던 데이터센터가 엔비디아의 GPU로 바뀌고 있다. 엔비디아의 비전은 거대한 데이터센터가 되는 것이다. 앞으로 데이터센터는 거대한 컴퓨터가 될 것이다."

이게 바로 인텔이 맞이한 두 번째 위기다. 그런데 여기서 끝이 아니다. 인텔의 앞을 가로막는 또 다른 먹구름이 있다. 바로 자율주행차 시대의 개막이다.

자율주행의 바탕은 인공지능이다. 즉 인공지능 반도체가 핵심이다. 자율주행차는 운전의 주체가 누구냐에 따라 레벨이 매겨지는데 인공지능이 주체가 되는 레벨 3에 들어서면현재는 레벨 2.5 정도까지 발전한 상태 약 2천 개의 반도체가 차량에 들어가게 된다. 운전대 자체가 아예 없어 인공지능이 모든 걸 알아서 하는 레벨 5까지 올라가면 차량에 필요한 반도체, 정확히는 인공지능 반도체의 수는 더 많아진다.

자율주행차에 장착된 인공지능은 차량이 달리는 동안 주행을 컨트롤하고, 자사의 데이터센터와 무선으로 연결되어 지속적으로 네트워킹한다. 데이터센터와 연결된 자율주행차의 인공지능은 계속해서 데이터를 생산하고 업그레이드하는 것이다. 한마디로 자율주행차는 하나의 거대한 컴퓨터이자 전기로 충전해서 굴러다니는 대형 스마트폰이라고 할 수 있다.

그런데 문제는 자율주행차가 CPU보다 GPU를 선호한다는 것이다. 즉 인텔의 시대는 저물고 엔비디아의 시대가 온다는 것이다. 자동항법 장치로 이동하는 비행기는 하늘에 떠 있는 자율주행차라고 할 수 있다. 비행기가 자율주행이 가능한 이유는 상공에는 변수가 거의 없기 때문이다. 하늘에는 신호등이나 갑자기 튀어나오는 고양이, 앞을 가로막는 커다란 물건, 길을 뛰어다니는 아이들이 없다. 물론 천둥이나 벼락같은 기후의 영향은 있지만 이는 도로 위의 변수와는 성격이 다르다. 반면 자율주행차는 온갖 변수로 가득한 도로 위를 달려야 하는데 CPU는 이 모든 변수를 순차적으로 처리하는 것이 문제다. 굴러가는 공을 잡기 위해 아이가 갑자기 도로로 뛰어들었는데 설상가상 신호가 바뀌는 바람에 내 앞의 차가 급브레이크를 밟았다고 해보자. 이런 변수가 동시다발적으로 발생했을 때, CPU는 가장 처음에 맞닥뜨린 것부터 순서대로 처리한다. 즉 아이가 뛰어든 것을 감지한 CPU는 최대한의 능력을 발휘해 스스로 급브레이크를 밟는다. 이제 급정거한 앞차에 부딪히지 않게 핸들을 살짝 틀어야 하는데, 그러기엔 시간이 부족하다. 즉 CPU를 사용하면 변수를 차례대로 처리하다 보니 사고가 나기 쉬운 것이다. 반면 GPU를 쓰면 여러 일꾼들이 모든 상황을 한 번에 확인한 뒤 각자 여러 변수를 동시에 처리한다. 아이를 피해 브레이크를 밟고 곧바로 핸들을 틀어 앞차와의 충돌을 피하는 것이다. 자율주행차 시대가 올수록 GPU가 더욱 주목받는 이유다.

엎친 데 덮친 격으로 그동안 인텔의 제품을 써온 애플, 아마존, 구글, 마이크로소프트, 페이스북 등 세계적 기업들이 앞으로 자사에서 CPU를 만들겠다고 선언했다. 이들은 단지 계획을 발표한 수준이 아니라 발 빠르게 실행에 옮기고 있다. 최근 애플이 만든 실리콘칩은 엄청난 성능과 완성도를 자랑한다. 이런 악조건이 겹치면서 2020년에 인텔의 주가는 50% 이상 폭락했다. 물론 인텔 역시 가만히 넋 놓고 있는 것은 아니다. 2017년에 인텔은 '자율주행차의 아버지' 암논 샤슈아가 만든 이스라엘 자율주행차 스타트업 모빌아이를 인수했고, 2021년에 전격적으로 CEO를 교체하는 등 변화를 꾀하고 있다. 하지만 그 노력에 비해 미래가 불안한 건 사실이다. 인텔이 제2의 IBM이 되는 것이 아니냐는 우려가 나올 정도다.

엔비디아라는 새로운 태양이 뜨고 있다

엔비디아는 비단 인텔만 위협하는 것이 아니다. 2020년 8월 삼성전자의 시가총액이 글로벌 반도체 시장에서 3위로 내려왔다. 현재 1위는 대만의 TSMC인데 그 뒤를 이어 2등의 자리를 지켜온 삼성전자가 2020년 8월 엔비디아에 2위 자리를 내주고 만 것이다. 지금은 삼성전자가 다시 2위를 되찾긴 했지만 이 사건은 다가올 미래의 예고편과도 같은 느낌이다. 삼성전자의 2020년 1분기 매출은 55조 3천억 원으로, 영업이익을 빼고 순이익만 따져도 6조 5천억 원이었다. 반면 엔비디아의 매출은 고작 3조 6천억 원이었다. 즉 엔비디아의 전체 매출은 삼성전자의 영업이익보다도 훨씬 작았다.

삼성전자는 메모리 반도체 세계 1등, 스마트폰 세계 1등, 고성능 디스플레이 세계 1등, TV 세계 1등의 위용을 자랑하는 기업이다. 하지만 이런 세계적인 거대 기업도 미래 시장의 잠재력을 이길 수는 없었다. 삼성전자가 1등인 메모리 반도체는 '천재의 영역'인 비메모리 반도체에 비교하면 '노동자의 영역'에 불과하고, 스마트폰 역시 자율주행차나 클라우드, 데이터센터 등과 비교하면 말 그대로 하드웨어에 불과하다. 반면 엔비디아는 삼성전자에 비해 규모도 매출도 작지만 4차 산업혁명의 핵심 동력을 갖고 있다. 그래서 삼성을 뛰어넘을 수 있었던 것이다.

골리앗을 이긴 다윗, 이 놀라운 기업 엔비디아에 대해 더 자세히 알아보자. 엔비디아는 1993년 대만계 미국인 젠슨 황이 창업한 기업이다. 처음엔 엔비디아도 당시 대세였던 CPU 시장에 도전하려고 했다. 하지만 인텔이 독보적인 상황이라 승산이 없다고 판단해 GPU로 돌아섰다. 사업 초기에는 GPU가 크게 각광 받지 못해 파산 직전까지 가기도 했지만 인공지능 시대가 열리고 GPU가 대세가 되면서 위기를 극복했다. 현재 엔비디아는 GPU를 설계하고 관련 서비스를 제공하는 팹리스 기업으로 세계 GPU 시장에서 독보적인 1위를 차지하고 있다. 엔비디아가 설계한 GPU 생산은 모두 TSMC에서 맡고 있다.

앞으로도 엔비디아는 상당 기간 GPU 시장을 독점할 가능성이 크다. GPU 칩을 파는 데만 그치지 않고 하나의 칩 생태계를 만들었기 때문이다. 2006년에 엔비디아가 만든 프로그램 '쿠다CUDA'가 바로 그것이다. 창업 초기 파산 위기까지 겪으며 GPU 시장을 개척한 엔비디아는 독보적인 생태계를 만들어야만 시장에서 살아남을 수 있고 절대강자가 될 수 있음을 깨달았다. 그래서 만든 것이 쿠다다. 엔비디아의 GPU를 사용하려면 무조건 쿠다를 써야 하는데, 현재 전 세계 200만 명 넘는 개발자들이 쿠다를 쓰고 있다.

여기서 끝이 아니다. 2010년 엔비디아는 일반 GPU에 CPU 기능을 탑재한 GPGPU를 개발했다. 이 GPGPU는 자율주행차에 들어간다. 엔비디아는 2015년부터 본격적으로 자율주행차 시장에 진입했는데, 시작은 테슬라와의 협업이었다. 본래 테슬라는 모빌아이와 협업해 자율주행차 인공지능 반도체 칩을 만들었다. 그러다 모빌아이와 결별하고 손잡은 기업이 엔비디아다. 하지만 얼마 지나지 않아 테슬라는 자체 시스템온칩을 개발하며 엔비디아와도 협업을 중단했다. 테슬라와 결별한 엔비디아는 현재 다임러, 폭스바겐, 볼보, 도요타, 우버, 소니, 바이두, SK텔레콤, 현대자동차 등 반反테슬라 세력과 협업하고 있다. 전문가들 사이에서 테슬라의 FSDFull Self Driving 칩보다 엔비디아의 자율주행 칩이 더 훌륭하다는 평가를 받고 있어 앞으로 테슬라와의 한판 승부가 예고된다.

2020년 엔비디아는 새로 개발한 고성능 GPU 'A100'을 공개했다. A100은 다양한 분야에서 활용되는 슈퍼컴퓨터를 위한 GPU로 인공지능 훈련에 있어 기존 GPU보다 최대 3배 빠른 속도를 제공한다. 업그레이드된 제품의 지속 개발로 GPU 시장을 계속 독점하겠다는 엔비디아의 의지가 엿보이는 대목이다.

엔비디아는 인공지능이 학습하는 학교라고 할 수 있는 '인공지능 가속기' 시장에서도 90% 넘는 점유율을 자랑하고 있다. 특히 아마존·마이크로소프트·구글 클라우드에서 사용하는 인공지능 가속기는 무려 97.4%가 엔비디아의 GPU를 탑재하고 있다.

이처럼 엔비디아는 클라우드 컴퓨팅, 데이터센터, 자율주행차 분야의 인공지능 반도체 시장에서 절대강자로 자리매김하고 있다. 하지만 모든 기업이 그렇듯 엔비디아 역시 여러 불안 요소를 안고 있다.

가장 근본적인 문제는 엔비디아의 독점력이 반도체 파트에서 이야기했던 ASML 수준이 아니라는 것이다. 그렇다고 구글, 아마존, 애플 같은 빅테크 기업처럼 그 생태계가 엄청난 규모로 뻗어 있는 것도 아니다. 즉 엔비디아는 예상치 못한 위기가 닥쳤을 때 쉽게 흔들릴 수 있는 상황이다.

특히 인공지능 반도체 시장이 이제 막 시작됐다는 점을 간과할 수 없다. 지금은 갓 태동한 시장에서 엔비디아가 강력한 선두주자로 치고 나오는 정도다. 그런데 앞으로 무궁무진하게 펼쳐질 이 시장의 주도권 전쟁에 구글, 애플, 마이크로소프트, 아마존, 페이스북 같은 기업들이 뛰어들고 있다. 지금까지 이 기업들은 PC나 스마트폰, 데이터센터, 클라우드에 들어가는 칩을 다른 업체에 주문해왔다. '우리가 뭐 복잡하게 이런 것까지 만들어. 그럴 시간에 우리 제품에 더 신경을 쓰자'라는 입장이었던 것이다. 그래서 대표적으로 CPU는 인텔에, 메모리 반도체는 삼성전자에 맡겨왔다. 그런데 데이터의 양이 기하급수적으로 많아지고 인공지능 역시 빠르게 발전하면서 인공지능 반도체 시장이 급부상하자 빅테크 기업들의 생각이 바뀌었다.

처음에 빅테크 기업들은 엔비디아가 치고 나가는 인공지능 반도체 시장 규모를 제주도 정도로 생각했다. 그런데 알고 보니 이 시장이 미국 대륙 수준으로 무한한 가능성을 가지고 있었던 것이다. 결국 이들은 인공지능 반도체 시장에 직접 뛰어들게 되었다. 이제 곧 피 튀는 각축전이 벌어질 예정이다. 현재 엔비디아가 GPU 시장에서 90% 이상의 점유율을 차지하고 있지만 앞으로 시장이 어떤 양상으로 변할지는 아무도 알 수 없다. 엔비디아가 빅테크 기업들과 협업 체제로 갈 수도 있지만 엔비디아는 감히 넘볼 수도 없을 만큼의 자본을 가진 빅테크 기업들이 마음먹고 달려들어 이 시장을 지배하는 것도 그리 불가능한 시나리오는 아니다.

구글을 예로 들어보자. 2016년 이세돌과 대결한 알파고는 1,920개의 CPU와 280개의 GPU를 탑재했다. 이후 나온 알파고 제로는 알파고와 100번 겨뤄 100번 다 이겼다. 현재 알파고 제로는 바둑계를 홀연히 은퇴하고 미술 창작 쪽으로 전향했다. 조금 황당하지만 인공지능 세계는 늘 이토록 변화무쌍하고 예측불가능한 법이다. 그런데 알파고 제로는 엔비디아의 GPU를 1개도 탑재하지 않았다. 알파고 제로는 구글이 만든 인공지능 반도체 TPU를 단 4개 장착했다. 기존 알파고가 CPU와 GPU를 합쳐 2,100여 개를 갖고 있었는데 그걸 4개로 줄여버린 것이다.

구글의 TPU는 인공지능의 미래이자 자율주행차의 미래라고 해도 과언이 아니다. 이 TPU 앞에서 엔비디아는 아무 의미 없는 기업이 되어버리는 것이다. 물론 엔비디아 역시 투자와 개발을 통해 구글을 뛰어넘는 TPU를 만들 수도 있겠지만, 엔비디아의 TPU 개발 소식은 아직 들려오지 않고 있다.

영국의 반도체 기업 그래프코어는 엔비디아의 GPU보다 속도가 100배 빠른 IPU를 개발했고, 삼성전자는 궁극의 인공지능 반도체라고 할 수 있는 NPU인간 뇌의 신경망을 모방한 신경망 처리장치를 개발하고 있다. 이렇듯 GPU를 대체할 수 있는 인공지능 반도체 칩이 속속 개발되는 가운데, 엔비디아의 운명은 과연 어떻게 될까? 사뭇 걱정되는 대목이 아닐 수 없다.

자율주행차 부분도 다시 한번 살펴보자. 현재는 엔비디아가 반테슬라 동맹의 심장과 두뇌로 활약하고 있다. 하지만 안심은 금물이다.

테슬라는 과거 모빌아이와 엔비디아의 협업을 통해 기술을 습득한 뒤 결별하고 FSD 칩을 개발, 자사 차량에 장착했다. 그리고 테슬라 시대를 열었다. 지금 엔비디아와 협업하고 있는 기업들 역시 몇 년 후 그러지 않으리라는 보장이 없다.

물론 엔비디아가 그저 넋 놓고 가만히 있을 리는 없다. 2020년에 엔비디아는 이스라엘의 멜라녹스Mellanox라는 기업을 인수했다. 멜라녹스는 데이터센터의 고성능 컴퓨터 간 네트워크를 매우 긴밀하게 연결해주는 기술에 있어 세계 최고의 기업이다. 다른 기업에서 아무리 GPU보다 뛰어난 TPU나 NPU를 개발해도, 멜라녹스의 기술이 없으면 데이터센터 내에서 정보를 연결하는 기능이 떨어진다. 그런데 그 멜라녹스가 이제 엔비디아의 소유가 된 것이다. 여기에 더해 엔비디아는 최근 초강수를 두었다. 반도체 설계 기업 암의 지주회사인 암홀딩스ARM Holdings를 인수하기로 한 것이다. 만약 엔비디아가 암홀딩스 인수에 성공한다면 새로운 괴물 기업이 탄생할 수도 있다.

뜨거운 감자, 암

암ARM은 1990년 케임브리지대학 출신들이 만든 칩리스Chipless 기업이다. 반도체 기업은 보통 반도체를 설계하는 팹리스Fabless, 팹리스가 설계한 반도체를 생산하는 파운드리Foundry, 설계·생산·판매를 모두 수행하는 종합 반도체 기업IDM으로 나뉘는데 암과 같은 칩리스 기업은 팹리스처럼 생산 시설을 보유하지 않고 반도체만 설계한다. 단 펩리스와 달리 판매는 하지 않는다. 즉 팹리스 기업은 반도체에 자사 상표를 부착하지만 칩리스 기업은 반도체에 발주 회사의 상표를 부착한다.

암은 칩리스 시장 넘버원이다. 현재 전 세계 스마트폰 시장의 95%, 전 세계 태블릿 시장의 85%, 전 세계 스토리지 시장의 90%, 그리고 전 세계 가전제품의 55% 이상이 암의 설계도로 만든 반도체를 사용하고 있다. 한마디로 인류의 70% 이상이 암의 설계도를 기반으로 한 반도체를 쓰고 있다. 암의 직원 수는 6천여 명, 연 매출은 약 1조 8천억 원으로 큰 규모라고 볼 수 없지만 영업이익은 30~40%로 매우 높다.2021년 기준

암의 주요 고객은 삼성전자, 애플, 퀄컴, 엔비디아 등이다. 이들은 암의 설계도를 쓰는 대가로 로열티를 지급하고 있다.

이런 암의 인수에 성공하면 엔비디아의 앞날은 창창해질 수밖에 없다. 하지만 인수 과정은 순탄하지 않을 것이다. 여러 국가의 이해관계가 얽혀 있기 때문이다. 암은 현재 한국, 영국, 중국, 미국 등 전 세계 주요 국가에 지사를 두고 있다. 이런 암을 엔비디아가 100% 인수하려면 각 국가의 허락을 받아야 하는데, 영국과 중국의 반대가 거센 상황이다. 영국은 미국 이상 가는 4차 산업혁명 주도국이 되고자

하는데 칩리스 넘버원인 자국 기업이 미국으로 넘어가는 걸 반길 수 없고, 중국은 국가의 존망을 걸고 미국과 반도체 전쟁 중이기 때문에 쉽게 포기할 리 없다.

기업 간의 이해관계 역시 풀기 어려운 숙제다. 암이 엔비디아에 매각되는 순간 이제까지 협력관계였던 애플, 구글, 마이크로소프트 등과 경쟁관계를 형성하게 된다. 이를 이유로 기존 암의 고객사들이 나서서 인수를 반대하면 꽤나 큰 문제가 되기에 엔비디아는 이들 빅테크 기업들의 비위를 건드릴 수 없다. 그래서 엔비디아는 인수 후에도 암을 독점하지 않고 기존처럼 로열티만 지급한다면 암의 설계도를 공평하게 사용하게 하겠다며 다른 기업들을 달래고 있다.

이토록 난관이 즐비하기 때문에 암을 탐냈던 기업은 많았으나 실제로 인수에 나선 기업은 없었다. 한마디로 엔비디아는 가히 폭탄이라 할 수 있는 암을 끌어안은 것이다. 이유는 하나다. 암을 가져오지 않으면 미래를 장담할 수 없기 때문이다. 4차 산업혁명 시대가 본격적으로 열리면 암 설계도를 기반으로 한 반도체 칩의 수요는 폭발적으로 늘어날 것이다. 만일 엔비디아가 암 인수에 성공한다면 엔비디아의 미래는 휘황찬란할 것이다. 과연 엔비디아가 암 인수에 성공할 수 있을지 지켜봐야 하는 이유다.

IT 리츠라는 미래형 부동산

과학기술인공제회는 우리나라 최고의 과학기술자들이 모인 집단이다. IT 및 과학 관련 기술자들이 모여 있으니 일반인보다 훨씬 먼저 미래를 예측할 수 있을 것이다. 이들은 2013년, 그러니까 무려 8년 전 데이터센터에 투자를 시작했다. 프랑스, 이탈리아, 룩셈부르크 데이터센터 펀드에 170억 원을 투자한 것이다.

8년 전이면 스마트폰이 막 대중화되던 시대다. 다들 새로 나온 아이폰과 갤럭시, 아이패드에 환호하고 소비하는 데 열중하던 때다. 하지만 과학기술인공제회는 그때 이미 꿰뚫어보았다. 앞으로 데이터 경제 시대가 올 거라는 사실을 말이다. 덕분에 현재 이들은 1년 평균 19%의 수익을 거두고 있다. 100억이면 1년 수익이 19억인 셈이니, 170억을 투자한 이들의 1년 수익은 대략 35억에 육박한다. 참고로 과학기술인공제회는 당시 데이터센터 펀드에 투자금을 맡긴 대한민국의 유일한 투자자였다.

이제는 데이터센터의 가치가 알려진 만큼, 국내에도 투자자가 늘어났다. 2017년 키움자산운용은 미국 최대 이동통신 업체인 버라이즌VZ의 데이터센터 역할을 하는 7개 빌딩에 200억 원 상당의 지분 투자를 했다. 2020년에는 교직원 공제회, 수협중앙회가 하나금융투자를 통해 북미에 있는 데이터센터에 약 1,420억 원을 투자하기로 결정했다. 투자 대상은 미국과 캐나다 지역에 12곳의 데이터센터를 보유한 밴티지데이터센터의 지분으로, 전체 규모는 약 10억 달러다.

밴티지데이터센터는 본사인 미국 산타클라라 지역에 7곳, 퀸시에 2곳, 캐나다 퀘벡에 2곳, 몬트리올에 1곳 등 총 12개 데이터센터를 운영하고 있다. 주요 고객사는 마이크로소프트(55%), 엔비디아(13%), 보잉(5%)이다. 미국 부동산 투자회사 CBRE 칼레돈과 콜로니캐피털이 지분 80%를 보유 중이며, 파인스트리트자산운용은 콜로니캐피털과 공동 투자했다.

국내에서 가장 활발하게 미국 주식에 투자하고 있는 국민연금은 2020년 12월에야 데이터센터 투자를 시작했다. 미국 러셀인베스트먼트가 운용하는 리츠에 10억 달러, 우리 돈으로 1조 1천억 원을 투자했다. 이 리츠는 상업 부동산, 주택, 물류창고, 데이터센터를 담당하고 있다.

데이터센터 세계 1위는 에퀴닉스EQIX다. 에퀴닉스의 특징은 고객사와 경쟁하지 않는다는 것이다. 에퀴닉스는 지난 20년 동안 클라우드 서비스를 출시한 적이 없다. 앞으로도 클라우드 서비스는 출시하지 않을 계획이라고 한다. 그 결과 클라우드 서비스 기업들이 안심하고 에퀴닉스에 입주하고 있다.

현재 에퀴닉스 데이터센터에는 약 8천 개의 기업이 입주해 있다. 네트워크 기업이 1,800여 개, 클라우드 서비스로 대표되는 IT 서비스 기업이 2,900개, 금융회사가 1,250개 이상 들어와 있다. 여기에 콘텐츠 미디어 기업과 디지털 미디어 기업이 670여 개, 기타 기업 3천여 개가 입주해 있다. 전 세계 대표 기업 대부분이 에퀴닉스 데이터센터에 들어와 있는 것이다.

에퀴닉스는 이런 고객사들을 상호 연결해서 일종의 클라우드 생태계를 만들었다. 에퀴닉스의 고객이 되는 순간 전 세계 8천 개 기업의 클라우드로 연결되어 천문학적인 수익을 올릴 수 있는 구조를 만든 것이다. 그래서 아시아 최대 규모의 데이터센터를 짓고 있는 네이버도 2019년에 에퀴닉스의 고객이 되었고, 그 즉시 전 세계 1,800여 개 이상의 네트워크 업체와 연결되었다.

데이터센터에 투자하기 위해서는 리츠 사업의 개념을 이해해야 한다. 리츠란 쉽게 말해 부동산 임대 사업을 말한다. 이 리츠의 특징은 배당 가능한 이익의 90%를 무조건 투자자들에게 돌려줘야 한다는 것이다. 그래야 법인세를 면제받을 수 있기 때문이다.

2019년 기준 미국 주식시장에 상장된 리츠는 189개다. 이 중 우리가 주식처럼 살 수 있는 리츠의 시가총액은 1조 3천억 달러로 우리 돈으로 무려 1,240조 원 규모다. 현재 코스피 시가총액은 2천조 원이 넘었지만 2019년으로 따지면 미국에 상장된 리츠 회사의 총액이 코스피 시가총액보다 높았다.

미국 리츠 외에도 싱가포르와 일본 리츠 시장도 나쁘지 않다. 싱가포르의 경우 2020년 7월 말 기준 44개의 리츠가 주식시장에 상장되어 있고 시가총액은 1,010억 싱가포르달러로 우리 돈으로 약 87조 원에 달한다. 한국의 리츠 시가총액은 2조 8천억 원이다. 싱가포르와 비교하면 싱가포르 리츠 시장이 우리보다 무려 84조 원 이상이 많다.

미국 전체 리츠 시장에서 시가총액 1위 기업은 아메리칸타워American Tower, AMT다. 2위는 크라운캐슬Crown Castle International corp, CCI, 3위는 물류창고 기업 프로로지스ProLogis, PLD다.

아메리칸타워와 크라운캐슬은 통신타워 리츠라는 동종 업계 기업이다. 통신타워 리츠란 버라이즌, AT&T[T], T모바일 등 미국의 대표적인 통신사에 통신탑을 임대해주는 사업이다. 통신사들이 기지국을 세울 때마다 매번 땅을 구입하고 통신 타워를 짓기 어려우므로, 이들이 미리 땅을 사고 통신타워를 지은 뒤 서비스하는 통신기업의 안테나를 타워에 부착한다. 통신사는 얼마든지 1, 2위 자리가 바뀌고 망하거나 새로 생길 수 있지만 통신탑을 임대해주는 회사는 망할 가능성이 그보다는 크지 않을 것이다. 게다가 5G, 6G 세상이 올수록 통신의 필요성은 더욱 커질 것이고, 자연히 통신타워와 통신탑 등의 수요도 더욱 많아질 것이다. 한마디로 앞으로 계속 좋아질 수밖에 없는 기업이다.

프로로지스도 눈여겨볼 만하다. 프로로지스는 하미드 모하담이 창립한 기업으로 전 세계 19개국에서 4,679개의 물류창고를 운영하고 있다. 전체 고객사의 81%가 미국 기업으로, 대표적인 고객사로는 아마존, 페덱스FDX 등이 있다. 프로로지스의 공실률은 약 5%다. 즉 물류창고의 95%가 늘 가득 차 있다.

프로로지스는 초창기에 매우 작은 규모로 시작했다. 문을 닫을 뻔한 위기도 있었지만, 창업자 모하담은 4차 산업혁명을 꿰뚫어보았다. 그는 아마존 같은 인터넷 전자상거래 기업들이 이미 큰돈을 벌고 있지만 앞으로 더 큰돈을 벌 수밖에 없다는 사실을 깨달았다. 하지만 그렇다고 프로로지스가 인터넷 전자상거래 시장에 뛰어들어 아마존 같은 기업들과 경쟁할 수는 없었다.

'내가 어떻게 해야 4차 산업혁명이라는 미래의 부의 흐름에 올라탈 수 있을까?'

깊은 사색 끝에 그는 앞으로 거대한 창고가 아주 많이 있어야 한다는 결론에 다다랐다. 전 세계적으로 이커머스 시장이 커지고 있다면, 창고 수요 역시 더 커질 거라고 생각한 것이다.

프로로지스는 인터넷 쇼핑몰 창고에 특화되어 있다. 그래서 4차 산업혁명이 발달할수록, 사람들이 스마트폰으로 쇼핑을 하면 할수록 이 창고의 가치는 더욱 높아진다. 프로로지스는 정확히 틈새시장을 겨냥했고 그 세계에서 1등을 차지하고 있다.

춘추전국시대를 끝낼 승자는 누구인가

지금껏 살펴봤듯 데이터센터의 두뇌라고 할 수 있는 인공지능 반도체 시장은 춘추전국시대다. 절대 고수의 위치를 오랫동안 지켜온 인텔이 흔들리며 반전을 준비하고 있고, 새로운 강자 엔비디아는 공룡으로 거듭나기 위해 분투 중이며, 구글, 아마존, 애플 역시 일인자의 자리를 호시탐탐 노리고 있다. 테슬라 또한 자체 인공지능 반도체 칩을 개발해 치고 나오고 있고, 여기에 대항하는 반테슬라 동맹의 기세 역시 무섭다.

이 춘추전국시대를 정리할 승자는 누가 될 것인가? 애플이 될 수도 있고 테슬라가 될 수도 있다. 어쩌면 애플, 테슬라, 엔비디아의 삼국지가 될지도 모른다. 결과를 장담할 수 없지만 분명한 사실은 춘추전국시대를 끝낸 승자는 앞으로 절대강자로 군림하게 된다는 것이다.

그런데 모두가 귀추를 주목하는 이 싸움과 무관하게 마이웨이를 걷고 있는 기업들이 있다. 싸움의 결과가 어떻게 되든 별 상관이 없는 기업들이다. 그중 넘버원은 반도체 파트에서 소개한 '외계 기업' ASML이다. 반도체 생산 기업들이 서로 잘 싸울 수 있도록 반도체 제작에 필요한 EUV를 만드는 ASML은, 누가 이기든 영향을 받지 않는다. 어차피 ASML의 EUV를 쓸 수밖에 없기 때문이다.

그리고 여기 2개 기업이 더 있다. 반도체 설계 자동화EDA, Electronic

Design Automation 시장에서 1, 2위를 달리고 있는 시놉시스SNPS와 케이던스CDNS다. 이 두 기업은 데이터센터, 자율주행차, 클라우드, 인공지능 PC, 스마트폰 등에 들어가는 반도체 설계 툴을 제작한다. 놀라운 사실은 삼성전자를 비롯해 그 어떤 기업도 시놉시스, 케이던스 같은 회사의 EDA가 없으면 반도체 설계 자체를 할 수 없다는 점이다. 그 정도로 EDA 기업은 반도체 시장의 정점에 있다.

EDA 시장의 규모는 2019년 기준 102억 5천만 달러, 한화로 약 12조 원 정도로 작은 편이지만 계속 성장 중에 있다. 이 시장의 절대 강자는 미국이다. 1, 2위를 다투는 시놉시스와 케이던스 모두 미국 기업이고, 3위 지멘스EDA는 독일 기업이지만 원천 기술은 모두 미국이 가지고 있기 때문이다. 멘토그래픽스라는 미국 기업을 독일의 지멘스가 인수하면서 지멘스EDA로 이름을 바꿨다. 이 세 기업의 EDA 시장 점유율은 무려 85%다. 나머지 15%도 이 세 기업의 기술을 기반으로 하고 있다. 이처럼 EDA 시장은 사실상 미국이 독점하고 있다.

2020년 5월 트럼프 대통령은 '앞으로 어느 나라든 미국의 EDA를 쓰려면 미국 정부의 허가를 받아야 한다'라는 행정명령을 내렸다. 그러자 중국에서 난리가 났다. 화웨이를 비롯한 중국 기업들 역시 미국의 시놉시스, 케이던스, 지멘스EDA가 없으면 반도체 설계 자체를 할 수 없기 때문이었다. '미·중 무역전쟁'이라고 하지만, 사실 전쟁이라는 표현은 성립되지 않는다고 볼 수 있다. EDA, 지식재산권,

반도체 분야만 놓고 봐도 그렇다. 미국은 EDA, 지식재산권 시장의 80% 이상을 차지하고 있다. 반면에 중국은 고작 1%에 불과하다. 반도체 생산 장비는 미국이 50% 이상, 중국은 2%이며, 반도체 자체 생산은 미국이 60% 이상, 중국은 7%다. 현재 중국은 시놉시스와 케이던스 등 미국 EDA 기업으로부터 인재를 빼내가며 살아남기 위해 몸부림치고 있다. 하지만 미래는 암담하기만 하다.

미래의 부 07

5G를 넘어 6G로, 세계 패권 전쟁

한강 다리의 균열을 살펴봐야 한다고 가정해보자. 앞으로는 사람이 위험을 무릅쓰고 직접 다리 근처까지 갈 필요가 없다. 5G 드론 하나만 띄우면 관제소에 앉아 한강 다리 구석구석을 직접 눈으로 보는 것처럼 확인할 수 있기 때문이다.

5G란 5세대 이동통신을 말한다. 4G LTE에 이은 5G는 4차 산업혁명의 뼈대이자 척추다. 앞서 2세대, 3세대, 4세대 이동통신이 휴대폰과 연결하는 통신망의 역할에 그쳤다면 5G는 휴대폰의 영역을 넘어 초고속, 초저지연, 초연결을 통해 사물인터넷, 자율주행, 증강현실 등 4차 산업혁명의 핵심 기술을 구현할 수 있기 때문이다.

버라이즌 vs AT&T

5G 산업은 통신사와 통신 장비 회사로 나뉜다. 먼저 통신사에 대해 알아보자.

미국의 대표적인 통신사는 AT&T와 버라이즌이다. 먼저 AT&T는 한때 미국의 최대 통신회사였지만, 반독점법 때문에 조각조각 쪼개지면서 규모가 줄어들었다. AT&T의 가장 큰 장점은 높은 배당률이다. 현재 2021년 7월 기준 배당률이 무려 7%다.

버라이즌은 애플의 아이폰 5G 시연행사에 유일하게 초대받은 통신사였다. 애플 CEO 팀 쿡의 소개를 받아 무대에 선 한스 베스트베리 버라이즌 CEO는 이렇게 발표했다.

"앞으로 우리는 애플과 함께 5G 시대를 열어나가기로 했다."

이를 놓고 예측하면 5G 시대에는 AT&T보다는 버라이즌이 주도주가 될 가능성이 높다. 물론 AT&T의 추격도 만만치 않을 것으로 예상된다.

화웨이의 몰락과 노키아의 기사회생

얼마 전까지만 해도 통신 장비 시장은 화웨이의 독무대나 마찬가지였다. 전 세계 5G 통신 장비 시장의 32.6%를 차지하고 있었기 때문이다. 2위는 에릭슨(24.5%), 3위는 노키아(18.3%), 4위는 삼성전자

(16.6%)였다. 화웨이는 5G 관련 특허도 세계 1위다. 2위는 삼성전자, 3위는 퀄컴, 4위는 노키아, 5위는 LG전자다.

하지만 화웨이의 아성은 이미 무너졌다. 앞서 말한 미국의 '화웨이 죽이기' 때문이다.

중국은 5G 시장을 선점하면 군사 로봇, 군사 드론, 사이버 전쟁에서 미국을 앞지를 수 있음을 깨달았다. 5G 시장을 통해 미국을 뛰어넘는 패권국이 될 수 있다고 판단한 것이다. 그래서 국가 차원에서 화웨이를 키웠다. 당연히 미국은 가만히 있을 수 없었다. 그래서 화웨이를 압박하기 시작했다. 2018년에는 대이란 제재 위반 명목으로 화웨이 부회장 멍완저우를 체포했고, 2019년에는 국가 안보의 위협이 될 수 있다며 화웨이를 블랙리스트에 올렸다. 이때부터 화웨이의 몰락이 시작됐다.

미국의 공세는 갈수록 거세졌다. 2020년 5월에는 TSMC와의 거래를 막았다. TSMC는 이제 화웨이의 반도체를 생산하지 않는다. 이로써 화웨이는 사면초가에 몰리게 되었다. 여기에 더해 미국은 클린 네트워크를 발표했다. 이는 5G 통신망과 모바일 앱, 클라우드 등에서 중국 기업, 특히 화웨이를 퇴출시키기 위한 프로젝트로 현재 50개국 이상이 참여하고 있다.

2020년 12월에는 미국 의회에서 2021 회계연도 국방수권법NDAA을 통과시켰다. 여기에 무시무시한 내용이 포함되어 있는데, 미군이 주둔하고 있는 국가에서 중국의 5G나 6G를 사용하면 병력 주둔과 전력 무기 배치를 재검토할 수 있다는 내용이다. 미국과 상호방위조약을 맺고, 미군이 주둔하고 있는 우리나라 역시 이 조항의 대상국가다.

2021년 1월에는 화웨이에 반도체 칩을 공급해온 인텔과 키오시아에 납품 허가 취소 명령을 내렸다. 이렇게 미국은 화웨이의 손발을 묶어버렸다. 그 결과 세계 시장에서 화웨이의 경쟁력은 급격하게 떨어졌다. 앞으로 화웨이가 세계 시장에서 다시 날개를 펼칠 기회는 없어 보인다.

화웨이가 몰락하면서 반사 이익을 누리게 된 기업들이 있다. 에릭슨, 노키아, 삼성전자인데 그중 노키아를 주목할 만하다.

노키아는 2000년대 최고 전성기를 누렸다. 2008년까지만 해도 세계 시장 점유율 39.8%를 자랑했다. 당시에 전 세계인이 사용하는 휴대폰 10대 중 4대가 노키아 제품이었으니 그 영향력이 얼마나 대단했을지 쉽게 짐작할 수 있다. 그런데 아이폰이 등장하면서 몰락이 시작됐다. 결국 노키아는 2013년에 휴대폰 사업을 마이크로소프트에 매각했다. 2008년 507억 유로, 한화로 약 68조였던 노키아의 매출이 아이폰이 등장하면서 118억 유로로 5분의 1 토막이 나버렸기 때문이다.

이후 노키아가 생존을 위해 선택한 것이 통신 장비 사업이었다. 하지만 그때만 해도 화웨이가 절대강자였고 그 뒤를 에릭슨이 쫓고 있었다. 한동안 노키아는 통신 장비 시장에서 존재감을 발휘하지 못했다. 그러다가 미국의 화웨이 죽이기가 시작되면서 노키아는 새로운 시대를 맞이하게 된다. 118억 유로로 바닥을 치던 매출이 2019년 기준 288억 유로로 2배나 뛰어오른 것이다.

2020년 기준 노키아는 5G 장비 관련 계약만 100여 건을 따냈다. 미국항공우주국과 북대서양조약기구NATO와도 계약을 체결하면서 명실공히 5G 통신 장비 시장의 강자로 떠올랐다. 현재 1위인 에릭슨은 110여 건 정도로 2위인 노키아와 큰 차이가 나지 않는다.

미국은 5G 이동통신 장비 시장에서 존재감이 없다. 미국이 이 시장에서 주도권을 잡으려면 에릭슨이나 노키아를 인수해야 한다. 하지만 에릭슨은 스웨덴 자본이 너무 많아 인수가 불가능에 가깝다. 그런데 노키아는 그렇지 않다. 현재 미국 정부는 자국 내 몇몇 기업에게 노키아 인수를 제안하고 있다. 앞으로 5G 시대가 본격적으로 시작되면 5G 기지국은 더 많아질 것이고, 기지국이 많아질수록 여기에 필요한 장비를 제공하는 기업의 몸값은 치솟을 것이다. 현재 이 시장의 3대 기업은 에릭슨, 노키아, 삼성전자인데 관건은 이 중 누가 가장 미국 정부의 사랑을 받을 것인가다. 아마도 노키아가 될 가능성이 높다.

6G 패권을 둘러싼 전쟁이 시작됐다

5G 시대를 맞이해 국내와 전 세계 주요 국가들은 어떤 준비를 하고 있을까. 삼성은 2011년 삼성전자 내에 5G 연구 조직을 신설했다. 덕분에 대한민국은 세계 최초로 5G 시장이 상용화되었다. 이재용 부회장은 그동안 5G 장비 판매를 위해 세계 시장을 열심히 공략해왔는데, 특히 미국 버라이즌에 많은 공을 들였다. 그 결과 지난해 버라이즌과 무려 8조 규모의 5G 통신 장비 공급 계약을 맺었다. 삼성전자가 만드는 5G 장비에는 국산 부품이 40~60% 이상 들어간다. 이 사업에만 국내 중소기업이 86개 사가 참여하고 있어 국내 경제 활성화에도 큰 도움이 될 것으로 보인다.

주목할 만한 사실은 세계는 이미 5G를 넘어 6G 시대를 준비 중이라는 것이다.

중국은 2020년에 세계 최초로 6G 인공위성 텐옌5를 쏘아올렸다. 화웨이, 샤오미, 오포 같은 중국의 대기업 역시 이미 치열하게 6G를 연구개발 중이다. 일본의 최대 통신 업체인 NTT도 100여 개의 일본 기업들과 6G 연구개발을 진행 중이다. 우리나라 또한 삼성전자가 2019년에 6G 연구센터를 설립했다.

미국의 6G 시대 준비는 더욱 본격적이다. 2020년 미국은 6G 연합체인 '넥스트G얼라이언스Next G Alliance'를 출범시켰다. 여기에는 구글, 애플, 마이크로소프트, 퀄컴, 버라이즌, AT&T 등 미국 최대 IT 및 통신 기업이 참여하고 있다. 통신 장비 회사 중 삼성전자, 에릭슨과 노키아도 참여하기로 했다. 넥스트G얼라이언스의 목표는 앞으로 10년 동안 6G 시장에서 미국의 리더십을 확립한다는 것이다. 아마도 미국이 6G 시장에서 리더십을 확립하기 위해서는 노키아 인수가 필수적일 것이다.

미래의 부 08

핵심은 '전기'가 아니라 '자율주행'이다

자동차의 역사는 증기 자동차부터 시작한다. 최초의 증기 자동차는 1769년 니콜라 조제프 퀴노라는 프랑스 사람이 만들었다. 군사 기술자였던 퀴뇨는 자신이 만든 증기 자동차를 직접 주행하고, 그 차로 세계 최초의 교통사고를 일으킨 인물이기도 하다. 그런데 퀴뇨가 만든 증기 자동차는 증기통을 달고 달려야 했기 때문에 무게만 자그마치 2.5톤이었다. 자연히 매우 느린 속도로 달릴 수밖에 없었다. 이 증기 자동차는 1900년대 초까지 생산되었는데, 1906년에는 기술이 많이 발전해 무려 시속 203킬로미터를 자랑하는 고성능 증기 자동차가 만들어지기도 했다.

증기 자동차의 뒤를 이어 등장한 게 바로 전기차다. 사람들은 전기차가 미래형 자동차라고 생각하지만, 사실은 아주 오래전에 개발된 과거형 자동차다. 최초의 전기차는 1834년 스코틀랜드의 사업가 로버트 앤더슨이 발명한 전기 마차다. 물론 전기로 가는 마차를 전기차라고 보기에는 무리가 있지만, 전기를 사용한 이동 수단이 1834년에 이미 개발됐다는 사실은 분명 놀랍다. 다음 해인 1835년에는 네덜란드에서 실험용 미니 전기차가 나왔다. 그리고 1842년에 마침내 제대로 된 형태와 기능을 갖춘 전기차가 발명됐다. 미국의 토머스 데이븐포트와 스코틀랜드의 로버트 데이비슨이 시내를 주행할 수 있는 현대적 개념의 전기차 개발에 잇달아 성공했지만 상용화에는 다소 시간이 걸려 1880년대에 들어서야 일반에 보급되었다.

1897년에는 전기차 황금시대가 열렸다. 대표적으로 당시 미국 뉴욕에만 10개 이상의 전기차 충전소가 있었고, 전기 택시도 운행됐다. 지금도 도로에서 쉽게 찾아보기 힘든 전기 택시가 1890년대에 이미 존재했던 것이다. 그로부터 3년 뒤인 1900년 뉴욕 시내에는 1천여 대가 넘는 전기 자동차가 돌아다녔고, 미국 전역에서 무려 3천대 넘는 전기차가 운행되었다. 당시 천재 발명가 에디슨도 혁신적인 전기차를 만들어서 시장을 정복하겠다는 비전을 가지고 있었다고 한다. 그만큼 전기차의 앞날은 밝아 보였다. 참고로 1901년에는 페르디난트 포르셰가 전기와 가솔린을 함께 사용하는 하이브리드 차량을 선보이기도 했다. 이처럼 전기차는 1880년대부터 생산되어 1890년대에 본격적으로 상용화되었다가 1912년에 생산과 판매가 정점을 찍었다.미국에만 3만 대가 넘는 전기차가 등록되어 있었다.

전기차가 사라진 데는 두 가지 결정적인 이유가 있다. 먼저 헨리 포드가 내연기관 자동차를 대량생산하면서 자동차 가격이 저렴해졌다. 포드 이전까지만 해도 고가의 전기 자동차는 귀부인들의 전유물이었다. 하지만 컨베이어벨트가 개발되면서 내연기관 자동차를 대량생산할 수 있게 되었고, 덕분에 서민들도 내연기관 자동차를 탈 수 있는 시대가 열렸다. 또 다른 이유는 석유의 발견이다. 1930년대 텍사스에서 대형 유전이 발견되면서, 기름이 어마어마하게 쏟아져나왔다. 제임스 딘 주연의 영화 〈자이언트〉를 보면 유전의 발견으로 보통 사람들이 막대한 재벌로 성공하는 당시의 상황이 잘 표현되어 있다. 엄청난 양의 석유가 발견되면서 석유 가격이 전기에 비해 저렴해졌고, 자동차의 동력이 전기에서 석유로 넘어가자 전기차는 사라지고 말았다.

그렇다고 전기차가 역사의 무대에서 완전히 사라진 것은 아니다. 1996년에 제너럴모터스General Motors, GM가 한 번 충전에 130킬로미터를 달리는 전기차 EV1을 선보인다. 당시 제너럴모터스는 전기차 시대를 열겠다는 야심 찬 목표를 가지고 1회 충전에 300킬로미터까지 달리는 EV2를 개발했다. 하지만 상황이 좋지 않게 흘러갔다. 석유 업체들과 기존 자동차 회사들의 반발이 매우 심했고, 제너럴모터스 내부에서도 전기차 개발에 대한 비판적인 의견이 나왔다. 결국 제너럴모터스는 스스로 전기차 프로젝트를 폐기하고 말았다. 당시에 제너럴모터스는 아무래도 전기차 시대가 앞으로 영영 오지 않을 거라고 판단했던 것 같다. 하지만 그로부터 불과 7년 뒤인 2003년에 테슬라가 전기차 프로젝트를 시작해 2008년 '로드스타'를 선보인다. 이후 우리가 아는 테슬라의 시대가 열린다.

자율주행은 신기술이 아니다

사람들이 테슬라에 열광하는 이유는 FSD라 불리는 자율주행 시스템 때문이다. 그런데 놀랍게도 자율주행 역시 과거에 이미 개발된 기술이다. 자율주행 자동차 개발 역사를 간략하게 살펴보자.

1925년 프랜시스 후디나가 자율주행 자동차의 시초라고 볼 수 있는 원격조종 자동차를 선보였다. 1939년 제너럴모터스가 뉴욕 세계 박람회에서 현대적 의미의 자율주행 개념을 제시했다. 1956년 제너럴모터스가 파이어버드 II Firebird II 라는 자율주행차를 발표했다. 트랙에 그려진 주행 코스를 따라 달리는 자율주행에 성공했다. 1977년 일본 쓰쿠바 기계공학연구소가 현대적 의미의 자율주행 자동차를 최초로 선보였다. 카메라로 도로의 라인을 인식하면서 스스로 주행했다. 1986년 미국 카네기멜론대학에서 자율주행 트럭을 선보였다.

1980년대 중반에는 유럽에서도 자율주행 연구에 박차를 가했다. 대표적으로 독일 뮌헨연방대학 에른스트 디크만스 교수가 유레카 프로메테우스 프로젝트를 추진하면서 벤츠를 개조한 자율주행 자동차를 선보였다. 유레카 프로메테우스 프로젝트는 유럽 의회에서 천문학적 재정 지원을 했던 무인자동차 프로젝트로 프랑스, 독일, 영국 등 유럽 주요 국가들과 벤츠, BMW, 아우디 등 대형 자동차 기업이 모두 참여했을 정도로 규모가 어마어마했다. 프로젝트 기간도 1980년대 후반부터 1995년까지 10여 년에 달했다. 디크만스 교수와 벤츠가 만든 자율주행차는 1994년 파리 고속도로 1천 킬로미터 반자율주행에 성공했고, 1995년에는 뮌헨에서 오덴세까지 1,785킬로미터를 운전자 없이 시속 175킬로미터로 자율주행하는 데 성공했다. 이후 2009년 구글에서 미래형 자율주행차를 선보였다.

여기서 믿기 어려운 이야기를 하나 하려고 한다. 디크만스 교수가 1994년 파리 고속도로 반자율주행에 성공한 것은 자율주행 역사에 획을 긋는 사건이었다. 그런데 이 일이 있기 1년 전, 대한민국에서 자율주행차가 먼저 나왔다는 사실을 아는가?

구글이 탄생하기도 전인 1993년 6월, 고려대학교 산업공학과 한민홍 교수가 아시아자동차 록스타를 개조해 자율주행차를 만들었다. 한 교수가 만든 자율주행차는 고려대학교에서 청계고가도로를 거쳐 남산 1호 터널을 지나 한남대교를 건너 63빌딩까지, 17킬로미터가 넘는 구간의 자율주행에 성공했다. 일본, 미국, 유럽의 자율주행차들과는 비교도 되지 않는 진정한 의미의 자율주행차가 1993년에 이미 한국에 존재했던 것이다. 이 차에는 카메라가 달려 있었는데, 카메라의 영상을 자동차가 스스로 분석해서 차선을 지켰고 앞차와의 간격 또한 스스로 유지했다. 유튜브에서 당시의 감격적인 자율주행 영상을 볼 수 있다.

당시 이 소식을 들은 벤츠, 폭스바겐, 아우디 등 세계적인 자동차 회사들이 한국을 찾아와 자율주행 기술을 배우기도 했다. 하지만 정작 대한민국은 무관심했다. 지금 생각하면 참 안타까운 일이다.

그런데 왜 전기차에 열광하는 걸까?

지금껏 살펴봤듯 전기차와 자율주행차는 갑자기 등장한 것이 아니다. 아주 오래전부터 있어왔다. 그런데 왜 지금 이토록 전기 자율주행차에 대한 관심이 뜨거운 것일까. 전 세계 주요국이 지구온난화 같은 환경 문제 극복을 위해 내연기관차에서 전기차 시대로의 이행을 선언했기 때문이다. 각국의 계획을 구체적으로 살펴보자.

미국은 2050년까지 탄소 제로 목표를 선언했다. 한마디로 "탄소를 내뿜는 가솔린차와 디젤차가 앞으로 25년 뒤에는 미국에서 굴러다니지 못하게 하겠다"고 공표한 것이다. 미국은 모든 관용차와 공공기관 차량을 미국산 전기차로 바꾸기로 결정했는데, 여기서 말하는 미국산 전기차란 주요 부품 50% 이상이 미국산인 자동차다. 버스 역시 모두 전기버스로 바꿀 예정이라고 한다.

유럽연합도 2050년까지 유럽대륙에서 디젤과 가솔린 차량을 없애겠다고 발표했다. 세부적으로 노르웨이와 네덜란드는 2025년부터, 독일은 2030년부터, 영국과 프랑스는 2040년부터 순수 전기차만 판매할 계획이라고 밝혔다.

일본은 2030년 중반부터 내연기관 자동차 판매를 금지할 예정이고, 중국도 2035년부터 가솔린과 디젤 차량 판매와 생산을 금지할 계획이다. 현재 중국의 경우 전기차 시장 규모가 세계 1위로, 전 세계에서 가장 많은 전기차가 판매되고 있다. 최근 유럽연합이 1위 자리에 오르긴 했지만, 단일 국가로 보면 중국이 가장 크다.

이렇게 미국, 유럽연합, 일본, 중국의 상황만 살펴봐도 2025년부터 2030년 사이 내연기관 자동차 시대에서 전기차 시대로 완전히 넘어가는 흐름이 나온다. 이에 발맞춰 자동차 기업들도 재빨리 대응하고 있다.

볼보는 이미 2020년부터 디젤차 생산을 중단했고, 앞으로는 모든 차종을 하이브리드 차량으로 바꾸기로 결정했다. 포드는 최근 가솔린과 디젤 차량을 생산해온 100년 전통의 브라질 공장 세 곳을 모두 폐쇄했다. 현대자동차는 2020년부터 디젤차 엔진 신규 개발을 중단했고, 2030년부터 내연기관 신차 출시를 중단할 예정이다. 도요타는

2025년 내연기관 차량 생산을 중단하고 2030년까지 전기차 550만 대를 판매할 계획을 세웠다. 제너럴모터스는 2025년까지 전기차 비중을 40%로 늘릴 예정이고, 폭스바겐은 2025년까지 전기차를 80종 이상 출시하겠다고 발표했다. BMW 역시 2025년까지 매출의 25%를 전기차로 가져간다는 계획이다. 다임러는 이미 내연기관 엔진 신규 개발을 중단했고, 2025년까지 전기차 모델 10종을 출시하기로 결정했다.

많은 국가들이 전기차 시대로의 이행을 준비하고, 자동차 기업들도 이에 발맞춰가고 있는 상황이다. 그럼 이제 5~10년 뒤면 전기차가 전 세계의 도로를 점령하게 될까? 그렇진 않을 것이다. 가솔린과 디젤 자동차 시대는 그렇게 쉽게 끝나지 않는다. 여러 자료에 따르면 2040년부터 신차 판매의 50% 이상이 전기차가 될 것이라고 한다. 하지만 이는 한국, 미국, 유럽연합, 일본, 중국 등에 한정될 가능성이 높다. 그 외의 국가는 여전히 내연기관 자동차의 비중이 클 것이다. 한국, 미국, 유럽연합, 일본, 중국 등에서도 멀쩡히 잘 굴러가는 내연기관 자동차를 정부가 강제적으로 전기차로 바꾸는 일은 없을 것이다. 즉 2040년에도 여전히 많은 내연기관 차량이 도로를 달리고 있을 것이다.

앞으로 전기차와 내연기관 차량의 비율은 어느 정도가 될까? 현재 주요 자동차 기업들의 세부 계획을 살펴보면 전력을 다해 전기차만 만들고 있는 것 같다. 하지만 2020년 전 세계 전기차 판매량은 고작 170만 대밖에 되지 않는다. 왜 고작이라고 표현했을까? 2020년 전 세계 자동차 판매량이 9천만 대가 넘기 때문이다. 현재 지구상에 있는 자동차는 2019년 기준으로 약 15억 대다. 어마어마한 숫자다. 그럼 15억 대의 자동차 중 전기차는 어느 정도일까? 미미한 수준이다. 중국만 봐도 그렇다. 현재 중국의 크고 작은 전기차 기업을 모두 합치면 무려 100개가 넘는다. 그런데도 지금 중국을 활보하는 자동차의 95%는 내연기관 차량이다. 전기차 시대는 반드시 오겠지만, 우리가 생각하는 것만큼 빨리 오지 않을 것이다.

그럼에도 현재 테슬라의 인기는 광적인 수준이다. 우리나라 사람들이 가장 많이 산 미국 주식 역시 테슬라다. 그래서 더욱 테슬라에 대해 냉정히 생각해봐야 한다. 사람들이 그렇게 많은 돈을 테슬라에 투자한 이유는, 어쩐지 10년 안에 전기차가 전 세계 도로를 점령할 것만 같은 느낌 때문일 것이다. 하지만 10년 뒤에도 전기차의 비중은 내연기관에 비해 그리 높지 않을 것이다. 그렇다고 테슬라 주식을 팔라는 의미는 아니다. 다만 객관적인 시각으로 전기차 시장을 볼 수 있어야 한다는 의미다.

단적인 예로 2020년에 전 세계적으로 9천만 대의 자동차가 판매됐는데 그중 테슬라는 50만 대에 불과했다. 또한 테슬라의 주가를 생각하면 마치 전기차 시장의 90% 이상을 테슬라가 차지하고 있을 것

같지만, 사실은 그렇지 않다. 물론 테슬라는 2020년 기준 전기차 판매 1위다. 하지만 시장 점유율은 17.5%에 불과하다. 아직 테슬라는 80% 넘는 전기차 시장을 경쟁사들에 내주고 있는 것이다. 2위는 폭스바겐으로 12.9%다. 1위인 테슬라와 큰 차이가 나지 않는다. 3위는 르노·닛산·미쓰비시 얼라이언스로 8.2%, 4위가 현대자동차로 7.2%, 5위는 BMW 6.8%, 6위는 제너럴모터스로 5.1%다. 7위는 중국 지리자동차로 4.8%, 8위는 다임러, 9위는 비야디BYD다.

라이다, 과연 우량 종목일까

전기 자율주행차에 들어가는 핵심 부품 중에 라이다Lidar가 있다. 라이다는 '라이트Light'와 '레이더Radar'의 합성어로, 전파 대신 빛을 사용하는 레이더를 의미한다. 라이다는 주변을 3차원으로 구현해 주는데, 자율주행차는 이 라이다가 있어야 안전한 주행이 가능하다. 이 세상은 3차원이니 말이다.

그런데 테슬라는 카메라와 레이더만 있고 라이다가 없다. 때문에 테슬라는 주변을 2차원으로 인식하는데, 테슬라 차량 주행 시 종종 사고가 발생하는 이유도 여기에 있다. 왜 테슬라는 라이다가 없는 걸까? 라이다의 전기 소모량이 높고 메모리 용량을 많이 차지하는 것도 단점이지만, 가장 큰 이유는 가격 때문이다. 초창기 라이다는 한 대에 1억 원에 육박하는 고가의 제품이었다. 참고로 레이더와 카메라의 가격은 개당 10만 원 정도에 불과하다. 하지만 라이다도 시간이 갈수록 가격이 떨어져 현재는 수백만 원대이며, 앞으로 50만 원대 제품도 출시될 것이라고 한다. 물론 상용화되기까지는 오랜 시간이 필요할 것이다.

그럼 다른 회사들의 자율주행차는 어떨까? 이들 역시 테슬라처럼 카메라와 레이더만 장착하고 있을까? 아니다. 구글의 웨이모, 인텔 모빌아이의 자율주행차는 라이다를 달고 있다. 이들이 비싼 가격에도 불구하고 라이다를 사용한 이유는 분명하다. 라이다가 사고 확률을 줄여주기 때문이다.

라이다의 중요성을 보여주는 단적인 사례가 하나 있다. 2020년 6월 대만에서 테슬라 차량이 운행 중 교통사고를 냈다. 테슬라 모델 3가 도로에 쓰러져 있던 흰색 트럭을 들이받은 것이다. 그런데 이 사고는 테슬라 차량에 라이다가 장착돼 있었다면 벌어지지 않았을 것이라고 한다. 라이다가 없는 테슬라는 2차원으로 주변을 인식하기에 쓰러져 있는 트럭이 카메라에 잡히지 않았지만, 라이다가 있었다면 트럭을 장애물로 인식하고 멈췄을 것이라는 분석이다. 하지만 그럼에도 테슬라가 라이다를 장착할 가능성은 높지 않다. 일론 머스크가 라이다를 굉장히 싫어하기 때문이다. 그는 언제나 라이다의 필요성에 대해 부정적인 의견을 표하고 있다.

일론 머스크가 어떤 입장을 취하든 자율주행에서 라이다가 중요하다는 사실만은 분명하다. 그럼 이 라이다 시장에서 어떤 기업이 두각을 나타내고 있을까? 1위는 차량용 3D 라이다 센서 업계를 리드하고 있는 기업 벨로다인VLDR이다. 현재 아이폰 12에 벨로다인의 라이다가 탑재돼 있다. 애플카에도 탑재될 계획이다.

2위는 루미나 테크놀로지스LAZR인데 1위인 벨로다인보다 더 유명한 기업이다. CEO 오스틴 러셀 때문이다. 러셀은 고등학생 때 회사를 창업했고, 스탠퍼드 중퇴 후 본격적으로 사업을 확장했는데 스물여섯 살이던 2020년, 루미나 테크놀로지스가 나스닥에 상장되면서 세계 최연소 자수성가 억만장자가 되었다. 당시 루미나 테크놀로지스는 3일 만에 주가가 2배 폭등하며 화제에 오르기도 했다.

미래에 자율주행차 시대가 반드시 열릴 것이고, 그럼 라이다의 중요성이 더욱 커질 테니 벨로다인과 루미나의 주식을 사야 할까? 이 부분에 대해서는 확신하기 어렵다. 왜냐하면 이들의 운명은 이들 스스로에게 달려 있지 않기 때문이다. 단적인 예로 인텔의 모빌아이가 라이다를 자체 생산하겠다고 발표했을 때 루미나의 주가는 한순간에 17%나 폭락했다. 그러다 애플카가 라이다를 탑재할 것이라는 소식이 발표되자 다시 주가가 37% 상승했다. 두 회사가 아무리 좋은 라이다를 만들어도 인텔, 애플, 삼성전자에서 라이다를 만들겠다고 마음먹으면 이 회사들은 곤두박질치기 쉽다. 물론 전문 기술이 없으니 타 기업이 라이다 제작에 나서기란 쉽지 않겠지만 그렇다고 불가능한 일은 아니다. 애플카 역시 초기에는 벨로다인의 라이다를 장착하겠지만 나중에는 자체 라이다를 개발할 가능성도 크다. 그래서 라이다 기업의 주식을 사는 것은 개인적으로 권하고 싶지 않다.

대신 추천하고 싶은 종목은, 뜬금없는 소리로 들릴지 모르지만 삼성전자다. 삼성전자는 최근 D램 생산 공장 한 곳을 CIS 라인으로 전환했다. CIS는 자율주행차나 스마트폰에 장착된 카메라의 이미지 센서를 말한다. 5G 시대가 열리면 자율주행, 그리고 로봇으로 이어질 텐데 이 로봇이 주변을 인식하는 눈의 역할을 하게 되는 것이 바로 이미지 센서다.

사실 이 CIS 시장의 넘버원은 소니이고 삼성전자는 그 뒤를 바짝 추격하는 중이다. 그런데 소니가 아닌 삼성전자를 추천하는 이유는 성장 가능성에 있다. 2019년 소니와 삼성전자의 점유율은 각각 48.5%, 18.1%였는데, 2020년 소니는 46.7%로 살짝 하락한 반면 삼성전자는 21.6%로 소폭 성장했다. 지금의 추세로 보면 앞으로 10년 안에 삼성전자는 소니와 어깨를 나란히 하거나, 더 나아가 소니를 앞지를 가능성이 충분해 보인다.

5G 시대가 본격적으로 펼쳐지면 CIS의 수요는 급증할 것이고, CIS 이미지 센서 시장은 앞으로 10년 동안 최소 5배 이상의 성장이 예측된다. 물론 단기 차익을 생각한다면 벨로다인이나 루미나를 선택

하는 것도 나쁘진 않지만, 장기적인 관점에서 본다면 삼성전자가 좀 더 안전할 것이다.

전기차 배터리, 신중이 답이다

전기차의 핵심은 배터리다. 배터리가 전기차 원가의 40%를 차지한다는 사실만 봐도 배터리의 중요성을 쉽게 알 수 있다.

2021년 6월 현재 글로벌 전기차 배터리 시장 점유율은 1위 CATL^중국^, 2위 LG에너지솔루션^LG화학^, 3위 파나소닉^일본^, 4위 BYD^중국^, 5위 삼성SDI, 6위 SK이노베이션 순이다. 6위 안에 국내 업체가 세 개나 들어가 있다.

지금까지 전기차는 리튬 이온 배터리라는 액체 배터리를 사용해 왔는데, 전해질이 액체라 불안정하고 화재의 위험이 있었다. 실제로 테슬라 차량도 배터리로 인한 화재가 종종 발생했다. 이를 보완해 등장한 차세대 배터리가 바로 전고체 배터리다. 이 배터리는 전해질이 고체라 불안정하지 않고 화재 위험도 거의 없는 데다 기존 배터리에 비해 충전 시간은 현저히 줄고 주행 거리는 훨씬 길어졌다. 배터리 부피 역시 3분의 1로 줄었다. 문제는 이 전고체 배터리의 세계 넘버원이 도요타라는 것이다. 현재 전고체 배터리 시장을 국가별로 살펴보면 일본이 전 세계 특허의 40%를 보유해 단연 1위이고, 미국이 18%, 한국이 12%의 특허를 가지고 있다. 현재 액체 배터리 시장에서는 한국이 최고지만, 미래형 배터리 시장에서는 매우 뒤처진 실정인 것이다.

물론 한국 기업들이 가만히 있는 것은 아니다. 삼성전자는 전고체 배터리를 개발 중이고 LG에너지솔루션도 2028~2030년 사이에 전고체 배터리 탑재 차량을 내놓겠다고 발표했다. 현대자동차는 2025년 전고체 배터리를 탑재한 전기차를 시범 생산하고 2030년부터 본격 양산한다는 계획이다. 하지만 2022년부터 전고체 배터리 상용화를 목표로 하고 있는 도요타에 비하면 많이 늦은 것은 사실이다. 긍정적인 부분은 전고체 배터리가 본격화되는 시기가 도요타가 목표하는 2022년보다는 늦어질 것이라는 전망이다. 대부분의 전문가들은 전고체 배터리 시장이 제대로 시작되는 시기를 빠르면 2025년, 늦으면 2028년 정도로 예상하고 있다. 이 기간 동안 우리 기업들이 최대한 노력해서 차세대 배터리 출시 시기를 앞당겨 미래 전기차 배터리 시장 1위를 차지하기를 기대해본다.

전기차 배터리와 관련해서는 어디에 투자하는 것이 좋을까? 전고체 배터리 스타트업 중 유명한 곳은 퀀텀스케이프QS라는 미국 기업이다. 폭스바겐이 이미 3억 달러를 투자했고, 빌 게이츠 역시 이 기업에 투자해 주목을 받았다. 퀀텀스케이프는 2024년부터 전고체 배터리를 출시할 예정인데, 수명이 12년이나 되는 획기적인 배터리라 미국 내에서도 매우 핫했고 한국의 개미투자자들 역시 많은 투자를 했다. 하지만 퀀텀스케이프는 우량주식이 아니라서 한 번 떨어지면 30% 이상 폭락하고, 반대의 경우 훅훅 오르는 불안정한 그래프를 그린다. 현재 매출이 사실상 없기에 기업이라기보다는 연구소 수준이라고 할 수 있다.

만약 전기차 배터리에 투자하고 싶다면 퀀텀스케이프 보다는 LG에너지솔루션을 사는 편이 훨씬 낫다고 본다. 하지만 LG에너지솔루션 역시 불안 요소가 다분하다. 테슬라가 자체 배터리를 만들겠다고 발표한 데 이어, 애플 역시 테슬라와 비교해 매우 심플한 구조를 가진 배터리를 만들겠다고 발표했기 때문이다. 모노셀 디자인으로 불리는 이 배터리는 기존 배터리보다 저렴하면서 주행 거리까지 긴, 완벽한 모델을 추구한다. 이러한 자체 배터리 제작 흐름은 LG에너지솔루션 등 국내 배터리 기업에는 악재임이 분명하다. 그런데 문제는 여기서 끝이 아니다. 중국과 유럽연합 때문이다.

중국은 정부 주도로 전기차 배터리 충전, 렌털, 재사용이 가능한 바스BaaS, Battery as Service를 적극 추진하고 있다. 중국의 테슬라로 불리는 니오가 그 선두주자로, 니오는 배터리를 충전하는 대신 완충된 배터리로 교체하는 방식을 택하고 있다. 배터리 충전은 몇 시간이 소요되지만 배터리 교체는 3분이면 가능하다. 또한 중국 1위 자동차 지리와 5위 전기차 기업 파라시스, 그리고 중국 대형 자동차 회사들이 대주주로 있는 볼보와 다임러 연합체는 현재 배터리 업체 조인트 벤처 설립을 추진하고 있다. 최근 중국 CATL이 LG에너지솔루션을 제치고 배터리 시장 1위를 차지했는데, CATL 못지않은 엄청난 규모의 배터리 회사가 중국에 새로 설립되고 있는 것이다.

유럽연합은 전기차 배터리 자급 프로젝트에 약 4조 원을 투자하고 있다. LG에너지솔루션이나 CATL 같은 아시아 배터리 업체에 종속된 현실에서 벗어나기 위해서다.

이처럼 전기차 업체들과 각국 정부의 이런 움직임은 시간이 갈수록 더욱 강해질 것이다. 그러면 LG에너지솔루션 같은 기업들의 입지는 점점 줄어들 가능성이 크다.

테슬라와 반테슬라 진영의 치열한 전쟁

2020년에 중국 전기차 시장 점유율 25%를 차지한 기업들은 놀랍게도 스타트업이다. 이는 무슨 의미인가? 전기차를 누구나 만들 수 있다는 뜻이다. 즉 미래 자동차 시장을 결정짓는 것은 전기차가 아니라 자율주행차라는 것이다.

미국은 2011년 자율주행차 도로 주행을 합법화했다. 미시간주에서는 세계 최초의 자율주행 전용 도로가 건설 중이다. 유럽연합은 2030년대에 완전 자율주행차 시대를 열겠다고 공언했다. 일본은 2022년에 세계 최초로 레벨 3 자율주행차를 출시할 예정이다. 중국은 2030년 세계 자율주행차 시장 1위를 목표로 삼고 있다.주요 대도시에서는 자율주행 택시 서비스를 하고 있다.

자율주행차는 운전 주체가 누구냐에 따라 레벨이 매겨진다. 레벨 1과 2는 인간이 주체라서 자율주행차로 보지 않는다. 레벨 3은 자율주행차의 인공지능이 주체이다.인간은 긴급상황 발생 시에만 개입한다. 그래서 레벨 3부터 자율주행차로 분류한다. 레벨 4는 긴급상황까지 모두 인공지능이 알아서 한다. 사실상 인간 운전자가 필요 없다. 다만 만약의 사태를 대비해 모니터 요원이 탑승한다. 레벨 5는 운전대 자체가 없다. 인간은 그냥 차에 타기만 하면 된다. 우리가 꿈꾸는 완전 자율주행차는 레벨 5다.

테슬라는 FSD, 완전 자율주행을 대대적으로 광고하고 있지만 사실 레벨 2에 불과하다. 현재까지 지구상에서 그 어떤 자동차 회사도 레벨 3 이상의 자율주행차를 판매한 적이 없다.레벨 3도 시범 주행은 하고 있다. 레벨 2는 주행 보조 시스템에 불과하다. 운전 주체가 인간이기에 사고가 나면 운전자가 책임져야 한다. 하지만 레벨 3부터는 자동차 제조사가 책임을 져야 한다. 운전 주체가 인공지능이기 때문이다. 테슬라는 레벨 2이기 때문에 사고가 나도 사고 책임에서 자유롭다.

이쯤에서 자율주행 기술 순위를 한번 살펴보자. 2020년 3월 기준 1위는 누굴까? 놀랍게도 테슬라가 아니다. 구글의 웨이모다. 2위는 포드, 3위는 제너럴모터스 크루즈, 4위는 중국 바이두, 5위는 인텔

모빌아이, 6위는 현대자동차 모셔널, 7위는 폭스바겐이다. 테슬라는 '기승전 자율주행'을 강조하는데 기술 수준을 놓고 봤을 때 세계 1위부터 7위 어디에도 이름이 없다.

사실 자율주행 전문가 대부분은 테슬라를 인정하지 않는다. 오히려 테슬라가 이야기하는 자율주행은 사기라고까지 한다. 참고로 독일 법원은 "테슬라의 오토 파일럿은 허위 광고"라는 판결까지 내린 바 있다. 과거에 모빌아이가 테슬라와 자율주행 칩을 개발하다 결렬됐을 때 두 가지 설이 나돌았다. 하나는 테슬라가 모빌아이의 기술만 쏙 가져다 쓴 뒤 모빌아이를 버렸다는 것이었고, 또 하나는 모빌아이 측에서 테슬라의 거짓말에 속아 피해를 봤기 때문에 그들과 함께 갈 수 없다고 했다는 설이다. 누구의 말이 맞는지는 알 수 없지만 테슬라가 자율주행 기술에 대해 정직하지 못했다는 점만은 명백한 사실이다. 그럼에도 불구하고 2020년 7월 일론 머스크는 "2020년 12월까지 레벨 5 자율주행차를 판매하겠다"고 선언했다. 하지만 테슬라는 2021년 현재 레벨 3 차량도 판매하지 못하고 있다.

물론 테슬라는 놀라운 기업이다. 대표적으로 테슬라의 ECU Electronic Control Unit를 보자. ECU는 컴퓨터로 치면 CPU에 해당하는 부품으로 자동차의 두뇌라 불린다. 기존 자동차의 경우 수백 개의 ECU가 들어간다. 반면 테슬라는 아이폰의 시스템온칩처럼 ECU가 한 개다. OS도 한 개다. 벤츠, 도요타 등 세계적인 자동차 기업들은 테슬라를 뜯어보고는 중앙에 떡하니 자리 잡고서 차량의 모든 것을 통제하는 단 한 개의 ECU의 모습에 큰 충격을 받았다고 한다. 그리고 테슬라 같은 시스템을 만들려면 앞으로 5~6년은 걸린다는 사실을 깨닫고, 더 큰 충격의 도가니에 빠졌다. 결국 그들은 엔비디아나 모빌아이 같은 인공지능 반도체 기업과 협업하기로 방향을 전환했다.

현재 다임러[벤츠]는 엔비디아와 테슬라를 뛰어넘을 ECU와 OS를 개발 중이다. 2024년에 엔비디아의 인공지능 칩을 탑재한 자율주행 벤츠 차량이 출시될 예정이다. 참고로 도요타, 아우디, 볼보, 현대자동차, 니오, 샤오펑도 엔비디아와 협업 중이다.

BMW는 인텔 모빌아이, 포드는 구글, 제너럴모터스는 마이크로소프트와 자율주행차를 개발 중이다. 자동차 업계는 이렇게 테슬라와 반테슬라 진영이 치열한 전쟁을 하고 있다. 이 전쟁에서 과연 누가 살아남을까? 테슬라가 살아남는다면 테슬라의 시가총액은 더 커질 것이다. 하지만 그렇지 못하면 한순간에 무너질 수도 있다.

테슬라가 극복해야 할 리스크들

자율주행차는 인공지능이 운전하는 차량이다. 인공지능이 도로의 다양한 변수에 완벽하게 대응하기 위해서는 무한학습을 해야 한다. 구글 알파고가 몇천만 건의 바둑 학습 끝에 이세돌을 뛰어넘었던 것을 기억해보자.

테슬라의 오토 파일럿을 장착한 자동차가 2021년 기준 50개국 이상에서 100만 대 이상 팔렸다. 덕분에 테슬라는 현재 약 51억 마일의 주행 데이터를 보유하고 있는데, 이는 세계 최고 수준이다. 참고로 자율주행 기술 1위인 구글 웨이모의 주행 데이터는 5억 마일 미만이다. 하지만 테슬라가 앞으로도 1위일 것인가에 대해서는 확신할 수 없다. 인텔의 모빌아이 때문이다.

모빌아이는 자율주행차의 아버지라 불리는 이스라엘의 암논 샤슈아가 창업한 기업으로, ADAS라는 주행 보조 장치를 이용해 주행 데이터를 축적해오고 있다. 지난 2017년 모빌아이는 153억 달러에 인텔에 매각되었고, 현재 암논 샤슈아는 인텔 수석 부사장으로 재직 중이다. 놀라운 사실은 우리가 알고 있는 모든 자동차 회사가 모빌아이의 기술과 부품을 사용하고 있다는 점이다. 특히 자율주행차에서 데이터를 수집하는 주행용 카메라 센서의 세계 시장 점유율이 무려 90%다.

현재 인텔 모빌아이는 레벨 2 플러스 시장의 최강자다. 전 세계에 모빌아이의 ADAS 운전자 보조 시스템 테슬라의 오토 파일럿과 같다을 탑재한 차량은 약 100만 대로, 이 차들이 800만 킬로미터 이상의 데이터를 만들어내고 있다. 덕분에 모빌아이는 약 6억 2천만 마일의 주행 데이터를 축적했다. 그런데 2022년에는 모빌아이의 ADAS를 탑재한 차량이 1,400만 대로 늘어난다. 이는 곧 주행 데이터가 10배 이상 늘어난다는 의미다. 더 놀라운 사실은 2025년에는 약 2,500만 대 이상의 모빌아이 차량이 ADAS를 탑재하게 된다는 것이다. 테슬라의 주행 데이터를 뛰어넘을 날이 머지않은 것이다.

이뿐만이 아니다. 테슬라와 달리 많은 업체와 협업 중인 모빌아이 연합은 앞으로 굉장한 규모로 커질 전망이다. 현재 반도체 시장에서 인텔의 입지는 매우 모호하지만, 자율주행 반도체 시장만 놓고 보면 인텔의 미래도 다시 밝아질 수 있을 것으로 보인다.

테슬라 CEO 일론 머스크는 전기차 시장뿐 아니라 자율주행 택시 시장에서도 더 큰 성공을 거둘 것이라고 말한 바 있다. 하지만 걸림돌이 한두 개가 아니다. 테슬라보다 먼저 로봇 택시 사업을 시작한 기업들이 있기 때문이다. 구글 웨이모는 현재 미국 피닉스에서 테슬라가 계획하고 있는 로봇 택시 시범 서비스를 운영하고 있다. 2020년 10월에는 세계 최초로 완전 자율주행 택시를 운행했다.승객을 태우지는 않았다. 제너럴모터스 크루즈는 오리진이라는 이름의 로봇 택시를 선보였고, 아마존 역시 스타트업 죽스ZOOX를 인수해 로봇 택시를 선보였는데 시속 120킬로미터로 달리는 죽스는 앞으로 물류 배송에도 이용될 예정이다.

이처럼 테슬라가 넘어야 할 산은 한두 개가 아닌데, 사실 가장 큰 산은 따로 있다. 바로 중국이다. 테슬라는 지금껏 중국 정부로부터 엄청난 혜택을 받았다. 덕분에 중국 내 전기차 판매 1위를 달성할 수 있었다. 하지만 앞으로도 그럴 수 있을까? 여기에 대해서는 많은 전문가들이 부정적인 입장을 취하고 있다.

대표적으로 모건스탠리의 애널리스트 애덤 조나스는 "테슬라의 중국 매출이 앞으로 2024년에서 2026년 사이에 정점을 찍고 하락할 것이며, 2030년 이후에는 아무것도 남지 않을 것"이라고 예측했다. 미·중 패권 전쟁 때문이다. 현재 레벨 2인 테슬라의 자율주행은 운전 보조 장치에 불과하다. 하지만 레벨 3 이상으로 넘어가면 5G, 즉 차와 연결된 인터넷망을 통해 자국의 정보가 상대국으로 넘어가게 된다. 한마디로 적국의 정보 수집 차량이 길거리를 마구 돌아다니는 격인데 미국과 중국 둘 다 이를 허용할 수 없다는 것이다. 애덤 조나스는 "중국은 자국 인터넷망 통제에 민감하다. 그로 인해 구글, 페이스북도 퇴출시킨 전례가 있다. 테슬라 역시 그렇지 않겠느냐"고 지적한다. 또한 그는 중국 정부가 테슬라를 키워서 잡아먹는 전략을 쓰고 있다고 강조했다. 중국이 애플 기술을 빼돌려 화웨이나 샤오미의 스마트폰 개발에 이용했던 것처럼 중국 정부가 현재 테슬라를 밀어주는 이유 역시 테슬라의 기술을 빼내 오기 위함이라는 것이다.

중국의 구글로 불리는 중국 최대 포털 기업인 바이두에 투자한 WM 모터의 CEO 프리먼 션 역시 "테슬라는 애플이 그랬듯 중국 시장을 교육하는 역할에 그칠 것이다. 지금 애플이 중국 휴대폰 시장에서 샤오미, 오포, 화웨이 같은 현지 기업에 밀려났듯 테슬라도 같은 미래를 맞이하게 될 것"이라고 예측했다. 물론 중국에서 지금 당장 테슬라를 퇴출시키는 일은 없을 것이다. 하지만 최근 중국 정부는 바이든 정부에 대한 보복으로 테슬라를 불러서 "중국 법규를 준수하라. 품질 안전 책임을 이행하라. 소비자 권익을 보호하라"라며 질책했다. 앞으로 미·중 패권 전쟁이 격화되면 중국 공산당은 테슬라에게 어떤 조치를 취하게 될까? 최악의 경우 공장 폐쇄, 판매 금지일 것이다. 그러면 테슬라는 어떻게 될까? 이렇게 놓고 보면 테슬라의 가장 큰 리스크는 중국이 될 가능성이 높다.

자율주행차 시장의 판도를 바꿀 애플카

스티브 잡스가 자동차광이었다는 사실을 아는가? 개인 소유 자동차만 해도 꽤 많았다. 사실 잡스는 2007년부터 애플카를 만들 작정이었다. 그런데 아이폰과 아이패드가 너무 잘 팔려 애플카에 신경 쓸 겨를이 없었다. 2010년에는 자동차 제조 스타트업 브이비히클V-Vehicle을 인수할 계획을 세웠지만, 같은 이유로 미팅만 하고 실행에 옮기지는 못했다. 그리고 잡스는 세상을 떠났다. 이후 팀 쿡이 잡스의 꿈을 이어받는다. 그 과정을 연도별로 살펴보자.

2016년, 팀 쿡은 밥 맨스필드를 프로젝트 '타이탄'의 책임자로 앉

힌다. 그는 잡스의 왼팔로 불렸던 인물로 아이폰, 아이패드 등 애플의 핵심 제품을 개발한 애플의 전설이다. 밥 맨스필드는 프로젝트의 수장을 맡자마자 기존 인력을 대거 해고하고, 타이탄을 전기차 프로젝트에서 자율주행차 프로젝트로 바꾼다.

2017년, 애플의 타이탄 팀은 캘리포니아주 정부로부터 자율주행차 실험을 위한 공용도로 주행 허가를 받는다.

2018년, 애플을 떠나 5년 넘게 테슬라 수석 부사장으로 재직하면서 모델S를 만든 더그 필드가 애플로 복귀한다. 그는 밥 맨스필드와 공동 리더가 되어 프로젝트 타이탄을 이끈다. 테슬라의 모델S와 모델Y를 디자인한 테슬라 수석 디자이너 앤드류 김도 타이탄 프로젝트에 합류한다. 여기에 더해 구글 웨이모 수석 엔지니어이자 자율주행 안전 전문가인 제이미 웨이도 타이탄 프로젝트에 합류한다.

2019년, 테슬라 자동차 인테리어 책임자 스티브 맥마너스, 테슬라의 파워트레인 책임자 마이클 슈베쿠치, 테슬라 자율주행팀 책임자 스튜어트 바우어스, 구글 인공지능 전문가 존 지아난드레아가 타이탄 프로젝트에 합류한다.

2020년, 애플은 자율주행차 관련 엔지니어링과 배터리 전문가, 도로 안전 전문가 등 300명 이상을 채용한다. 같은 해 12월에는 애플카 프로젝트를 공식 발표한다. 그것도 테슬라가 S&P 500 지수에 편입된 바로 그날에 말이다. 그 결과 테슬라 주가는 6.5%나 폭락했다. 테슬라 축제날에 의도적으로 찬물을 뿌린 것이다. 애플의 '애플카 프로젝트'는 '테슬라 죽이기'에 맞춰져 있는 느낌이 든다.

애플은 창조적 기업으로 알려져 있지만, 사실 애플은 항상 다른 기업들이 힘들게 만들어놓은 시장에 뒤늦게 들어가서 판을 뒤집었다. 아직 수영이란 스포츠가 대중화되지 않았다고 가정해보자. 수영 대중화의 꿈을 가진 여러 수영선수가 수영 교육 프로그램을 만들고, 수영대회를 유치하고, 언론 홍보까지 하면서 수영을 알리고 있다. 그렇게 수영 대중화가 막 이루어지려는 찰나, 마이클 펠프스가 등장해서 순식간에 수영 스타가 된다. 그리고 정작 수영 대중화에 힘쓴 선수들은 잊힌다. 이게 바로 애플이 추구하는 애플 웨이다. "니들은 시장을 만들어. 난 기다리고 있을게." 그러고는 후발주자로 참여해서 혁신을 일으킨 뒤 시장을 먹어치운다.

애플이 손을 대면 제품의 성격이 완전히 바뀐다는 것도 무서운 일이다. 아이폰이 나오기 전까지만 해도 휴대폰은 그저 문자를 보내고 통화하는 수단이었다. 하지만 아이폰이 나오면서 휴대폰은 우리 삶의 일부가 되었다. 만약 애플이 자율주행차를 만든다면 어떤 모습일까? 지금 우리가 보고 있는 테슬라 스타일의 자율주행차와는 전혀 다른 스타일의 차가 될 가능성이 높다. 이런 애플을 테슬라가 뛰어넘을 수 있을까? 나는 쉽지 않을 것이라고 본다.

한편으로 애플은 2천여 개가 넘는 자동차 특허 기술을 보유하고 있다. 자율주행차의 5대 핵심이라는 애플리케이션 프로세서, 배터리, 카메라, 센서, 디스플레이에도 막대한 돈을 투자하고 있다. 앞으로 자율주행차 시대가 본격적으로 열리면 애플은 아이폰 때 그랬던 것처럼 모든 것을 걸고 뛰어들 것이다. 그리고 테슬라가 만들어놓은 시장을 먹어치울 것이다.물론 그러지 못할 수도 있다. 애플 웨이란 그런 것이다.

천지개벽할 자율주행의 시대

최종적으로 정리해보자. 앞서 말했듯 레벨 4 이상의 자율주행차는 인간이 운전할 필요가 없다. 그러면 자동차의 개념 자체가 바뀐다. 레벨 4 이상의 자율주행차 시대는 빠르면 2030년부터 시작된다고 한다. 그럼 사회는 어떻게 변할까?

먼저 교통수단을 생각해보자. 서울에서 부산까지 간다고 하자. 가장 빠른 건 비행기일 것이다. 하지만 비행기를 타기 위해서는 공항까지 가야 하고, 탑승 수속을 밟아야 한다. 이것만 해도 기본 2시간이고 비행 시간과 공항을 빠져나오는 시간까지 합치면 한두 시간이 더 걸린다. KTX와 고속버스도 비슷하다. 반면 자율주행차는 차가 집 앞까지 온다. 그리고 부산까지 알아서 간다. 만일 당신이라면 이떤 이동수단을 선택하겠는가? 자율주행차 시대가 본격적으로 열리면 비행기, 기차, 버스 같은 기존 산업은 저물 수밖에 없을 것이다. 물론 국제선

항공은 예외다.

카페나 식당 등은 어떻게 될까? 대부분 드라이브 스루 형태로 바뀌게 될 것이다. 자동차 보험의 의미도 바뀔 것이다. 인간이 운전하지 않는 시대에 자동차 보험은 의미가 없다. 차량 공유 서비스를 제공하는 우버 같은 회사도 어려워질 가능성이 높다. 자율주행차 회사들이 우버 같은 플랫폼을 만들 것이기 때문이다. 부동산도 큰 변화를 겪을 것이다. 구글 딥마인드 인공지능 '알파고'의 개발 책임자이자 세계 최대 온라인 대학인 유다시티에서 자율주행을 강의하는 데이비드 실버 교수는 "자율주행차로 부동산이 가장 큰 변화를 겪을 것이며, 입지가 전부인 시대가 사라질 것"이라고 말했다. 한마디로 핵심 부동산 개념이 사라진다는 것이다. CBRE라는 세계적인 부동산 컨설팅 회사는 〈자율주행차, 부동산의 변화를 일으키다〉라는 보고서를 통해 자율주행차 시대가 오면 외곽 지역이나 대중교통이 부족한 지역의 가치가 높아진다고 분석했다. 또한 모든 업무를 차 안에서 볼 수 있게 되므로 사무실도 점차 사라지게 될 거라고 예측했다. 이런 부동산 예측을 진지하게 받아들인 미국의 리갈앤제너럴 그룹은 자율주행차 시대를 대비해서 교외 지역에 무려 38조 원 넘는 부동산을 구매했다.

자율주행 자동차는 단순히 인간이 운전대에서 자유로워지는 것을 의미하지 않는다. 자동차의 개념이 완벽하게 바뀌고 자동차 안에서 새로운 라이프스타일이 탄생한다는 것을 의미한다. 그 결과 기존에 당연했던 것들, 익숙했던 산업들은 급격하게 위축되거나 아예 사라져버릴 수도 있다. 미래를 상상하는 일은 때로 즐겁고 설레는 일이다. 하지만 투자의 관점에서 본다면 기업의 존폐가 결정되는 매우 중대한 일이기도 하다. 다가올 자율주행 시대가 지금부터 어떻게 성장하는지, 그 속도가 어떻게 달라질지 주의 깊게 지켜봐야 하는 이유다.

미래의 부 09

OTT, 우리의 일상을 지배하다

4차 산업혁명 각 분야는 서로 긴밀하게 연결되어 있다. 이는 무슨 의미인가? 한 분야에서 주도적인 기업들이 다른 분야에서도 그럴 수 있다는 뜻이다. OTT Over the Top도 마찬가지다. OTT가 무슨 뜻인지 잘 모르겠다면 넷플릭스나 유튜브를 떠올려보자. 그렇다. OTT는 한마디로 인터넷을 통해 다양한 미디어 콘텐츠를 제공하는 산업을 말한다.

'Over the Top'에서 Top은 TV의 셋톱 박스set-top box를 뜻한다. 과거에 우리가 TV를 보기 위해선 셋톱 박스를 설치해야 했지만, OTT 서비스는 이런 것들이 필요 없다. 인터넷으로 모든 동영상을 볼 수 있기 때문이다. 또한 이전에는 동영상을 보려면 인터넷에서 파일을 내려받아야 했지만, OTT에서는 다운로드 없이 스트리밍 서비스를 통해 실시간으로 동영상을 볼 수 있다.

넷플릭스는 1위 자리를 지킬 수 있을 것인가

현재 미국 유료 OTT 시장의 넘버원은 넷플릭스다. 2021년 2월 기준 전 세계적으로 약 2억 370만 명의 회원을 보유하고 있기에 그야말로 최강자라 할 수 있다. 넷플릭스의 성장률은 곧 OTT 시장의 성장을 보여주는 것이기도 한데, 넷플릭스는 지난 10년 동안 주가가 약 43배 상승했다. 참고로 아마존은 같은 기간 동안 129배, 애플은 9배 상승했다. 10년 전 넷플릭스 주식에 1천만 원을 넣었다면, 4억 3천만 원을 번 셈이다.

2위는 아마존 프라임으로 현재 회원 수는 약 1억 5천 명이다. 아마존 프라임은 기본적으로 아마존 쇼핑몰 회원들을 위한 프리미엄 멤버십이다. 배송비나 각종 수수료를 무료로 해주는 쇼핑, 배송 관련 서비스를 제공하면서 OTT 서비스를 덤으로 제공하는 개념이다. 그러다 보니 아마존 프라임을 이용하는 회원들은 OTT 서비스를 무료로 제공받는 기분을 느낀다. 얼마 전까지만 해도 넷플릭스나 다른 OTT 서비스에 비해 콘텐츠가 부족하다는 평가가 많았지만, 차츰 질 좋은 아마존 오리지널 작품 수가 늘고 있어 앞으로의 성장이 기대된다.

3위는 디즈니 플러스로 현재 9,500만 명이 가입해 있다. OTT 시장에서 넷플릭스의 위상은 설명이 필요 없을 만큼 대단하지만, 지금 시점에서 더 눈여겨봐야 할 기업은 사실상 디즈니다. 디즈니 플러스는 남녀노소 모두에게 친숙한 기업인 디즈니에서 제공하는 서비스다. 2020년 코로나19 때문에 40년 만에 처음으로 적자가 났는데 주가는 오히려 3% 상승하는 재미난 일이 일어났다. 왜 그랬을까? 디즈니 플러스라는 OTT 서비스 때문이다.

디즈니의 사업구조를 살펴보면 크게 월트디즈니 TV, 애니메이션, 뮤지컬, 테마파크, 장난감, 디즈니 굿즈 그리고 OTT 서비스 등으로 이뤄져 있다. 이 중에서 OTT 서비스 부문의 성장 잠재력은 엄청나다. 디즈니가 가진 방대한 콘텐츠 때문이다. 디즈니가 만든 모든 애니메이션은 물론 마블, 픽사, 내셔널지오그래픽, 루카스필름, 21세기 폭스 등 디즈니 산하의 스튜디오에서 만든 굵직한 작품들이 모두 디즈니 플러스 OTT에 들어가 있다.

가공할 콘텐츠의 힘 덕분에 성장 속도는 무서울 만큼 빠르다. 디즈니 플러스는 출시 1년 만에 회원 수 8,700만 명을 달성했다. 넷플릭스가 회원 8천만 명을 모으는 데 무려 7년이 걸렸다는 사실을 생각하면 엄청난 속도가 아닐 수 없다. 물론 넷플릭스의 경우 OTT 산업이 활성화되지 않았던 초기 시장 상황을 고려해야겠지만, 디즈니 플러스의 성장 속도가 빨라도 너무 빠르다는 것은 분명한 사실이다. 2021년 2월 디즈니 플러스는 회원 수 9,500만 명을 돌파했는데 이는 본래 2024년까지 목표로 했던 숫자다. 즉 초기 목표 회원 수를 5년이나 앞당겨 돌파한 것이다. 이뿐만이 아니다. 현재 디즈니가 운영하는 동영상 유료 스트리밍 서비스인 훌루hulu와 스포츠 채널 ESPN+까지 합치면 전체 OTT 서비스 가입자는 총 1억 5천만 명이 넘는다.

주목할 사실은 현재 디즈니 플러스는 해외 시장 중 고작 30개국밖에 진출하지 않았다는 것이다. 반면 넷플릭스는 190여 개국에 진출한 상태다. 디즈니가 앞으로 해외 200여 개국에 본격적으로 진출한다고 생각해보라. 향후 가입자가 얼마나 폭발적으로 늘어날지 상상이 되지 않을 정도다. 앞으로 디즈니 플러스가 본격적으로 해외로 진출하고 콘텐츠를 적극적으로 제공하기 시작한다면 어떤 일이 벌어질까? 현재 무료 개념으로 OTT 서비스를 제공하고 있는 아마존 프라임은 물론, 해외 시장 대부분을 석권한 업계 1위 넷플릭스까지 넘어서는 것은 시간문제일 수 있다.

약 3,800만 명의 회원을 보유해 미국 내 가입자 수 4위인 HBO맥스도 살펴보자. HBO맥스는 〈슈퍼맨〉과 〈배트맨〉, 〈해리포터〉 시리즈로 유명한 워너브라더스와 미국 유명 케이블 채널 HBO의 모기업인 워너미디어구 타임워너가 가지고 있던 OTT 서비스였는데 지난 2018년 6월 미국 통신사 AT&T에서 인수했다.

HBO맥스는 워너브라더스 산하의 영화들과 케이블 채널 HBO의 여러 작품을 서비스한다는 장점을 갖고 있다. 현재 유료 채널인 HBO 회원 수까지 합치면 총 4,420만 명2021년 4월 기준으로, 역시 목표 회원 수를 2년 정도 앞당겨 달성했다. 만약 HBO맥스가 폭발적으로 성장한다면 이후 AT&T의 주가도 크게 상승할 것이다.

다크호스 애플TV+도 눈여겨볼 필요가 있다. 애플은 2019년 기준 전 세계 100개국에서 애플TV+ 서비스를 제공하고 있다. 한국에도 2021년 서비스를 시작할 예정이다.

애플TV+의 강점은 스트리밍 콘텐츠를 볼 수 있는 아이폰, 아이패드, 맥북, PC 등의 애플 기기가 전 세계에 무려 16억 5천만 대가 넘는다는 것이다. 애플TV+는 OTT 시장에서 아직 두각을 드러내고 있지 않지만 애플의 인프라를 생각하면 그 잠재력이 무궁무진하다고 볼 수 있다. 참고로 최근 스티븐 스필버그는 애플과 드라마 제작을 계약했다고 한다.

마지막으로 컴캐스트CMCSA라는 디지털 케이블TV 기업이 있다. NBC유니버설의 모기업인 컴캐스트는 스트리밍 서비스로 피콕Peacock을 선보였다. 피콕은 매달 구독료를 내는 다른 OTT와 달리 무료로 기본 패키지를 제공하는 광고 기반의 OTT 서비스다. 특히 NBC 방송과 경제 매체, CNBC, 유니버설픽처스, 드림웍스, MSNBC 등을 보유하고 있는 NBC유니버설의 방대한 콘텐츠를 활용한다는 경쟁력을 가지고 있다. 피콕의 가입자 수 역시 빠르게 증가해 현재 2,600만 명을 보유 중이다.

'기승전 구글'인 이유

유료와 무료를 모두 합친 전체 OTT 시장에서 넘사벽 강자는 유튜브, 즉 구글이다. 구글은 넷플릭스나 디즈니 플러스처럼 자체적으로 작품을 제작하진 않지만 유튜브라는 엄청난 스트리밍 플랫폼을 가지고 있다.

현재 한국인 3명 중 2명이 OTT 서비스를 이용하고 있다. 그중 1위는 전체 시장의 62.3%를 차지하는 유튜브이고 2위는 16.3%를 차지하는 넷플릭스다. 60%가 넘는 점유율을 가진 유튜브와 16% 정도에 불과한 넷플릭스는 시장 점유율에서 사실상 게임이 되지 않는다. 미국도 사정은 비슷하다. 미국 내 OTT 이용자들의 60~70%가 유튜브를 가장 선호하고 그다음이 넷플릭스다.

결론은 구글이다. 여기에 애플과 아마존이 더해지는 정도일 것이다. OTT 시장에서조차 이들 세 기업의 이름이 계속해서 오르내리는 걸 보면 놀랍고 대단하다는 생각이 든다.

OTT 서비스의 미래를 생각하면 앞으로 얼마나 치열한 시장이 펼쳐질지 상상이 가지 않는다. 이러한 예측은 멀리 갈 필요 없이 나와 내 두 아이만 봐도 알 수 있다. 나는 유튜브를 통해 많은 강의를 듣는다. 과거에는 책에서만 접했던 지식과 정보를 이제 유튜브에서도 구하는 것이다. 내 아이들 역시 서너 살이 되면서부터 유튜브로 뽀로로 같은 콘텐츠를 접하기 시작했다. 다른 아이들도 마찬가지일 것이다. 지금 시대의 아이들은 그 어린 나이부터 OTT 서비스가 삶의 일부분이다. 이러한 OTT의 영향력은 갈수록 커져 결국 우리의 일상을 지배하게 될 것이다. 앞으로 OTT 기업들의 주가는 어떻게 될까? 그 결과는 어렵지 않게 예측할 수 있다.

미래의 부 10

고령화 시대,
답은 헬스케어다

서두에서 강조했던 것처럼 이제 전 세계적으로 본격적인 고령화 시대가 온다. 2030년까지 전 세계 고령 인구는 지금보다 20% 이상 늘어나며, 우리나라의 경우 앞으로 7년이 지나면 노인 인구 1천만 명 시대가 된다. 30년 뒤인 2050년에는 전 세계적으로 노인 인구가 20억 명이 넘는다.

고령화 시대를 경제적 관점에서 보면 새로운 시야가 열린다. 앞으로 10년 동안 전 세계 고령 인구가 20% 늘어난다는 것은 어떤 의미인가? 헬스케어 시장이 기본 20% 이상 성장한다는 뜻이다. 아무리 건강 관리를 잘해도 나이가 들면 자연스럽게 아픈 곳이 많아질 수밖에 없기에, 노인이 많아진다는 건 곧 그만큼 헬스케어 수요도 늘어난다는 의미이기 때문이다. 달리 말하면 지금부터 헬스케어 우량주식 투자를 시작해야 '미래의 부'의 흐름에 올라탈 수 있다는 뜻이다.

무려 30년간 신용 등급 트리플A를 유지한 기업

헬스케어란 의료기술, 의약, 바이오, 생명공학, 의료기기 등 건강에 관한 모든 분야를 뜻한다. 2020년 기준 헬스케어주는 미국 주식시장에서 IT 기술주에 이어 2위를 차지했고 고령화 시대의 도래와 함께 더욱더 성장할 전망이다.

시간문제일 뿐 우리 모두 노인이 된다. 부모님은 물론 나, 배우자, 자식들까지 결국 노인이 된다. 그리고 고령화 시대를 맞아 노인으로 오래도록 살게 된다. 헬스케어 시장이 성장할 수밖에 없는 이유이자 우리가 헬스케어 관련 기업과 주식을 공부해야 하는 이유다.

헬스케어 기업 중 가장 먼저 추천하고 싶은 곳은 타이레놀로 유명한 존슨앤존슨[JNJ]이다. 무려 58년 연속 배당을 하고 있고 어마어마한 현금 보유액 덕분에 신용이 최고 등급인 트리플A[AAA]다.

여기서 잠깐 미국 기업의 신용 등급에 관해 이야기하고 넘어가자. 1992년 미국에서 최고 신용 등급인 트리플A를 받은 미국 기업은 98개였다. 그로부터 13년 후인 2005년에는 6개로 줄었다. 10여 년 사이 무려 90여 개의 기업이 트리플A 명단에서 사라진 것이다. 살아남은 6개 기업은 존슨앤존슨, 엑슨모빌, 제너럴일렉트릭, 화이자PFE, UPS, 오토매틱 데이터 프로세싱이었다.

2011년에는 미국 국가 신용 등급이 트리플A에서 더블AAA로 강등되었다. 그런데 국가 신용 등급이 떨어진 상황에서도 존슨앤존슨, 마이크로소프트, 오토매틱 데이터 프로세싱, 엑슨모빌은 트리플A를 유지했다. 그리고 5년 뒤인 2016년에는 트리플A 기업이 2개만 남는다. 존슨앤존슨과 마이크로소프트다. 이후 현재까지 이 두 기업만 최고 신용 등급 자리를 지키고 있다. 하지만 마이크로소프트는 2011년부터 최고 등급을 받아온 반면, 존슨앤존슨은 무려 1992년부터 지금까지 최고 자리를 유지하고 있다. 실로 엄청난 기업이다.

존슨앤존슨 다음으로 추천하고 싶은 기업은 유나이티드헬스그룹UNH, 서모피셔 사이언티픽TMO, 인튜이티브 서지컬ISRG이다. 유나이티드헬스그룹은 미국 민영 의료보험 회사로 세계 3대 의료보험 기업이다. 서모피셔 사이언티픽은 의료기기 전문회사인데 생명과학 관련 장비를 다루고 있다. 한국의 진단키트 대장주인 씨젠 역시 서모피셔 사이언티픽 제품으로 진단하고 분석한다. 마지막으로 인튜이티브 서지컬은 20년 넘게 수술 로봇 시장을 지배해온 절대강자로 '다빈치 로봇'이 바로 이 기업의 제품이다.

인슐린 100년의 역사를 가진 기업 노보노디스크NVO, 의료기기·제약·바이오 전반을 다루는 다나허DHR, 인공관절 로봇수술을 하는 '마코'로 유명한 스트라이커SYK, 의료기기·생명공학 분야 전문 기업으로 40년 연속 배당금을 증액한 백톤디킨스BDX, 세계 최대 의료기기 업체 중 하나로 43년 연속 배당금을 증액해온 메드트로닉MDT, 의료기기 중에서도 특히 인공 심장 판막으로 유명한 에드워즈 라이프사이언스EW, 특수 의료기기 회사 텔레플렉스TFX, 불면증·기면증·코골이 등 수면 솔루션 전문 기업 레즈메드RMD, 렌즈 전문 기업 쿠퍼컴퍼니즈COO, 동물약품 세계 넘버원 기업 조에티스ZTS, 제약 바이오에 특화된 클라우드 소프트웨어 구독 서비스를 제공하는 비바시스템스VEEV 모두 우량기업으로 장기투자할 가치가 있다.

만약 개별 기업들에 투자하는 것이 어렵고 복잡하게 느껴진다면 다음 ETF 중 하나를 골라 투자하면 된다.

첫 번째는 XLV다. 존슨앤존슨, 유나이티드헬스, 화이자, 머크, 암젠 등 헬스케어 관련 63개 기업이 들어가 있다. 두 번째는 VHT다. 헬스케어 관련 약 430개 기업이 들어가 있다. 세 번째는 바이오 생명공학 분야에 특화된 IBB로 나스닥 바이오테크 수익률 지수를 추종하는 ETF다. 네 번째는 헬스케어 의료 관련 서비스를 제공하는 기업들로 구성된 IHF다. 다섯 번째는 의료기기 기업 61개가 들어 있는 IHI다.

의료 산업의 미래, 디지털 헬스케어

헬스케어 시장에서 주목할 부분은 디지털 헬스케어의 도래다. 디지털 헬스케어란 IT 기술을 활용한 원격의료로 4차 산업혁명의 핵심인 클라우드 컴퓨팅, 빅데이터, 인공지능이 헬스케어와 만나는 분야다. 그렇기에 디지털 헬스케어는 애플, 아마존, 구글 등 IT 기업으로 귀결될 수밖에 없다.

실제로 이들 기업들은 헬스케어 시장에서도 두각을 나타내고 있다. IT 기업이 뛰어들면서 건강 관리와 의료 서비스의 개념과 서비스의 주체가 완전히 바뀌고 있는 것이다. 지금까지는 몸이 아플 때 약국이나 병원을 찾았고, 의사나 약사가 중심이 되어 치료를 진행했다. 하지만 이제 우리는 스마트폰 애플리케이션을 통해 심전도, 당뇨 자가 측정 등 매우 다양한 건강 관련 서비스를 이용하고, 이상 징후가 보이면 몸이 아프지 않아도 미리 의료기관을 찾는다. 즉 이전까지 의사의 진단에 의존했던 환자가 주도적으로 자신의 건강 상태를 체크할 수 있게 되면서 건강 관리에 대한 개념이 '치료'에서 '예방'으로 바뀌고 있는 것이다.

아무리 IT 기업들이 엄청난 헬스케어 서비스나 프로그램을 개발한다고 해도 어차피 치료는 의료기관에서 해야 하니, 결국 권력은 계속 의료기관이 독점하지 않겠냐고 생각하는 사람이 있을지도 모르겠다. 하지만 그렇지 않다. 미래의 헬스케어 분야에서도 관건은 데이터이기 때문이다.

사람들이 이전과는 비교도 할 수 없을 만큼 오래 살게 되면서 질병의 종류도 다양해지고 있고 그 정도도 더 심각해지고 있다. 나날이 다양해지고 복잡해지는 병들을 제대로 치료하기 위해서는 환자와 치료법에 대한 데이터를 최대한 많이 확보해야 한다. 생각해보자. IT 기업은 매일같이 억 단위의 사용자가 이용하는 서비스를 통해 데이터를 모은다. 1년에 많아야 몇만 명 규모의 환자를 받는 일반 의료기관이 이런 IT 기업의 상대가 될 수 있겠는가? 결국 데이터 시대, 클라우드 시대가 본격화되면 기존 의료기관이 해오던 헬스케어 방식은 그 힘과 가치를 잃고 말 것이다. 그리고 의료 권력은 IT 기업이 갖게 될 것이다.

이뿐이 아니다. 미국, 일본 등 일부 국가에서는 이미 원격의료 서비스를 시행하고 있다. 원격의료 서비스란 의료업계 종사자들이 IT 기업의 클라우드에 접속해 환자의 데이터에 접근하고 이를 통해 원격 처방을 내리는 것을 뜻한다. 현재까지 우리나라는 원격의료를 불법으로 규정하고 있지만, 향후 원격의료 서비스가 전 세계적으로 시행되는 것은 시간문제다. 클라우드에 쌓인 질병 데이터에 기반해 자동으로 의사가 지정되고, 증상에 따른 처방전이 내려지면, 약국에서 집으로 약을 배송해주는 서비스가 상용화될 날이 머지않았다. 애플, 아마존, 구글은 이미 그 새로운 시대를 준비한 지 오래다.

애플, 아마존, 구글은 계획이 있다

미국의 대표적인 빅테크 기업 애플, 아마존, 구글은 헬스케어 시장에서도 여전히 그 존재감을 십분 발휘하고 있다.

먼저 애플을 보자. 애플은 2014년 디지털 헬스케어 플랫폼 헬스킷Health Kit을, 2015년에는 의료 전문가 연구 플랫폼 리서치킷Research Kit을, 2016년에는 헬스케어 앱 개발 플랫폼 케어킷Care Kit을 출시했다. 2017년부터는 존슨앤존슨과 함께 아이폰과 애플워치를 이용한 뇌졸중 예방 앱을 개발 중이다. 여기에 더해 2018년에는 스탠퍼드 의과대학의 의료 전문가를 비롯해 40명이 넘는 의사와 약사 등 전문 의료 인력을 영입했다.

애플의 가장 큰 강점은 아이폰과 애플워치를 통한 건강 데이터 수집이다. 애플워치가 웨어러블 시장 전 세계 1위라는 점을 생각하면 이들이 수집하는 데이터의 양이 얼마나 방대할지 대충 짐작이 될 것이다. 애플은 전 세계에서 사용되고 있는 애플 기기를 통해 건강 데이터를 모으고, 그것을 통해 독보적인 건강 지도를 만들고 있다.

미국의 한 여성은 애플워치를 사용해 유전자 분석을 한 결과 난소암에 걸릴 확률이 57%라는 것을 알게 되었고, 그 후 정기적으로 산부인과 검진을 받고 있다고 한다. 또한 애플워치의 심전도 측정 앱은 심장병을 예방하는 데에도 많은 도움이 되고 있다. 이런 사례가 세계적으로 늘어나고 있어 웨어러블 기기를 통한 자가 건강 관리에 대한 관심이 더욱 높아지고 있고, 애플의 영향력은 더욱 커지고 있다.

최근 애플은 거대한 실험을 벌이고 있다. 루미헬스LumiHealth라는 앱을 통해 진행 중인 싱가포르 국민 건강 프로젝트가 그것이다. 이 프로젝트는 비만 환자의 식습관 개선을 위해 운동, 식단 등을 관리해 주고, 여기에 애플만의 게임 요소를 더해 즐거운 방법으로 건강한 몸과 마음을 만드는 것을 목표로 한다. 이 프로젝트를 성실하게 수행해 미션을 모두 완수하면 싱가포르 정부에서 380싱가포르달러한화 약 33만원를 지급한다. 애플은 앞으로 이 프로젝트를 전 세계로 확대할 계획이라고 한다.

다음으로 아마존을 보자. 미국은 병원에서 처방하는 약을 온라인에서 구매할 수 있다. 워낙 대륙이 넓고 그에 반해 의료시설이 부족하다 보니 가능한 일이다. 아마존은 1999년 일반 의약품 온라인 판매 기업인 드럭스토어 지분을 40% 인수하면서 온라인 약국 시장에 뛰어들었다. 하지만 운영이 쉽지 않자 2011년에 매각했다. 그렇다고 헬스케어 시장을 완전히 떠난 것은 아니었다. 2016년, 아마존은 보스턴 어린이병원에 인공지능 플랫폼인 '알렉사' 서비스를 제공하면서 헬스케어에 재도전했다.

이후 아마존의 행보는 거침이 없다. 2017년에는 의약품 유통 자격을 취득해 미국 내 12개 주에서 의약품 배송 서비스를 시작했고, 2018년에는 JP모건, 버크셔해서웨이와 함께 미국의 높은 의료 비용을 낮추기 위한 비영리 의료단체 '헤이븐'을 설립했다. 그리고 온라인 약국 필팩Pill Pack을 인수했다. 2019년에는 원격의료 스타트업 기업인 헬스내비게이터를 인수해 원격의료 서비스 준비에 들어갔다. 2020년에는 시애틀 본사 직원들과 가족들을 대상으로 한 디지털 헬스케어 서비스 '아마존 헬스케어', 웨어러블 밴드 '아마존 테일로', 온라인 약국 서비스 '아마존 파머시'필팩, 클라우드 서비스 '아마존 헬스레이크'를 출시했다. 이렇듯 헬스케어 시장에서 쉼없이 달리고 있는 아마존의 목표는 분명하다. 디지털 헬스케어 시장 넘버원이 되는 것이다.

마지막으로 구글을 보자. 구글은 2015년 안드로이드 건강 플랫폼 구글 핏Google Fit을 출시했다. 2018년에는 구글 헬스Google Health를 설립하고, 알파고를 개발한 딥마인드의 의료 사업부인 딥마인드헬스를 흡수했다.인공지능을 통한 암 진단 시스템과 각종 의료 서비스를 개발 중이다. 구글 역시 애플처럼 의사, 약사 등 의료 전문가 수백 명을 채용하고 있으며 구글 클라우드를 통해 모든 병원의 데이터가 실시간으로 통합되는 시스템을 개발하고 있다. 또한 미국 의료협회와 함께 의료 데이터를 확보해 데이터를 축적하고 분석하는 작업도 진행하고 있다.

최근 구글은 한국계 미국인 제임스 박이 공동 창업한 피트니스 스마트워치 핏빗Fitbit을 인수했다. 구글은 핏빗을 애플워치처럼 키워나가겠다는 계획이다. 핏빗에는 애플워치에 없는, 더 높은 수준의 건강 관리 및 질병 진단 애플리케이션이 들어가게 될 것으로 보인다. 참고로 구글 헬스케어에는 우리에게 익숙한 기업이 등장하는데 바로 존슨앤존슨이다. 구글과 존슨앤존슨, 레즈메드 세 기업이 함께 수술용 로봇을 비롯한 의료기기를 개발하고 있다.

참고로 월마트WMT도 디지털 헬스케어 시장에 진출했다. 월마트는 최근 건강보험 에이전시 월마트 인슈어런스를 설립하고 처방약 관리 스타트업 케어존도 인수했다. 코로나19가 터졌을 때는 미국 정부와 코로나 백신 유통 계약을 체결하기도 했다. 미국 전역에 있는 월마트 매장과 냉동창고를 이용해 제약회사에서 만든 백신을 보관하는 업무를 맡은 것이다. 뿐만 아니라 통신사 버라이즌과 5G 디지털 헬스 서비스를 협력하는 사업도 추진 중이다.

월마트는 매장에 의사와 약사가 상주해서 엑스레이 촬영, 치과 검진, 정신과 상담 등 간단한 진찰과 검사를 제공하는 '월마트 헬스'도 서비스 중이다. 아마존 역시 월마트처럼 앞으로 각 매장에서 진료 서비스를 제공할 예정이라고 한다.

애플, 구글, 아마존, 마이크로소프트는 앞으로 정신건강 서비스도 제공할 예정이다. 웨어러블 기기를 통해 사용자의 심리와 정서를 분석하고 마음을 진정시켜주는 음악을 추천한다거나 적절한 운동 프로그램을 소개하는 것이다. 이렇게 IT 기업이 주도하는 디지털 헬스케어 시장의 미래는 상상을 초월한다. 미래의 부를 꿈꾼다면 지금부터라도 디지털 헬스케어 기업의 주식을 사는 지혜를 발휘해야 한다.

원격의료 시장의 문이 열리는 순간

국내 디지털 헬스케어 시장도 간단히 훑어보자.

삼성전자는 2017년부터 미국, 영국, 인도 등에서 갤럭시 헬스 앱을 통한 원격의료 서비스를 시작했다. 최근 국내에서도 갤럭시 워치를 통해 혈압에 이어 심전도를 측정할 수 있는 앱을 식품의약품안전처에서 허가받았다.

네이버 역시 디지털 헬스케어 분야에 도전장을 내밀었다. 최근 네이버는 연세대 세브란스병원의 나군호 교수를 영입했다. 나 교수는 2005년 한국 최초로 인튜이티브 서지컬의 수술 로봇 '다빈치'를 도입한 인물로, 아시아를 대표하는 로봇수술 전문가다. IT 기업 네이버와 의료인의 만남은 뜬금없어 보이지만, '디지털 헬스케어'라는 키워드를 놓고 보면 자연스럽고 당연한 결합이다. 나군호 교수는 네이버의 헬스케어 사업을 이끌어갈 예정이다. 또한 네이버는 일본에 라인 헬스케어 주식회사를 세우고 원격의료 서비스를 진행 중인데, 현재 가입자 수가 8,600만 명에 달한다.

국내 IT 기업 중 네이버와 쌍두마차를 이루고 있는 카카오 또한 디지털 헬스케어를 야심 차게 시작했다. 최근 카카오는 서울아산병원,

현대공업지주와 100억 원을 공동 출자해서 카카오 메디컬데이터를 설립했는데, 데이터 분야의 전문성과 노하우를 살려 의료 빅데이터 사업을 추진하려는 행보로 해석된다.

마지막으로 인터파크는 2017년에 바이오융합연구소를 설립했는데 앞으로 바이오·생명공학 분야에서 디지털 헬스케어 산업에 도전할 계획이다.

구글, 아마존 등에 비하면 부족하지만 국내 IT 기업들도 디지털 헬스케어 산업에 본격적으로 뛰어들고 있다. 이 시장의 가능성을 알아보고 신성장 동력으로 점찍었기 때문이다. 향후 국내 원격의료 시장의 문이 본격적으로 열리면 IT 기업들의 행보도 더욱 가열차게 변모할 것이고, 그러면 이 시장이 얼마나 빨리 그리고 크게 확장될지는 가늠하기 어려울 정도다.

에필로그

왜 지금 투자를 시작해야 하는가

2019년 3월, 나는 이지성TV를 통해 원·달러 환율 폭등을 예측했다. 이후 원·달러 환율은 1,100원대를 가볍게 넘기고 1,200원대를 돌파하더니 1,300원대에 진입하려는 움직임을 보였다. 잘못하면 제2의 IMF가 터질 수도 있었다.

하지만 미국에서 코로나 셧다운이 발생하면서 미국 경제가 위기에 처하자 미 연방준비제도는 우리나라를 비롯한 9개국 중앙은행과 통화스와프를 체결하고 달러 무제한 풀기를 시작했다. 그리고 얼마 뒤 원·달러 환율은 안정을 되찾았다.

코로나19 사태는 불행 중 불행이었지만 원·달러 환율 안정은 다행 중 다행이었다. 만약 원·달러 환율 폭등이 계속되었다면 대한민국은 국가 부도에 이르렀을 것이고, 이는 국민 모두에게 큰 고통이 되었을 것이기 때문이다.

이지성TV 애청자들은 내 예측을 믿고 달러를 많이 사둔 상태였다. 물론 나는 달러를 투자의 개념으로 보유하라고 말한 적이 없었다. 원·달러 환율이 오르든 내리든 개의치 말고 안전 자산의 개념으로 보유하라고 이야기했었다. 하지만 어쨌든 현실은 원·달러 환율 하락이었다.

그 누구도 나에게 책임을 묻지 않았고 오히려 달러의 세계를 알게 해줘서 감사하다는 의견이 절대다수였지만, 나는 책임을 지고 싶었다. 그래서 이지성TV 애청자들을 대상으로 미국 우량주식 장기 투자 이야기를 하기 시작했다.

"내가 지금까지 달러를 이야기했던 것은 경제 위기에서 당신과 당신 가족을 구해줄 수 있는 구명정을 보유하라는 의미였다. 그런데 미 연방준비제도의 달러 무제한 풀기로 경제 위기가 연기되었다. 이제는 달러가 달러를 낳는 마법의 세계인 미국 주식 투자의 세계로 들어갈 때다. 구명정에서 초호화 여객선으로 갈아탈 때다. 부의 흐름에 올라탈 때다."

"미국 주식 투자 비법은 별거 없다. 그냥 매달 정기적금 들 듯이 당신이 이미 잘 알고 있는 애플, 구글, 아마존, 코카콜라, 나이키, 존슨앤존슨, 맥도날드, 디즈니 같은 우량주식을 사면 된다. 그리고 배당금이 나오면 모아두었다가 다시 이 주식들을 사면 된다. 단 절대 팔면 안 된다. 자식에게 물려준다는 생각으로 장기 보유해라. 그러면 누구나 부자가 될 수 있다."

감사하게도 많은 애청자가 내 방송을 듣고, 미국 우량주식 투자를 시작했다. 그러고는 "미국 주식의 세계를 알게 해줘서 고맙다"라며 이지성TV 멤버십 가입으로 응원을 해주었다. 비록 커피 한 잔, 피자 몇 조각에 해당하는 금액이었지만 나는 애청자들의 마음이 고마웠다. 하여 멤버십 혜택을 신설하고, 멤버십 회원들을 대상으로 4차 산업혁명 미국 주식 특강과 투자의 고전 등을 함께 읽는 독서 특강을 하기 시작했다. 덕분에 내 삶은 멤버십 회원들을 위한 무엇으로 바뀌었다. 2~3시간짜리 강의를 위해 집에 열흘 또는 보름 가까이 틀어박혀서 온갖 자료를 소화하고 강의안을 만들고 아내와 지인들을 대상으로 강의 리허설을 하는 날들이 계속되었기 때문이다. 정말이지 지난 1년은 멤버십 강의를 준비한 것 말고 다른 것은 잘 기억이 나지 않을 정도다. 아무튼 그렇게 1년이 흘렀고, '4차 산업혁명 미국 주식 특강'이 이렇게 책으로 묶여 나오게 되었다. 이 자리를 빌려 이지성TV 멤버십 회원님들께 감사드린다. 그분들의 성원이 없었다면 이 책은 절대로 세상에 나올 수 없었을 것이다.

코로나19 사태 이후로 세상은 급격하게 바뀌고 있다. 그야말로 자산의 시대가 도래했다. 물론 이런 자산 열풍은 언제든지 꺼질 수 있다. 하지만 설령 버블이 터져 자산 붕괴의 시대가 오더라도 결국 자산에 눈을 뜬 사람, 자산을 가진 사람이 승자가 될 것이다. 특히 4차 산업혁명 관련 자산에 눈을 뜨고 4차 산업혁명 관련 자산을 가진 사람이 크게 승리할 것이다. 이것이 내가 4차 산업혁명 미국 우량 주식 장기투자를 권하는 이유다.

당신은 누구인가? 스마트폰 같은 IT 기기에 들어 있는 각종 앱을 통해 늘 돈을 쓰기만 하는 사람인가? 아니면 초우량 IT기업삼성전자, 애플, 구글, 아마존 등의 주식을 꾸준히 사는 사람인가? 만일 당신이 전자라면 당신은 미래의 빈貧의 흐름에 올라탄 사람이다. 만일 당신이 후자라면 당신은 미래의 부富의 흐름에 올라탄 사람이다. 부디 당신이 후자이기를 빈다. 당신 자신은 물론이고 당신 가족을 위해서 말이다.

2021년 6월 28일 새벽 1시 39분

파주에서 이지성

주

1 이지성, 《에이트》, 차이정원, 2019.

2 이지성, 《에이트》, 차이정원, 2019.

3 통계청, 〈장래가구추계(시도편) 2015~2045년〉, 2017년 8월.

4 통계청, 〈장래가구특별추계(시도편) 2017~2047년〉, 2019년 12월.

5 통계청, 〈2019년 하반기 지역별 고용조사 맞벌이 가구 및 1인 가구 고용 현황〉, 2020년 6월.

6 한국경제연구원, 〈1인 가구의 특성 분석과 경제적 영향〉, 2020년.

7 통계청, 〈2020년 고령자 통계〉, 2020년 9월.

8 허상우 기자, 〈빈곤한 노인들, 국민연금 담보로 대출 작년의 2배〉, 《조선일보》, 2019년 7월 8일.

9 플라자 합의Plaza agreement, 1985년 9월 22일 미국 뉴욕 플라자호텔에 G5(프랑스, 독일, 일본, 미국, 영국) 재무장관들이 모여 외환시장의 개입으로 인해 발생한 달러화 강세를 시정하기로 결의한 조치. 이 조치 덕분에 1990년대 들어 미국 제조업체들은 달러 약세로 높아진 가격 경쟁력으로 해외 시장에서 승

승장구했고, 미국 경제가 회복세를 찾아갔다. 반면 일본은 엔고로 인해 버블 붕괴 등의 타격을 받았고 2010년대 이후까지 그 후유증에 시달렸다.

10 한국보건사회연구원, 〈포용복지와 사회정책의 방향〉, 2019년 12월.

11 국민연금기금운용본부, 2019년 말 기준 국내 채권 운용 현황 Top10 투자 종목 참고.

12 최보식 기자, 〈다음 정부에 미루는 연금 개혁 '폭탄 돌리기'… 이대로면 분명 폭발해〉, 《조선일보》, 2019년 4월 8일.

13 배정원 기자, 〈세계 경제석학 진단 "20년 뒤 한국인들 노후 각자도생 빠진다"〉, 《중앙일보》, 2020년 2월 27일.

14 배정원 기자, 〈세계 경제석학 진단 "20년 뒤 한국인들 노후 각자도생 빠진다"〉, 《중앙일보》, 2020년 2월 27일.

15 강민성 기자, 〈코카콜라는 왜 6년 동안 가격을 57%나 올렸을까〉, 《이코노믹리뷰》, 2016년 10월 21일.

16 유기윤 교수팀, 〈미래의 도시에서 시민들이 어떻게 살아갈 것인가〉, 《미래도시 연구보고서》, 2017년 한국공간정보학회 학술대회.

이지성 작가와 함께 책을 읽다!

매달 한 권 이상의 책을 선정하고
이지성 작가가 진행하는 독서 특강!

벤저민 그레이엄의 《현명한 투자자》 등
투자와 인문의 고전 그리고 이 시대의 베스트셀러까지 함께 읽습니다.

참여 자격

이지성TV 멤버십 2단계 회원

참여 방법

유튜브에서 '이지성TV' 검색 ▶ '구독' 버튼 클릭
▶ '가입' 버튼 클릭(구독 버튼 옆에 위치) ▶ 2단계 '리딩으로 리드하라' 가입 클릭

르네미안과 함께 독서를 실천하다!

Renemian
독서를 통해 진정한 나로 태어나다.

이지성, 정회일 작가와 함께하는 실천 독서 프로그램!

대한민국 독서의 안타까운 현실은 그저 책을 눈으로 읽을 뿐
실천을 통해 삶을 바꾸는 진짜 독서 문화가 없다는 것입니다.
두 베스트셀러 작가가 여러분을 르네미안으로 초대합니다.

참여 방법

구글, 네이버, 다음 등에서 '르네미안' 검색
르네미안 홈페이지 https://renemian.com을 참조해주세요.

인공지능 시대, 돈은 어떤 모습으로 다가오는가

미래의 부

초판 1쇄 발행 2021년 7월 26일
초판 40쇄 발행 2021년 8월 20일

지은이 | 이지성

발행인 | 박재호
편집팀 | 강혜진, 송지영
마케팅팀 | 김용범, 권유정
총무팀 | 김명숙

디자인 | 김태수
표지사진 | 이다혜
종이 | 세종페이퍼
인쇄·제본 | 한영문화사

발행처 | 차이정원
출판신고 | 제25100-2016-000043호
주소 | 서울시 마포구 양화로 156(동교동) LG팰리스 814호
전화 | 02-334-7932 **팩스** | 02-334-7933
전자우편 | 3347932@gmail.com

ⓒ 이지성 2021

ISBN 979-11-91360-19-6 (03320)

• 이 책은 저작권법에 따라 보호받는 저작물이므로 무단 전재와 복제를 금지합니다. 책의 일부 또는 전부를 이용하려면 저작권자와 차이정원의 동의를 받아야 합니다.
• 잘못된 책은 구입하신 곳에서 바꿔드리며, 책값은 뒤표지에 있습니다.